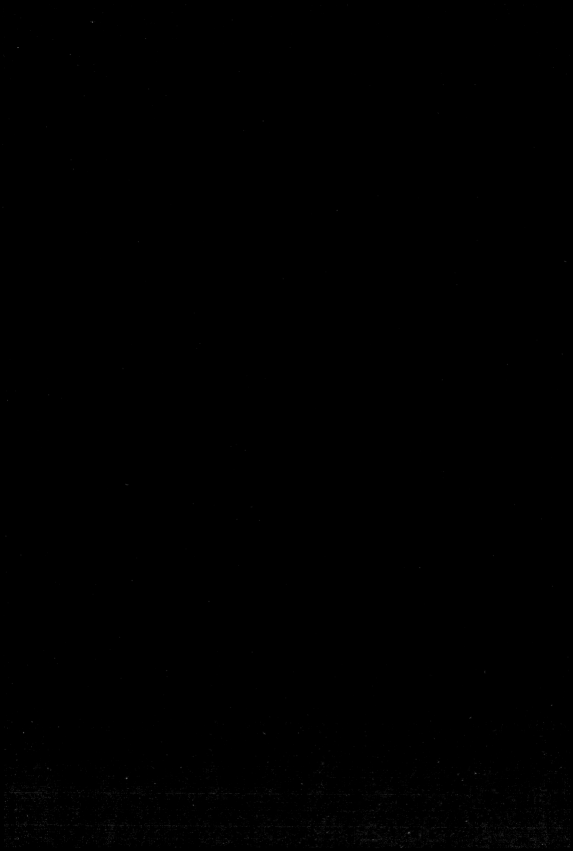

세계사에 담긴 스토리텔링

결정적 한마디가
삶의 철학이 된다

세 계 사 에 담 긴 스 토 리 텔 링

결정적 한마디가
삶의 철학이 된다

"신은 2000년 전에만 십자가를 졌던 것이 아니고,
오늘도 지고 있고 또 날마다 죽으면서 부활하고 있다.
2000년 전에 죽은 역사상의 신에게만 의지해야 한다면
그것은 덧없는 위로에 지나지 않을 지도 모른다.
그러므로 역사상의 신을 의지하기 보다는
오늘날 살아있는 한 인간을 통해 신의 모습을 보여줘야 한다.
이성과 믿음이 서로 충돌할 때는 믿음 쪽을 택하는 편이 낫다."
– 마하트마 간디

아이템하우스

역사 앞에 홀로 선 57명의 선각자들이 외친 결정적 한마디

세계사를 읽는다는 것은 세계를 정확하게 이해하고자 한다는 것이다. 사람마다
역사를 이해하는 방식이 제각각 다른 것은 저마다 세계를 이해하는 시각이 다 다
르기 때문이다. 그래서 역사책을 읽는 의미심장한 방법 중 하나가 바로 '역사의
이유 찾기'이다.
역사에 대한 이유 찾기는 우리도 익히 들어서 알만한 몇 가지 문장으로 상징된다.
"역사는 사실과 역사가의 대화이다."
"모든 역사는 현대사이다."
이에 더해 논란의 소지가 많은 "역사는 승자의 기록이다"에는 늘 "승자의 역사의
이면(裏面)에는 보이는 것이 전부가 아니다"는 반론이 따라붙는다.
승자의 역사든 패자의 역사든 역사의 현장에는 늘 분투하고 도전하는 역사적 인
물이 있었다. 그리고 역사의 선각자가 활동한 역사현장에는 늘 당대를 대표하는
상징적인 말들이 있어 왔다. 때로는 그 한마디가 백 가지 역사를 웅변해 주기도 하
고, 역사 앞에 홀로 선 선각자의 고독한 사투를 증명해주기도 한다.
"주사위는 던져졌다."
"유레카!"
"그래도 지구는 돈다."
"인간은 생각하는 갈대다."
세계사의 중요한 순간에는 자신의 모든 것을 던져 시대를 앞서갔던 선각자들의
외마디 절규 같은 선명한 말들이 있다. 그것은 때로는 시대의 거대한 벽 앞에 막
혀 어쩔 수 없이 내지르는 절망의 일성이었고, 때로는 시대의 험난한 벽을 넘어
역사의 변곡점을 낳았던 위대한 환희의 한마디였다.

고대사, 인류 발전을 위해 분투했던 선구자의 의지의 표상

신의 시대에서 인간의 시대로 넘어가는 고대의 역사엔 인간의 의지를 천명하는
수많은 선언들이 그리스와 로마, 인도, 중국 등 문명의 발상지에서 터져 나왔다.
그 발생은 수의 기원(만물은 수로 이루어져 있다)과 철학적 선언(너 자신을 알라), 의학의

천명(인생은 짧고 예술은 길다), 인간의 본성(천상천하 유아독존), 과학의 발견(유레카) 등 각양각색의 인간 발전을 위한 촌철살인들이었다. 인류 역사는 철학자의 아고라(피타고라스, 소크라테스, 디오게네스)에서, 치열한 전장(알렉산더, 한니발, 스키피오)의 현장에서, 황제의 궁정(아쇼카 대왕, 카이사르)에서 인류 발전을 위해 실천하는 선지자들의 행동을 웅변으로 대변해줬다.

이를 통해 우주와 지구, 생명, 인간, 국가, 문화와 예술의 탄생과 발전의 경과가 그대로 묻어나게 되었다.

중세사, 신성(神性)과 이성(理性) 사이에서 고민하는 도전하는 인간의 일성

중세는 신의 그림자에 짙게 드리운 인류의 암흑시대였다. 예수 그리스도의 사랑의 복음은 콘스탄티누스의 기독교 승인으로 만인이 신 앞에 평등한 세상을 꾀하였지만, 신의 권능을 내세운 교황의 권위는 중세를 신의 천국으로만 작동하게 했다. 그늘이 깊으면 빛에 대한 염원도 갈급한 법. 14세기에 서서히 싹튼 인간회복운동은 르네상스(지혜는 경험의 딸이다-레오나르도 다 빈치)와 종교개혁(면죄부로 죄를 면할 수는 없다-루터), 과학혁명(그래도 지구는 돈다-갈릴레오)을 거치며 진정한 신성(神性)의 발현은 인간의 문명과 문화의 발전에 있음을 교회와 탐험가와 문학과 예술현장에서 눈부신 업적으로 보여주었다.

근대 · 현대사, 과학과 문명, 예술로 승화되는 위대한 인간의 분투

중세까지의 역사는 영웅과 지배자, 귀족과 남자들의 이야기로 출발했지만 근대 이후에는 노예, 농민, 노동자, 여성의 활약까지 끌어안았다. 역사 서술 행위에 대한 간섭과 통제가 사라진 덕분에 역사가들은 정치사, 경제사, 문화사, 예술사 등 인간과 사회의 모든 것에 대한 역사를 저마다의 관점과 방법으로 기록할 수 있었다.

인류사에 근대의 출발을 알리는 일성은 "나는 생각한다. 고로 존재한다"는 합리주의 철학자 데카르트의 한마디에서 시작됐다. 그렇게 생각하는 인간은 만유인력의 법칙을 깨닫고, 천상의 음악을 만들고, 질풍노도의 문학을 질주하며 만국의

노동자까지 움직이게 하는 운명에 도전하는 근대적 인간관과 현대적 문명질서를
만들어내기에 이른다.

오늘날 문명의 시대를 살아가는 우리가 아무런 의심 없이 받아들이는 항공우주,
자본주의, 민주주의, 문학과 예술의 세계는 시대를 앞서갔던 철학자(데카르트, 스피
노자, 파스칼, 니체)와 과학자(뉴턴, 다윈, 아인슈타인), 예술가(괴테, 모차르트, 베토벤, 고흐),
경제학자(애덤 스미스, 마르크스)가 그토록 도달하고자 했던 유토피아를 향한 밑그림
이 있었기에 가능한 일이었다.

역사는 사람과 세상에 대한 흥미로운 이야기

《결정적 한마디가 삶의 철학이 된다》는 역사적 순간의 말로 세계사의 핵심장면을
간추린 역사인물스토리텔링 교양서이다. 책에는 세계사에서 밑줄 쳐 확인해야 하
는 57장면의 57명의 시대를 앞서간 엘리트들이 등장한다. 그 인물의 면면은 시대
의 요구에 따라 다양한 지도자의 상을 연출해낸다. 고대사에선 철학사상가(소크라
테스, 피타고라스, 아리스토텔레스 등)와 왕/여왕(알렉산더 대왕, 아쇼카 대왕, 클레오파트라), 성
인(붓다, 공자), 역사가(사마천, 키케로), 장군(한니발, 피로스, 카이사르, 스키피오)이 각각 고
대역사를 이끈 주연으로 활약했다면 중세사엔 이들 외에 과학자(히파티아, 코페르니
쿠스, 갈릴레오 등)와 종교인(마르틴 루터), 문학예술인(다 빈치, 셰익스피어)이 다양한 시대
의 요구를 반영하는 인물로 등장한다. 그 후 근대사로 접어들면 여기에 경제학자
(애덤 스미스)라는 특이한 전문가가 출현하게 되고 현대사에선 정치지도자(간디, 처
칠)와 발명가(에디슨, 라이트 형제)가 더 추가된다. 역사의 전면에 앞서갔던 엘리트들
의 변화에서 우리는 각 시대가 요구하는 시대적 소명의식이 어떻게 변화하는지
를 여실히 확인하는 흥미로운 발견을 하게 된다.

세상에는 많은 역사서가 있다. 어떤 책은 한때 아주 많은 사람들이 읽었지만 지금
은 찾는 이가 별로 없고, 더러는 예나 지금이나 많은 독자가 가까이 두기도 한다.
국어사전에서는 역사를 '인간 사회의 변천과 흥망의 과정 또는 그 기록'이라고 한
다. 그래서 역사는 인간의 삶과 사회의 변화 과정 그 자체이고, 인간의 삶과 사회

의 변화 과정을 문자로 쓴 기록이기도 하다.

우리가 역사를 읽는 것은 그것만큼 재미있는 주제도 없기 때문이다. 역사는 사람에 대한, 사람의 생각과 행동에 관한, 사람이 개인이나 집단으로 이룬 성공과 실패에 얽힌 이야기를 다룬다. 이런 주제만큼 재미있는 읽을거리가 그리 많지는 않다.

역사는 사람과 세상에 대한 이야기다. 사람의 꿈과 욕망, 사람의 의지와 분투, 사람의 관계와 부딪침, 사람이 만든 문명의 흥망과 충돌과 융합에 관한 이야기다. 변하지 않는 인간의 욕망과 본성, 예측할 수 없는 우연, 사회제도와 자연환경이 뒤엉켜 빚어낸 과거의 사건들 가운데 당대의 역사가들이 주목할 가치가 있다고 판단한 것을 언어로 엮어낸 서사다.

이 책을 수놓는 동서양의 역사를 만들어갔던 역사인물들의 일거수일투족 속에서 우리는 내 삶의 해법을 찾을 수 있다. 그것은 곧 그들이 보여준 분투와 도전의 분연한 삶의 과정을 통해 내 삶을 열심히 살며 내가 역사 안에 살고 있음을 제대로 깨닫게 해주는 죽비와 같은 깨우침은 아닐까. 그래서 내 삶이 무언가 실망스럽고 힘들다 해도 역사를 살아냈던 선각자들의 세상을 바꾸고 싶었던 실천의지를 바라보며 최소한 내 삶의 주인으로서 역사와 함께 당당히 시대를 호흡하는 행동하는 독자로 성장해나가는 것도 이 책을 읽는 유의미한 독서의 발견이 될 것이라고 믿어 의심치 않는다.

| 중세사의 결정적 한마디 |

고대사의 결정적 한마디

소크라테스의 인간선언

활동시기: 기원전 470년경~기원전 399년. 고대 그리스의 철학자.

> 서구문화의 철학적 기초를 마련한 고대 그리스의 위대한 정신적 지도자
> 문답식 토론법을 통해 자신의 무지를 깨닫는 '지혜로운 사람'이 곧 철인임을
> 설파하다

"너 자신을 알라."

고대 그리스의 철학자 소크라테스가 한 말로, 인간의 철학적 의지에 대해 일갈한 대철학자의 인간선언이다. 소크라테스가 이 말을 하게 된 역설적 사연은 아테네 전체에 자신의 정도(程度)를 아는 이가 자기밖에 없다는 것을 알게 되면서 탄성처럼 내지른 말이라는 데 있다.

어느 날 카이레폰이라는 사람이 델포이 신에게 '아테네에서 제일 현명한 사람은 소크라테스이다'라는 신탁을 받았다. 카이레폰이 소크라테스에게 신탁을 전하자 소크라테스는 왜 자신이 현명한 사람인지 이유를 알기 위해 수많은 철학자와 현인들을 찾아 나섰다. 그 결과 그가 알아낸 자신과 다른 이들의 차이점은 다른 이들은 자신이 아는 것이 많다고 믿고 있다는 것이었고, 자신은 아는 것이 없다는 것을 알고 있다는 것이었다. 결국 그는 자신이 모른다는 것을 안 것이다.

이 말은 곧 자신의 무지를 알라는 뜻으로, 자신이나 상대에게 스스로 묻는 질문이었다. 이 질문의 진짜 의도는 이런 것이었다.

"네가 정녕 알고 있는 것이 무엇이냐?"

"도대체 네가 정확히 알고 있는 게 무엇이냐?"

소크라테스는 늘그막에 악처로 소문난 크산티페를 아내로 맞아들였다. 당시 크산티페는 돌을 쪼고 다듬는 '석수장이' 직업을 가진 소크라테스가 일은 게을리 하고, 철학 담론이나 주고받는 것을 못마땅해 한 것으로 알려졌다.

그녀는 아내로서 남편의 언동을 전혀 이해하지 않고 항상 상스러운 말로 욕하는 등 남편을 경멸하였다. 어느 날 크산티페가 소크라테스에게 호통치며 머리에 구정물을 퍼붓자 소크라테스는 그럴 줄 알았다는 듯이 이렇게 말했다.

"저것 봐. 천둥 뒤에는 항상 소나기가 쏟아진다니까."

소크라테스에게 물을 붓는 크산티페_소크라테스가 헤타이라 출신의 아스파시아와 수사학에 관한 이야기를 나눌 때 크산티페가 소크라테스의 머리 위로 구정물을 붓는 장면이다. 레이어 판 블롬맨다엘의 작품.

한번은 소크라테스의 제자가 그에게 물었다.

"결혼은 하는 것이 좋습니까? 안 하는 것이 좋습니까?"

소크라테스는 제자의 말에 일거의 망설임도 없이 말했다.

"하는 것이 좋다.
온순한 아내를 얻으면 행복할 것이고
사나운 아내를 얻으면 철학자가 될 것이다."

크산티페는 잔소리가 심한 여인이었다. 걸핏하면 싸움을 거는 거친 성격에 잔소리와 불평을 끊임없이 늘어놓는 성질 나쁜 여인으로 소문이 자자했다. 한번은 알키비아데스라는 소크라테스의 동성 연인이 소크라테스에게 고급 케이크를 선물로 보낸 적이 있는데, 그걸 발로 밟아 짓뭉개버렸다고 한다.

소크라테스와 크산티페의 결혼은 크산티페가 졸라서 한 것이라는 설이 있다. 원래 유복하고 가문 좋은 집안이었던 크산티페가 소크라테스의 말솜씨에 반해서 그를 흠모하게 됐으며 급기야는 결혼까지 서두르게 됐다고 한다. 집요한 성격의 크산티페는 고집을 꺾지 않고 소크라테스와 결혼을 하였다.

고대 그리스 아테네를 배경으로 한 소크라테스와 크산티페

소크라테스와 결혼을 작정할 때부터 크산티페의 비극은 시작되었다. 소크라테스는 결혼식 첫날부터 신방에 들지 않았다. 피로연 좌석에서부터 사람들과 토론을 시작하여 밤새도록 대화를 이어갔다. 토론은 하루로 끝나지 않고 다음 날에도 이어져 결국 3일이 지나서야 하룻밤을 치렀다고 한다. 그러니 크산티페가 열을 받지 않을 수 있겠는가?

크산티페가 악처일까? 그건 세상 사람들 이야기이다. 크산티페의 입장에 서면 소크라테스가 나쁜 남편이다. 그러면서도 크산티페는 도망가지 않았다. 가장 가까운 사람에게 나쁜 사람 취급을 받으면서 세상 사람들에게는 위대한 철학자로 평가받는 소크라테스와 세상 사람들에게 악처라는 평가를 받으면서 소크라테스라는 남편과 같이 산 크산티페 중 누가 더 대단할까? 참 곤란한 선택이 아닐 수 없다.

소크라테스와 크산티페_일각에서는 크산티페가 남편인 소크라테스의 인간적인 부분을 이해를 하지 못하고 남편에게 분노한 것이라고 해석하기도 한다. 그러나 크산티페는 후대 재평가됐으며, 소크라테스는 조각가였던 아버지의 직업을 물려받는 것을 거부했다. 또한 가족을 부양하는 일에도 무관심했다. 무료로 제자를 가르치는 일에만 열을 올렸고, 가난은 일상이었다. 이에 후대의 사람들은 가사에 관심이 없었던 소크라테스에게도 문제가 있었다며, 크산티페에게 오히려 많은 동정을 보내고 있다.

소크라테스의 변론

활동시기: 기원전 470년경~기원전 399년. 고대 그리스의 철학자.

행동의 옳고 그름을 판단하는
변론의 중요성 강조

소크라테스는 기원전 399년에 고소되어 폴리스의 신들을 모독하고 청년을 부패시켰다는 혐의로 재판에 붙여져 피고의 자리에 섰다.

소크라테스는 자신을 고발한 데 대한 항변으로 연설을 시작하였다. 그는 '아테네인 여러분'이라는 호칭을 사용하며 자신의 변론이 배심원들이 아닌 아테네 시민들을 향한 것임을 내비쳤다.

> "아테네인 여러분,
> 나를 고발한 사람들로 인해
> 여러분이 무슨 일을 겪었는지 난 알지 못합니다.
> 하지만 어쨌든 나는 그들로 인해
> 나 스스로도 거의 나 자신이 누구인지를 잊어버릴 지경이었습니다.
> 그 정도로 그들은 설득력 있게 말하고 있었던 거죠.
> 하지만 진실에 관한 한
> 그들은 아무것도 말한 게 없다고 할 수 있습니다."

소크라테스는 자신에 대한 고발과 재판이 부당하다고 주장했다. 자신을 고발한 사람들의 말에는 진실이 전혀 없으며, 오직 자신에게서만 온전한 진실을 들을 수 있을 것이라고 했다. 소크라테스에 대한 고발장에는 이런 내용이 적혀 있었다.

"소크라테스는 젊은이들을 망치고, 국가가 믿는 신들을 믿지 않고 다른 새로운 신령스러운 것들을 믿음으로써 불의를 행하고 있다."

소크라테스는 고발장 내용을 하나하나씩 반박했다. 하지만 소크라테스는 결코 목숨을 구걸하지 않았다. 그는 배심원들에게 자신의 무죄를 간청하지 않겠다고 밝혔다. 오히려 그들을 가르치고 설득하겠다고 하였다.

"그런데 여러분,
명성의 문제는 차치하고 재판관에게 간청하는 것도,
간청을 해서 죄를 벗는 것도 정의롭지 않으며,
오히려 가르치고 설득하는 것이 정의롭다고 나는 생각합니다.
재판관은 정의를 사적 이해관계로 재단하기 위해서가 아니라
정의를 판가름하기 위해서 앉아 있는 것이니까요."

소크라테스의 변론_플라톤의 저작 가운데 대화록이 아닌 유일한 작품이다. 작품의 주제는 이미 제목이 예시하듯이 소크라테스가 법정에서 자신의 입장을 변호하면서, 당시의 일반적인 인간생활에서 관찰하게 되는 사회적, 윤리적 문제점에 대한 토론이다.

소크라테스는 자신은 죄가 없고 앞으로도 변함없이 활동을 계속할 것이며, 자기를 죽인다면 아테네에 큰 손실이 될 것이라고 당당하게 말했다. 누군가 소크라테스에게 물었다. 자신의 목숨을 위험에 빠뜨린 그런 일을 해서 법정에 선 것이 부끄럽지 않으냐고. 그러자 소크라테스는 이렇게 훈계했다.

"조금이라도 쓸모 있는 사람이라면
어떤 행동을 할 때 옳은지 그른지,
착한 행동인지 나쁜 행동인지만 고려할 뿐입니다.
그렇지 않고 살게 될 것인지
죽게 될 것인지를 저울질해야 한다는 것이 그대의 생각이라면,
그대의 제안은 바람직하지 못합니다."

끝으로 재판정으로부터 사형이 선고되자 이렇게 말했다.

"자신의 소신을 떳떳하게 주장하면서
소신있게 죽게 된다면
살아서 재판장을 떠나는 배심원들보다
행복하다."

◀소크라테스의 심판(022쪽 그림)_소크라테스는 자신의 행동에 따라 사느냐 죽느냐가 중요한 것이 아니라, 그 행동이 옳은가 그른가가 중요하다고 강변했다. 그는 애당초 재판 결과에 따라 죽고 사는 것에는 관심이 없었다. 소크라테스는 공적 삶과 사적 삶이 일치하는 그런 삶을 추구했다.

소크라테스의 죽음

활동시기: 기원전 470년경~기원전 399년. 고대 그리스의 철학자.

아테네 시민의 준법정신을 일깨우다

재판에서 사형선고를 받은 소크라테스가 감옥에 갇히게 되었다. 사형 집행 하루 전날 친한 벗인 크리톤과 동료들이 감옥을 방문하였는데, 크리톤은 소크라테스에게 탈옥하여 다른 나라에 가서 사는 것이 좋을 것이라고 권하였다. 그러나 소크라테스는 이렇게 거절하였다.

"70 평생을 아테네 법에 따라 잘 살았었고,
그전에 마음만 먹었더라면
얼마든지 아테네 법의 구속을 벗어날 수도 있었지만
아테네에 머물기로 결정한 것은 바로 나 자신이었네.
그런데 지금 내가 사형선고를 받았다고 하여
아테네 법이 잘못되었다고 비난하면서
아테네를 떠나는 것은 옳지 않네."

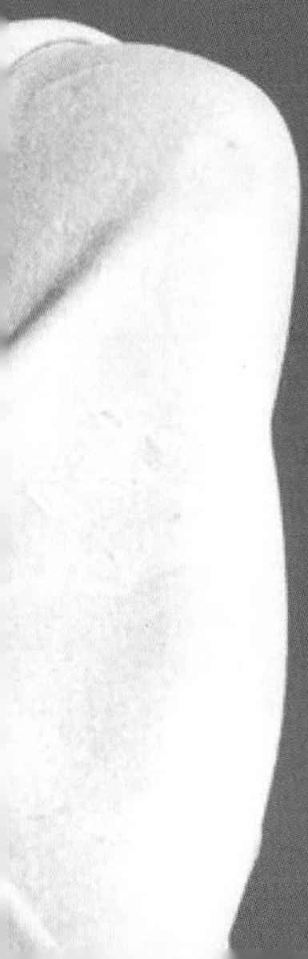

"소크라테스,

자네에게 독약을 줄 책임을 진 간수가 전하길

제발 말 좀 적게 해 달라고 하더군.

말을 많이 하면 열이 오르고,

열이 오르면 독약의 약효가 떨어져

두 번 세 번 마시지 않으면 안 된다고 하네."

그러자 소크라테스는 화를 벌컥 내며 말했다.

"아, 그 친구. 조금 참아달라고 하게나.

안 되면 두 번 세 번 마셔주면 될 것 아닌가."

독배를 받는 소크라테스_소크라테스가 침대 위에 똑바로 앉아 그의 제자와 동료들에게 열렬히 설명하고 있는 장면은 매우 독특한 인상을 준다. 통로 너머 계단을 오르는 여인이 악처로 소문난 크산티페이다. 자크 루이 다비드의 작품.

소크라테스의 독배_소크라테스는, 죽음이란 영혼이 육체에서 탈출하는 것으로 봤기 때문에 죽음을 긍정하기도 했다.

소크라테스는 조금도 입을 가만히 두지 않았다.

"참된 철학자는 항상 죽음을 연습하고 있으며
따라서 죽음을 가장 두려워하지 않는 사람들이다.
그런 고로 죽음이 다가오는 것을 슬퍼하거나
주저하는 사람이 있다면 그는 지혜를 사랑하는 자가 아니라
돈이나 권력, 혹은 그 둘을 다 사랑하는 자일지 모른다."

소크라테스에게 있어 죽음은 육체를 떠나 영혼 그 자체의 순수함으로
돌아가는 과정일 뿐이므로 두려워하거나 슬퍼하지 않았던 것이다. 독배
를 든 그는 마지막 말일 것 같은 말을 했다.

"떠날 때가 되었으니,
이제 각자의 길을 가자.
나는 죽기 위해, 당신들은 살기 위해.
어느 편이 더 좋은지는 오직 신만이 알 뿐이다."

독배를 마시는 소크라테스_소크라테스는 일생을 통해 자신이 직접 책을 쓴 일이 없고 또한 문학적 흥미도 지닌 바 없으나 그가 철학의 방법으로 취한 대화는 플라톤이나 아리스토텔레스의 걸작 대화집을 낳았다. 샤를 알퐁스 뒤프레누아의 작품.

소크라테스의 죽음_그의 사상은 그의 제자들에게 전해져 메가라학파, 키니코스학파, 키레네학파 등을 이루고, 특히 수제자인 플라톤의 관념주의로 피어나, 그 후의 서양철학에 큰 영향을 미쳤다. 기독교 수도원 운동에도 영향을 주었다. 지암베티노 시냐롤리의 작품.

이윽고 말을 마치고 독배를 마신 그는 하반신이 마비되기 시작했을 때 얼굴 가린 것을 들치고 또 말했다.

"참, 클리톤.

나는 아스클레피오스에게 닭 한 마리를 빚졌네.

기억해두고 있다가 내 대신 꼭 갚아주게나."

"그러지요. 꼭 갚아주겠어요. 더 하실 말씀은 없나요?"

그러나 소크라테스는 더 이상 대답이 없었다.

피타고라스의 규율

활동시기: 기원전 582년경~기원전 497년경. 고대 그리스의 철학자 · 수학자 · 종교가.

▌'피타고라스의 정리'를 발견하여 자연계의 모든 현상은 수의 조화라고 주장하다
▌인류가 과학적 사고를 구축하는 데 절대적인 영향을 끼치다

"침묵하라.
아니면 침묵보다 더 가치 있는 말을 하라.
쓸데없는 말을 하느니
차라리 진주를 위험한 곳에 던져라.
많은 단어로 적게 말하지 말고
적은 단어로 많은 것을 말하라."

평소 언어와 행동의 절제를 강조하며 꼭 필요한 말만 하라는 과묵한 피타고라스의 가르침이다. 피타고라스는 절제를 강조했는데, 그것은 자제력이 부족한 데서 모든 악이 발생한다고 보았기 때문이다. 음식도 먹기 전에 상했는지 확인해야 하듯, 말도 내뱉기 전에 그것이 미칠 파장을 생각해야 한다는 교훈을 담고 있다.

피타고라스는 젊었을 때부터 이집트, 바빌로니아를 두루 여행하면서 40세쯤 되어 학교를 세운다. 그가 세운 학교는 이른바 별꼴 오각형의 배지를 달고, 피타고라스를 중심으로 연구 활동을 했으며, 엄격한 규율로 단결되어 연구 결과도 '피타고라스'의 이름으로만 발표하였다.

일출을 향해 경배하는 피타고라스와 그의 제자들_피타고라스의 철학은 신비주의 성향을 띄며, 영혼의 불멸과 윤회 등을 믿었다. 21세기의 관점에서 보자면 수학과 신비주의는 이질적인 영역으로 보이겠지만, 당시 피타고라스에게는 매우 밀접하게 합리와 신비가 결합되어 있다고 보았다. 장 레옹 제롬의 작품.

"강한 신체보다 강한 정신을 택하라."

피타고라스 학교의 학생들은 엄격한 규율에 의해 통제되었다. 처음 5년 동안 그들은 말하지 못하게 되어 있었다. 그리고 모직물로 만든 옷을 입는 것, 콩이나 고기를 먹는 것, 불을 뒤섞기 위해 쇠막대를 이용하는 것, 하얀 수탉을 만지는 것, 항아리에 재를 남기는 것 등이 금지됐다.

이렇다 보니, 이 학교는 자연히 그리스 신화 속 인물인 금욕의 맹주 오르페우스를 추앙하는 종교생활 공동체인 일종의 비밀결사 조직을 형성하게 되었다.

"조화야말로 참된 미덕이다."

하루는 피타고라스가 대장간을 지나게 되었다. 그는 망치들이 내는 소리가 오묘한 조화를 이루고 있음을 알아차렸다. 그는 주의 깊게 망치 작업을 관찰했다. 그는 망치들의 무게에 비밀이 숨어 있음을 간파했다. 망치들의 무게에 따라 각기 다른 소리가 난다는 것을 발견했다. 이제 피타고라스는 망치 무게들의 비례관계에 주목했다.

"우주의 조화는 수의 비례에 있어!"

피타고라스는 마침내 한 옥타브의 여덟 음계에 들어 있는 수적 비례관계를 밝혔다. 이로써 피타고라스는 화성학의 원조가 되었다.

그는 나아가 음의 조화처럼 우주적 질서에도 이 수적 비례관계가 내재되어 있다고 보았다. 피타고라스는 마음을 정화하는 리듬과 멜로디를 부지런히 찾았다. 피타고라스 공동체에 소속된 사람들은 매일 저녁 잠자리에 들기 전 음악을 들었다. 그들에게 음악은 영혼을 정화하는 명상의 한 방법이었다.

하데스로 내려간 피타고라스_오르페우스를 추앙한 피타고라스의 추종자들이 지옥인 하데스로 내려가는 상황을 재현하는 장면을 묘사한 그림이다. 살바도르 로사의 작품.

피타고라스의 수학_당시 그리스에서는 모든 수는 분수로 표현 가능하다고 여겼는데, 피타고라스 정리는 그 이론을 정면에서 부정하는 무리수의 존재를 알려주게 된다.

ΠΥΘΑΓΟΡΑΣ Ο ΣΑΜΙΟΣ
580 – 496 π.χ.

우주를 처음으로 코스모스(cosmos)라고 부른 사람 역시 피타고라스였다. 피타고라스는 별들의 배열과 움직임에도 수적 비례가 성립함을 탐구했다. 우주는 순수한 수의 세계였다. 오직 이성적 사유를 통해서만 지각될 수 있는 수의 세계였다.

이 오묘한 우주적 질서에 대해 피타고라스는 마침내 이렇게 선포했다.

"만물은 수로 이루어져 있다."

여자들이 남자들보다 지적으로 열등하다고 여겨지던 시절, 피타고라스학파는 여자들을 과학과 수학의 여러 분야에 참여할 기회를 제공하면서 대등한 자격으로 수용했다. 피타고라스는 여권론자로 알려져 있는데, 여자들이 학생 또는 교사가 되도록 격려했다.

피타고라스 정리_피타고라스가 이집트를 여행하던 중 어느 웅장한 사원에서 잠시 쉬고 있었다. 무심코 바닥에 깔려 있는 대리석에 새겨진 아름다운 무늬를 보다가 직각삼각형의 세 변을 각각 한 변으로 하는 정사각형을 주목하게 되었는데, 여기서 작은 두 정사각형의 넓이의 합이 나머지 한 개의 큰 정사각형의 넓이와 똑같다는 것을 발견하게 되었다. 피타고라스는 직각삼각형의 세 변의 길이 사이에 특별한 관계가 있다는 사실을 발견한 것이다. 그는 이 정리를 발견했을 때 "이것은 나 혼자만의 힘으로 된 것이 아니고, 오로지 신의 도움으로 가능했다"라고 기뻐하여 황소 100마리를 잡아 신에게 공물로 바쳤다고 전해진다. 오늘날 '피타고라스 정리'로 불리는 이 사실은 그리스뿐만 아니라 이집트, 인도, 중국, 메소포타미아 등 전 세계에서 발견되었다. 피타고라스 정리는 건물, 도로, 다리 등에서 직각으로 이루어진 구조물을 짓기 위한 실용적인 목적으로 오래전부터 연구되어 왔다.

◀**사모스 섬에 있는 피타고라스 동상과 기념탑**(034쪽 그림)

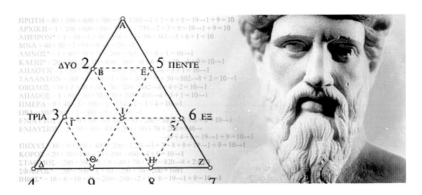

히포크라테스 선서

활동시기: 기원전 460년~370년. 고대 그리스의 사상가 · 의학자.

**▌'서양 의학의 아버지'라 불리며
질병에 대한 치료와 의사의 자세 등 의료윤리 기초를 마련하다**

　"인생은 짧고 예술은 길다."

　의술의 신이라 불리는 히포크라테스의 명언으로 알려진 문장이다. 하지만 엄밀히 따지면 이 명언은 오역(誤譯)으로 원 구절은 다음과 같다.

　**"기술은 길고, 인생은 짧고,
　기회는 빨리 지나가고, 경험은 불완전하고,
　판단은 어렵다."**

　히포크라테스는 고대 그리스에서 활동했던 서양 의술의 아버지로 숭앙되는 인물이다. 그의 생애에 대해서는 자세히 알려져 있지 않다.

　히포크라테스는 코스 섬에서 태어나 소아시아, 그리스, 이집트 등을 여행하며 학식을 쌓았다. 이후 그는 코스 섬에 돌아와 학교를 세워 제자들에게 의학을 가르쳤으며 의학서를 남겼다. 모든 병은 자연적 원인에 의해 일어난다는 것을 의학 원리로 하여 과학적인 의학을 창시했다. 그는 의학에서만이 아니라 당시 그리스인들의 사고방식에도 많은 영향을 끼쳤다.

"병은 갑자기 생기지 않는다.
날마다 조금씩 자연에 짓는 죄가 쌓여서 생긴다.
지은 죄가 많아지면 그때 갑자기 병이 생긴다."

히포크라테스의 의학 명언으로, 그는 엠페도클레스의 이론을 발전시켜 4체액설을 정리한 것으로 유명하다. 히포크라테스는 인간이 정액이나 자궁의 체액에서 탄생하고 자라나는 점을 근거로 이를 중요시했으며, 따라서 액체가 생명의 근원일 것으로 여겼다.

그는 혈액, 담즙, 점액 그리고 물의 네 가지 체액으로 인간의 병리를 설명하려 하였다. 한편 네 종류 중 서로 대칭되는 한 쌍의 체액이 전체적인 불균형을 야기해서 병이 된다는 그의 이론은 당시의 대칭과 균형의 원리를 탐구하던 피타고라스학파의 영향을 받은 결과일 것으로 추측하는 학자들도 있다.

아이를 진료하는 히포크라테스

"의학은 하나의 학문이자 과학이다."

히포크라테스의 문헌에 나오는 문장으로, 이 문헌은 히포크라테스를 비롯한 여러 사람들에 의해 쓰인 저작들을 집성해 히포크라테스가 쓴 것으로 알려져 있다. 그 중 어느 것이 히포크라테스가 직접 쓴 것인지에 대해서는 분명하지 않다.

각 문헌에는 질병의 본성과 원인에 대해, 인체와 우주에 관해, 나아가 처방과 치료의 원리에 관하여 나름의 관점, 즉 자연철학을 가지고 있었다. 저자들이 질병에 관해 사색하였던 사상가나 철학자였든, 아니면 당시에 환자들을 치료했던 내과 의사였든, 이들은 모두 자연철학과 치료기술의 교차점에 서 있었던 것이다.

기본적으로 히포크라테스파는 환자가 가진 고유의 치유력을 통한 치료를 중시했다. 그리고 당시 병의 발병 원인으로 알려졌던, 악령이 들어 병이 드는 것이란 사고에서 벗어나 환경과 병의 연관성에 관해 관심을 가지며 환자에 대한 임상 관찰을 중요시했다는 점에서 의료행위의 획기적인 사고의 전환을 가져왔다.

데모크리토스를 방문하는 히포크라테스_평범한 사람들에게 웃고 있는 데모크리토스는 미친 사람일 뿐, 도무지 이해할 수 없는 존재였다. 철학자의 광기를 치료하러 방문한 히포크라테스에게 데모크리토스가 말했다. "난 아직도 충분히 웃지 못했어! 그들이 무엇 때문에 괴로워하는지 제대로 알고 싶다네. 의사는 그들을 치료할 수 없어." 이야기를 끝낸 현자는 더 이상 웃지 않고, 길 떠나는 의사를 미소로 배웅했다. 클래즈 코넬리스준의 작품.

히포크라테스_아르타크세르크세스 1세의 초빙을 거절하는 히포크라테스. 안 루이 지로데트리오종의 작품.

오늘날 '히포크라테스 선서'라는 이름으로 널리 사용하고 있는 아래 선서는 1948년도에 세계의사회 총회에서 채택된 '제네바 선언'으로, 히포크라테스의 선서를 현대적 관점에서 재해석한 선서이다. 그 내용은 다음과 같다.

- 나는 인류에 봉사하는 데 내 일생을 바칠 것을 엄숙히 맹세한다.
- 나는 마땅히 나의 스승에게 존경과 감사를 드린다.
- 나는 양심과 위엄을 가지고 의료직을 수행한다.
- 나는 환자의 건강을 최우선하여 고려할 것이다.
- 나는 알게 된 환자의 비밀을 환자가 사망한 이후에라도 누설하지 않는다.
- 나는 나의 능력이 허락하는 모든 방법을 동원하여 의료직의 명예와
  위엄 있는 전통을 지킨다. 동료는 나의 형제며, 자매다.
- 나는 환자를 위해 내 의무를 다하는 데 있어 나이, 질병, 장애, 교리, 인종, 성별,
  국적, 정당, 종족, 성적 성향, 사회적 지위 등에 따른 차별을 하지 않는다.
- 나는 위협을 받더라도 인간의 생명을 그 시작에서부터 최대한 존중하며,
  인류를 위한 법칙에 반하여 나의 의학지식을 사용하지 않는다.
- 나는 이 모든 약속을 나의 명예를 걸고 자유의지로서 엄숙히 서약한다.

알렉산더의 동방 정벌

활동시기: 기원전 356년~기원전 323년. 마케도니아의 왕.

▌ 그리스와 페르시아의 문명을 융합한
▌ 헬레니즘문화를 창출한 최초의 동·서양 개척정복자

고대 소아시아의 프리지아라는 도시국가에는 왕이 없었는데, 신탁에 따르면 이륜마차를 타고 오는 첫 번째 사람이 왕이 될 거라는 예시가 있었다. 어느 날 농부의 아들이었던 고르디우스가 이륜마차를 타고 나타나자 사람들은 그가 바로 신탁이 말하는 사람이라고 믿고 왕으로 추대했다. 왕이 된 고르디우스는 자신이 타고 온 마차를 신전에 바치고 복잡하게 매듭을 지어 신전 기둥에 묶어 두었다. 그것을 본 사제가 신탁을 받아 예언하였다.

"고르디우스의 매듭을 푸는 자가
아시아 전역을 통치하는 지배자가 되리라."

나중에 알렉산더 대왕이 아시아 원정길에 그곳을 지나다가 고르디우스의 매듭에 관한 얘기를 듣고는 자신이 풀어보려고 했으나 뜻대로 되지 않자 단칼에 매듭을 베어버렸다.

▶프리지아에 도착하는 알렉산더 대왕(041쪽 그림)_알렉산더가 프리지아의 고르디우스 매듭 앞에 서 있는 장면을 묘사한 그림이다. 조반니 파올로 판니니의 작품.

"어떠한 역경 속에서도 승리함으로써
자기 능력을 드러내는 것이야말로 진정한 리더이다."

미국의 군인인 조지 마셜의 명언이다. 리더는 때론 과감한 능력 발휘를 통해 진정한 리더로 자리매김 된다. 알렉산더 대왕은 고르디우스의 매듭을 과감하게 단칼에 끊어냄으로 진정한 리더의 본보기를 보여주었다. 중국에도 이와 비슷한 고사가 있다.

남북조시대 북제의 창시자 고환은 아들을 여럿 두고 있었는데, 이 아들들의 재주를 시험해 보고자 한 자리에 불러서 뒤얽힌 삼실 한 뭉치씩을 나눠주고 풀어보라고 하였다. 다른 아들들은 모두 엉킨 실타래를 풀어보려고 진땀을 흘리고 있는데, 양이라는 아들은 잘 드는 칼 한 자루를 들고 와서는 헝클어진 삼실을 싹둑 잘라버렸다. 쾌도난마(快刀亂麻)란 고사성어가 생겨난 유래다.

◀**고르디우스의 매듭을 끊는 알렉산더 대왕(042쪽 그림)**_복잡한 매듭을 단칼에 잘라내는 알렉산더 대왕. 페델레 피세티의 작품.

알렉산더와 아펠레스

활동시기: 기원전 356년~기원전 323년. 마케도니아의 왕.

위대한 대왕의
진정한 예술사랑

"구두장이여, 신발보다 더 높이는 보지 말게."

기원전 4세기 그리스의 화가 아펠레스의 명언으로, 자신의 그림에 갓신 만드는 구두장이가 전문성을 앞세워 그림 속의 갓신이 잘못 그려진 것을 지적하는 것까지는 좋았지만 그림의 나머지 부분에 관해서까지 지적을 하자 아펠레스가 구두장이에게 한 말이다.

아펠레스는 자신의 작품에 대해 누구나 내키는 대로 비난할 수 있도록, 그리고 그런 비난을 스스로 공손하게 경청할 수 있도록 거리에 세워둔 그림 뒤에 숨어서 솔직한 비판을 들으며 연마를 게을리 하지 않았다.

오늘날, 세계 최고의 화가를 꼽으라면 레오나르도 다 빈치나 미켈란젤로를 꼽겠지만, 고대 그리스 세계에선 아펠레스가 최고의 화가로 꼽히며 존경을 받았다. 그래서 당시엔 '아펠레스처럼 그림을 잘 그린다'는 칭찬은 최대의 찬사이기도 했다.

알렉산더 대왕은 그리스 최고의 미인 록산나와 결혼을 앞두게 되자, 그동안 아끼고 사랑했던 애첩 캄파스페와의 추억을 소중히 간직하기로 했다. 그래서 그는 당대 최고의 화가 아펠레스를 조용히 불러 다음과 같이 명하였다.

캄파스페를 그리는 아펠레스_캄파스페의 나신을 그리고 있는 아펠레스. 알렉산더 대왕이 벌거벗은 채로 그림을 지켜보고 있다. 자크 루이 다비드의 작품.

"캄파스페가 더 늙기 전에
이 아름다움을 영원히 간직하고 싶구나.
부디 너의 능력으로 이 여신과 같은 캄파스페의
알몸을 그림으로 남기도록 하라!"

궁전의 화실에 단 둘이 남게 되자 캄파스페가 천천히 옷을 벗기 시작했다. 이 모습을 지켜본 아펠레스는 그녀의 눈부신 자태에 넋을 잃고 말았다. 한창 피가 끓는 나이에 여신 같은 전라를 보았으니 얼마나 설레었겠는가.

알렉산더는 캄파스페의 싱싱한 알몸을 경배하고 있었기에 그림이 빨리 완성되길 손꼽아 기다렸으나 웬일인지 작업은 더디기만 했다. 더 이상 기다릴 수 없었던 대왕은 마침내 직접 화실을 찾았다. 그런데 문을 연 순간, 알렉산더는 깜짝 놀라고 말았다. 두 남녀가 그림은 내팽개친 채 침대에 뒤엉켜 있는 게 아닌가! 서로가 그림을 그리다가 어느 순간 사랑에 빠져버린 것이다.

알렉산더의 등장에 두 남녀는 사색이 되어 꼼짝 못하고 떨었다. 깊은 배신감에 몸서리를 치던 알렉산더 대왕은 어찌할 바를 몰랐다. 대왕은 두 사람을 한참 바라보더니 이내 분노와 질투를 가라앉히고 차분하게 말했다.

"아름다움을 감상하는 데에는 예술가가 나보다 낫겠지. 내 너에게 캄파스페를 주노라!"

◀**알렉산더와 아펠레스(046쪽 그림)**_알렉산더 대왕이 아펠레스에게 캄파스페의 누드화를 그릴 것을 명령하는 장면이다. 프란체스코 모란디니의 작품.

캄파스페_알렉산더의 애첩인 캄파스페는 르네상스 이후 많은 화가들에게 영감을 주는 소재로 많이 다루어졌다. 존 윌리엄 고드워드의 작품.

아펠레스에게 캄파스페를 넘기는 알렉산더 대왕_알렉산더 대왕이 자신이 아끼는 애첩 캄파스페를 아펠레스에게 넘기는 장면을 묘사한 그림이다. 샤를 메이니에의 작품.

그러자 죽음을 기다리고 있던 아펠레스는 뜻밖의 선물에 정신이 아득해짐을 느꼈다. 두 남녀는 서둘러 침대에서 내려와 대왕 앞에 무릎을 꿇고 감사의 키스를 건넸다.

"대왕은 화가에게 여인을 선물로 하사한다.
위대한 대왕의 너그러운 천성 탓이기도 했지만,
자신을 이기는 대왕의 자제심은 더욱 위대했고
그의 관대한 행동으로 말미암아 일찍이 대왕이 거두었던
어떤 다른 승리에 견주어 모자라지 않는 위대함을 이루었다."
-폴리니우스

아펠레스는 그 일이 있은 후 더욱 분발하여 기량도 한층 무르익었다. 또 캄파스페를 모델로 하여 절정의 예술을 쏟아부어 '바다 거품에서 태어나는 비너스'를 완성시켰다.

갓 태어난 알몸의 조형에 어여쁜 아내에 대한 사랑을 담아 아름다움과 사랑의 여신을 탄생시킨 것이다. 이 작품은 폴리니우스의 표현대로 새벽 별처럼 아리따운 아내를 맞아 비너스가 창조되었음을 의미한다.

아름다운 캄파스페도 제국의 안주인 자리는 놓쳤지만 그렇게 밑진 장사는 아닐 것이다. 회화 사상 신의 경지에 이른 화가의 아내가 되어 지금껏 회자되고 있으니 이 얼마나 큰 영광이겠는가.

바다에서 거품에서 태어난 비너스_캄파스페는 아펠레스를 통해 미의 여신 비너스로 탄생되었고 많은 예술가들에게 영감을 주어 조각과 회화 작품 속에 녹아들었다.

알렉산더와 디오게네스

활동시기: 기원전 356년~기원전 323년. 마케도니아의 왕.

부끄러움 없는
자족생활의 행복

알렉산더 대왕이 코린트에 오자 주요 인사들은 앞을 다투어 왕을 찾아갔지만 디오게네스는 가지 않았다. 하지만 정작 알렉산더가 진정으로 존경하는 인물은 바로 그였다.

현자가 찾아오지 않자 왕은 직접 그를 찾아갔다. 왕은 외진 곳에서 디오게네스를 발견했다. 그는 통 옆의 땅바닥에 누워 햇살의 따사로움을 즐기고 있었다.

왕과 함께 많은 인파가 몰려오자 디오게네스는 바닥에서 일어나 앉아 왕을 쳐다보았다. 알렉산더가 인사를 건네며 말했다.

"디오게네스여,
나는 그대의 지혜에 관해 많은 이야기를 들었소 .
내가 그대를 위해 해 줄 수 있는 일은 없겠소?"

"있습니다.
한쪽으로 조금만 비켜 주십시오.
그래야 햇빛을 가리지 않을 겁니다."

디오게네스와 알렉산더_가난하지만 부끄러움이 없는 자족생활을 실천한 디오게네스는 일체의 세속적인 삶을 거부하고 큰나무 통 속에서 살았다. 그의 가르침은 가능한 한 욕망을 작게 하는 것과 부끄러움 없는 삶을 사는 것이다. 알렉산더 대왕이 평소 흠모하던 철학자였다. 가에타노 간돌피의 작품.

디오게네스를 찾는 알렉산더_바르톨로메우스 브렌베르그의 작품.

디오게네스의 대답에 왕은 크게 당황했다. 그렇지만 화를 내지는 않았다. 이것으로 왕은 그 괴짜 현자를 훨씬 더 존경하게 되었다. 말을 타고 돌아오는 길에 왕은 말했다.

"그대들이 뭐라 말해도 좋다.
하지만 나는 알렉산더가 아니었더라면
디오게네스가 되려고 했을 것이다."

또 다른 이야기로 알렉산더 대왕이 인도 정벌을 가는 길에 디오게네스를 만나 이야기를 나누었다. 디오게네스가 알렉산더 대왕에게 물었다.

"대왕께서는 인도를 정벌한 다음에는 무엇을 하시렵니까?"
"인도를 정복한 다음에는 편히 쉴 것이오."
"나는 이미 오래 전부터 편히 쉬고 있소.
인도를 정복한 다음에 쉴 게 아니라 지금 쉬는 건 어떻겠소?"

알렉산더는 디오게네스에게 그 충고를 마음 깊이 간직해 두겠다며 감사를 표했다. 그렇지만 대왕은 자신의 길을 멈출 수 없었다. 그는 인도 원정 후 돌아오는 여행길에 목숨을 잃었다.

그런데 알렉산더가 죽던 그날 디오게네스도 죽었다고 한다. 그래서 두 사람은 신에게로 가는 길에 강을 건너다가 만나게 되었다. 알렉산더는 등 뒤에서 누가 부르는 소리에 고개를 돌렸다. 바로 뒤에는 디오게네스가 있었다.

"이거 또 만나게 되었구려. 황제와 거지가 말이오."
"그렇군요. 한데 당신은 뭔가 오해하고 있소.
누가 거지고 누가 황제인지 모르는 것 같소.
나는 삶을 완전히 살고 누렸으므로 신을 만나게 될 것이오.
그러나 당신은 신을 만나지 못할 것이오.
당신은 나조차도 볼 줄 모르지 않소.
당신은 내 눈조차 들여다볼 줄 모르오.
당신의 삶은 완전히 헛된 것이었소."

알렉산더의 사냥개

활동시기: 기원전 356년~기원전 323년. 마케도니아의 왕.

> 쓰임의 용도에 관한
> 촌철살인

알렉산더 대왕이 친한 친구로부터 귀한 선물을 받았다.

선물은 아주 훈련이 잘된 사냥개 두 마리였다.

사냥을 즐겼던 알렉산더 대왕은 기뻐했다.

어느 날 알렉산더 대왕은 사냥개를 데리고 토끼 사냥에 나섰다.

그런데 사냥개들은 사냥할 생각이 전혀 없는 듯했다.

토끼를 물끄러미 바라보며 빈둥빈둥 누워 있었다.

알렉산더 대왕은 화가 나서 사냥개들을 죽여 버렸다.

그리고 사냥개를 선물한 친구를 불러 호통을 쳤다.

"토끼 한 마리도 잡지 못하는 볼품없는 개들을
왜 내게 선물했는가?
그 쓸모없는 사냥개들을 내가 모두 죽여 버렸다."

친구는 알렉산더 대왕의 말을 듣고 놀란 표정으로 말했다.

"그 사냥개들은 토끼를 잡기 위해 훈련된 개들이 아닙니다.
호랑이와 사자를 사냥하기 위해 훈련받은 개들입니다."

디오게네스의 가래침

활동시기: 기원전 412년~기원전 323경. 고대 그리스의 사상가.

▌금욕적 자족과 향락을 거부하는 견유학파의 생활방식을 처음 제시해
▌스토아철학의 근간을 마련한 선각자

"시간은 인간이 쓸 수 있는 것들 중에서 가장 소중한 것이다."

기원전 5세기, 그리스에는 대조적인 두 인물이 있었다. 무엇이든 넘쳐
나는 삶을 사는 알렉산더 대왕과 아무 것도 가진 것 없는 거지 철학자 디
오게네스다.

어느 날, 가진 것은 돈밖에 없는 알렉산더 대왕의 친구인 어떤 부자가
디오게네스를 집으로 초청했다. 그에게 호화찬란한 자신의 집을 자랑하
기 위해서였다.

디오게네스가 그 집에 가보니 과연 부자의 집은 소문대로 으리으리했
다. 정원은 형형색색의 온갖 화초로 가득했고, 집안 구석구석마다 각종
보석으로 사치스럽게 꾸며져 있었다.

부자는 거들먹거리며 자기 집을 자랑하는 데 여념이 없었다. 손님으로
초대된 디오게네스에게는 단 1분도 말할 수 있는 기회를 주지 않고 혼자
만 계속 떠들어댔다.

화가 난 디오게네스는 참다 못해 부자의 얼굴에 가래침을 '퉤!' 하고 뱉
어버렸다. 부자가 당황해하자 하인들이 디오게네스를 에워쌌다. 그러자
디오게네스가 태연하게 말했다.

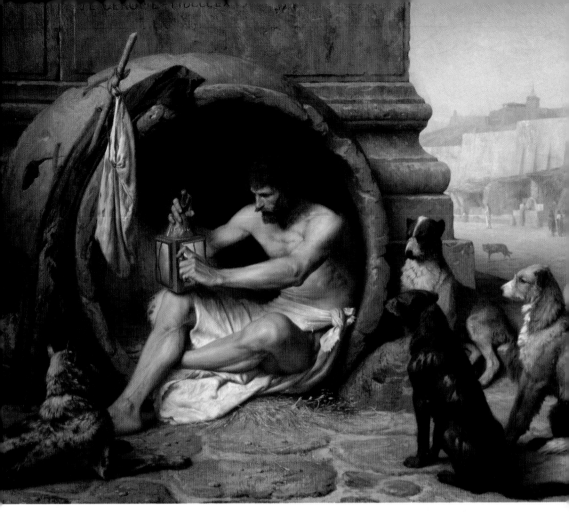

디오게네스_그리스의 키니코스학파의 대표적 철학자. 시노페의 디오게네스라고도 한다. 행복이란 인간의 자연스런 욕구를 가장 쉬운 방법으로 만족시키는 것이며, 자연스러운 것은 부끄러울 것도 없고 보기 흉하지도 않으므로 감출 필요가 없으며, 이 원리에 어긋나는 관습은 반(反)자연적이며 또한 그것을 따라서도 안 된다고 역설했다. 몸소 가난하지만 부끄러움이 없는 자족(自足)생활을 실천하였다. 장레옹 제롬의 작품.

"당신의 집은 너무 깨끗하고 아름답군요.
그래서 아무리 둘러보아도 내가 가래침을 뱉을 만한 곳이
발견되지 않았습니다.
단지 교만과 위선으로 가득한 당신의 얼굴이
내게는 쓰레기통처럼 보이는군요."

디오게네스의 등불

활동시기: 기원전 412년~기원전 323경. 고대 그리스의 사상가.

▌진실한 사람을 찾는 구도자의 고뇌

**"사람을 대할 때는 불을 대하듯이 하라.
다가갈 때는 타지 않을 정도로 떨어질 때는 얼지 않을 만큼만."**

디오게네스의 명언으로, 사람 사이의 관계는 너무 가까이 다가가도 상처를 안겨주게 되고 너무 멀리 떨어져도 친해지기 힘들다는 의미를 담고 있다.

디오게네스는 현명했던 만큼이나 생활 방식도 독특했다. 그는 누구든 필요 이상으로 물건을 소유해선 안 된다고 믿었다. 또한 사람이 사는 데는 많은 것이 필요하지 않다고 했다. 그는 집에서 살지 않았다.

작은 통 속에서 잠을 자고, 그 통을 굴리며 옮겨 다녔다. 그리고 햇볕 아래 자리를 잡고 앉아 자신을 에워싼 사람들에게 지혜를 들려주며 인생을 보냈다.

하루는 디오게네스가 밝은 대낮인데도 등불을 들고 길을 걸어가며 뭔가를 찾기라도 하듯 연신 주위를 두리번거렸다. 누군가가 물었다.

**"해가 있는데 왜 등불을 들고 다니십니까?"
"정직한 사람을 찾기 위해서라네."**

▶**등불을 든 디오게네스**(059쪽 그림)_야코프 요르단스의 작품.

아리스토텔레스의 본능

활동시기: 기원전 384년~기원전 322년. 고대 그리스의 철학자.

▌소요학파의 창시자이며 고대 최대의 학문적 체계를 세우다
▌중세의 스콜라철학을 비롯하여 후세의 학문에 큰 영향을 끼치다

　"시작이 반이다."

　어떤 일을 도모하고자 할 때 빨리 실행에 옮길 것을 다짐하는 이 말은 우리가 흔하게 쓰는 말 같지만 사실은 고대 그리스의 정치철학자 아리스토텔레스가 한 유명한 명언이다. 그의 철학은 지금까지 누구도 하지 못한 체계적이고 방대한 주제에 관한 연구 과제를 우리에게 물려주었다. 그러나 '실천철학'과 '윤리학'이라는 지배적 연구 경향에 가려진 아리스토텔레스의 정치철학은 아직도 연구해야 할 많은 학문적 과제를 남기고 있다.

　아리스토텔레스는 그리스 북쪽 스타게이로스라는 마을에서 태어났다. 그의 아버지 니코마코스는 마케도니아의 왕이었던 아민타스 3세의 친구이자 주치의였다.

　아리스토텔레스는 왕자 필리포스(알렉산더 대왕의 아버지)와 어릴 적부터 친구로 궁정에서 자랐다. 17세 때 플라톤의 학원 '아카데메이아'에 들어가기 위해 아테네로 유학을 떠나 플라톤이 죽을 때까지 그곳에서 수학을 하였다. 플라톤은 아리스토텔레스를 아카데미의 정신이라 부르며 칭찬했다.

"인내는 쓰지만, 열매는 달다."

플라톤 사후 아카데메이아의 원장은 아리스토텔레스가 될 것이라 원생 누구도 의심하지 않았다. 하지만 그가 외국인이라는 이유로 원장 자리가 조카에게 넘어가자 그는 미련 없이 아타르네우스로 돌아갔다.

기원전 342년, 아리스토텔레스는 고향 마케도니아로 돌아가 어린 시절 친구인 필리포스 2세의 아들, 즉 왕세자 시절의 알렉산더 대왕을 가르친 것으로 유명하다. 특히 그가 추천한 《일리아스》는 알렉산더 대왕이 평생 읽는 책이 됐다.

그는 알렉산더 대왕의 도움으로 리케이온 학교에 도서관을 만들어 많은 자료를 수집하였으며 세계 최초의 동물원도 만들었다. 자연과학에 대한 아리스토텔레스의 견해는 중세 학문에 깊은 영향을 주었고, 이러한 그의 연구는 뉴턴 물리학으로 패러다임을 전환하게 되는 르네상스시대에까지 영향을 끼쳤다.

아리스토텔레스와 알렉산더 부조

"어머니가 소년을 남자로 만드는 데 20년이 걸리지만,
여자가 남자를 바보로 만드는 데는 20분도 안 걸린다."

로버트 프로스트의 격언으로, 대철학자 아리스토텔레스를 가리키는 명언이다. 이 시기 아리스토텔레스에 대한 한 가지 재미있는 일화가 있다. 알렉산더가 애첩 필리스에게 빠져 정무를 게을리 하자 아리스토텔레스는 알렉산더에게 여자를 멀리하라는 충고를 하였다. 이에 알렉산더는 필리스를 멀리하였다.

이에 앙심을 품은 필리스는 자신과 알렉산더를 떼어 놓으려는 철학자에게 복수를 다짐하고, 자신의 빼어난 미모를 무기 삼아 늙은 철학자를 유혹하였다. 뜨거운 육체로 무장한 여인의 사랑의 공세가 과연 차가운 이성으로 무장된 철학자를 정복할 수 있을까. 세간의 이목이 집중되었지만 승부는 의외로 싱겁게 끝났다. 제자에게는 여자를 멀리하라고 가르쳤던 대철학자가 스스로는 사랑에 눈이 멀어 여인의 노예가 되어버린 것이다. 사랑하는 여인의 부탁을 받자, 아리스토텔레스는 모든 체면을 내던지고 기꺼이 그녀의 소원대로 그녀를 태우는 말이 되었다.

▶**아리스토텔레스와 필리스(063쪽 그림)**_아리스토텔레스가 필리스의 유혹을 이기지 못하고 그녀의 성노예가 되는 장면을 묘사한 그림이다. 앙리 레만의 작품.

아리스토텔레스와 필리스 청동상

"약간의 광기도 없는 위대한 천재란 있을 수 없다."

 이로써 그녀의 복수는 멋지게 성공했던 것이다. 하지만 그녀의 복수는 여기서 그치지 않고 교묘한 계략으로 알렉산더가 이 장면을 엿보도록 손을 써 놓았다. 자신에게 여자를 멀리하라고 가르쳤던 점잖은 스승이 여자의 노예가 되어 네 발로 땅을 기는 모습을 보게 하면 왕자의 마음은 돌아설 것으로 기대했다.

 하지만 이 계책으로 필리스는 자신의 목적을 달성하지는 못했다. 즉 아리스토텔레스를 골탕 먹이는 데에는 성공하였지만 알렉산더의 마음을 사로잡는 데는 실패했다. 알렉산더는 철학의 대명사로 통하던 스승의 이성마저도 한 여인네의 공세 앞에 무참히 무너지는 것을 보고, 오히려 '여자는 위험하다'라는 스승의 가르침이 정말 옳다는 것을 생생하게 깨달았다. 그 후 알렉산더는 스승의 가르침에 따라 필리스를 완전히 멀리했고 스승을 더욱 존경하게 되었다고 한다.

아리스토텔레스 말 등에 올라 채찍질을 하는 필리스

"실패하는 길은 여럿이나 성공하는 길은 오직 하나다."

아리스토텔레스는 제자인 알렉산더 대왕이 동방 원정을 떠난 후, 다시 아테네로 돌아가 리케이온 학교에서 학생들을 가르쳤다.

알렉산더 대왕이 인도 원정길에서 요절한 뒤 마케도니아가 분열되면서 아리스토텔레스는 아테네의 미움을 사게 되었다. 아리스토텔레스는 자신들을 정복한 마케도니아 출신인 데다 그 마케도니아 왕의 스승이기까지 했다. 결국 알렉산더 대왕이 죽자 그는 불경죄, 즉 신을 모독했다는 죄명에 의해 추방당했다. 아리스토텔레스는 그 후 리케이온을 테오프라스토스에게 물려준 뒤, 에우보이아의 칼키스라는 작은 섬나라로 망명하여 연구를 계속하다 이듬해 63세의 나이에 위염으로 사망했다.

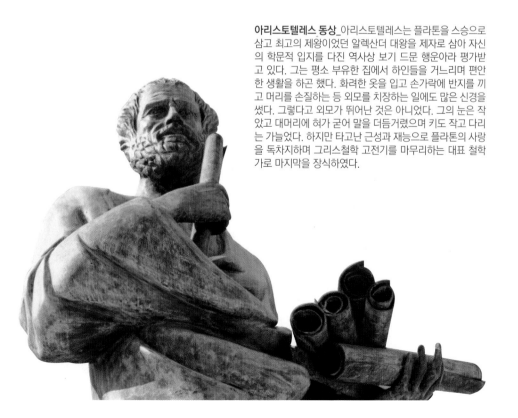

아리스토텔레스 동상_아리스토텔레스는 플라톤을 스승으로 삼고 최고의 제왕이었던 알렉산더 대왕을 제자로 삼아 자신의 학문적 입지를 다진 역사상 보기 드문 행운아라 평가받고 있다. 그는 평소 부유한 집에서 하인들을 거느리며 편안한 생활을 하곤 했다. 화려한 옷을 입고 손가락에 반지를 끼고 머리를 손질하는 등 외모를 치장하는 일에도 많은 신경을 썼다. 그렇다고 외모가 뛰어난 것은 아니었다. 그의 눈은 작았고 대머리에 혀가 굳어 말을 더듬거렸으며 키도 작고 다리는 가늘었다. 하지만 타고난 근성과 재능으로 플라톤의 사랑을 독차지하며 그리스철학 고전기를 마무리하는 대표 철학가로 마지막을 장식하였다.

다모클레스의 칼

활동시기: BC 4세기 전반 시칠리아의 시라쿠사의 참주(僭主) 디오니시오스 1세의 신하.

▌ 왕좌의 위험한 자리를 역설해 후세까지
▌ '왕권의 양면'을 제시한 명언

기원전 4세기 전반 시칠리아의 시라쿠사에서 있었던 일이다. 당시 시라쿠사는 디오니시오스 왕이 다스리고 있었다. 사람들은 그에게 복종했고, 그의 궁전은 아름답고 값진 물건들로 가득했다.

디오니시오스의 신하인 다모클레스는 이런 왕의 권력과 부를 부러워했다. 하루는 다모클레스가 왕에게 말했다.

"폐하, 얼마나 행복하시겠습니까!

폐하께서는 누구나 바라는 것을 모두 가지고 계시니 말입니다.

단 하루만이라도 폐하의 부와 쾌락을 누려보는 것이 제 평생의 소원입니다."

"재미있군. 내일은 그대가 왕이네. 자네 뜻대로 이 자리에 앉아 마음대로 해보게나."

다음날 다모클레스에게 왕을 체험할 기회가 주어졌다. 향기로운 술과 아름다운 여인, 흥겨운 음악으로 그는 푹신한 왕좌에 기대어 오늘만큼은 자신이 이 세상에서 가장 행복한 사람이라고 생각했다. 그러던 중 그는 우연히 왕좌의 천장을 바라보고 깜짝 놀랐다.

날카로운 칼이 단 한 가닥의 말총에 매달려 그의 머리 위에 있는 것이 아닌가!

그의 표정은 잿빛으로 변했다. 더 이상 술도 음식도 맛을 잃었다. 음악도 즐겁지가 않았다.

다모클레스의 칼_다모클레스의 칼은 영웅이 전장을 누비며 적과 싸울 때 쓰는 칼은 아니다. 이는 아무 부족함이 없고 우아하게만 보이는 왕의 머리 위에 매달려 그의 목숨을 위협하던 칼이다. 이 칼은 권력을 탐하는 자에 대한 통렬한 경고이다. 펠릭스 오브레의 작품.

그가 당황한 모습을 보고 디오니시오스 왕은 말했다

"뭐가 잘못되었나?"

"저 칼……."

"그게 뭐가 그리 대수로운가?
나는 매 순간 언제 죽을지 모른다는 두려움 속에 산다네.
나의 권력은 언제 떨어질지 모르는 칼처럼
항상 위기와 불안 속에 유지되고 있지."

◀**다모클레스의 칼**(068쪽 그림)_리처드 웨스톨 작품.
'다모클레스의 칼'은 로마시대 정치가이자 철학자였던 키케로가 자주 인용하면서 유명해졌고, 서양에서는 위태로운 상황을 뜻하는 말로 자주 사용됐다. 현대에 들어서는 존 F. 케네디 전 미국 대통령이 1961년 9월 유엔총회 연설에서 핵전쟁의 위험을 강조할 때 언급하면서 더욱 유명해졌다. 특히 그로부터 1년 후 쿠바 핵위기로 미·소 간의 냉전이 핵전쟁 직전까지 치달으면서 다모클레스의 칼은 전쟁의 위험을 강조하는 말로 굳어졌다. 아래 그림은 앙투안 두보스트의 작품.

붓다의 큰 울림

활동시기: 기원전 6세기경. 인도 고타마 왕국 왕자 출신의 불교 창시 성자.

▋ 일체의 번뇌를 끊고 무상(無上)의 진리를 깨달아 중생을 교화하다

> "모든 것을 이해하는 것은
> 모든 것을 용서하는 것이다."

붓다는 '깨달은 자'라는 뜻을 가진 성인으로, 인류에 큰 각성을 촉구하는 한마디를 남겼다. 불교에서는 원칙상 깨달은 자라면 누구든 '붓다'라고 했지만, 성자인 붓다는 불교의 창시자인 고타마 싯다르타(석가모니)를 일컫는다. 오늘날에도 여전히 우리는 그의 가르침에서 많은 통찰을 얻는다.

기원전 6세기와 5세기 사이에, 고타마 싯다르타는 깊은 영적 지혜를 가지고 동인도에서 고개를 돌리기 시작했다. 흥미롭게도, 붓다는 결코 자신의 가르침을 기록으로 남긴 적이 없다. 예수와 소크라테스처럼, 가르침에 대한 그의 방법은 말로 하는 것이었고, 대화를 나누는 가운데 있었다. 붓다의 구전(口傳)의 전통은 그의 사후 400년, 그의 가르침에 대한 첫 번째 기록이 나타날 때까지 민중 속에 살아 있었다.

기원전 6세기경 현재의 네팔 남부와 인도의 국경 부근 히말라야 기슭에 카필라 성을 중심으로 샤카족의 작은 나라가 있었다. 싯다르타는 그 나라의 왕 슈도다나와 마야 부인 사이에서 태어났다.

붓다_인간의 삶이 생로병사가 윤회하는 고통으로 이루어져 있음을 자각하고 이를 벗어나기 위해 29세 때 출가하였다.

어머니 마야 부인은 흰 코끼리가 옆구리로 들어오는 꿈을 꾸고 임신을
했다. 마야 부인은 출산이 임박하자, 당시 풍습에 따라 친정으로 향했는
데, 룸비니에서 꽃이 만발한 무우수 나뭇가지를 잡고 오른쪽 겨드랑이
밑에서 싯다르타를 낳았다.

싯다르타는 태어나서 사방으로 일곱 걸음을 걸어서 오른손은 하늘을
왼손은 땅을 가리키며 외쳤다.

"천상천하 유아독존 삼계개고 아당인지"
(우주만물은 오직 자기 자신 안에 존재하는 것으로, 세상을 사는 고통도 생각하기 나름이므로 자기 스스
로 편안하게 할 수 있다.)

이 말은 모든 불교의 처음이자 마지막 진리라고 할 수 있다. 마야 부인
은 출산 7일 뒤 숨을 거뒀고 이후 이모 마하파자파티가 슈도다나와 결혼
하여 고타마를 돌보았다.

싯다르타의 탄생_싯다르타가 태어나 일곱 걸음을 걸어 외쳤는데 그 걸음마다 연꽃이 피어올랐다고 한다.

"무상한 이 세상의 괴로움을 어떻게 해결할 것인가?"

싯다르타는 성장하여 진리에 관해서도 명상했는데, 그때까지만 해도 궁전 안의 안락함을 모든 인간이 누리는 줄 알았다. 그러던 어느 날, 싯다르타는 궁 밖으로 나와 밭갈이 하는 농부를 보고 인간들이 수고해야 삶을 영위할 수 있다는 인간사회의 고통을 깨달았다. 그리고 새에게 잡아먹히는 벌레를 보고 큰 충격을 받았으며, 태어나서 병들어 신음하고 죽어야 하는 생로병사의 운명에 슬픔을 금치 못하였다.

싯다르타의 우울한 심정을 눈치 챈 부왕은 혹시 아들이 당시의 많은 젊은이들처럼 출가하지 않을까 염려하여 아들이 16세가 되자 골리 왕국의 공주와 혼인시켰다. 그럼에도 싯다르타는 수행을 계속하였는데, 이에 부왕은 많은 미녀들을 시켜 밤낮으로 향연도 베풀었으나 오히려 출가를 재촉하는 동기만 되었다.

29세가 되던 해 어느 날 밤, 번뇌에서 벗어나려면 깨우쳐야 한다고 결심한 싯다르타는 가족과 이별을 고한 채 출가하였다. 싯다르타는 시종을 데리고 백마를 타고서 성문을 빠져나갔다.

궁전을 나온 싯다르타_싯다르타는 궁전 밖 세상을 보고 큰 충격을 받는다.

싯다르타와 다섯 현자

"그 어느 누구도 우리 자신이 아니면 우리를 구원할 수 없다.
어느 누구도 할 수 없고, 하지 못할 것이다.
우리 자신이 그 여정을 걸어야 한다."

싯다르타는 시종과 헤어지고 나서 바라문 고행자의 가르침을 받아 단식하고 고행하였다. 그는 정신을 통일하려고 허리를 땅에 대지 않고 결가부좌를 유지하는 등 온갖 고행을 하였으나 이 정도로는 해탈에 이를 수 없음을 깨닫고서 혼자 성지를 찾아 수행하기로 하였다. 그는 삭발을 하고, 남루한 옷으로 갈아입고 구걸을 하면서 남쪽의 마가다 왕국을 향해 갔다.

마가다 왕국의 수도 라자그리하는 정치, 경제의 중심지였고, 많은 수도자가 모이는 곳이었다. 이곳에서 브라만교의 행자에게서 요가를 배웠으나, 역시 정신적으로 만족하지 못하였다. 이번에는 네란자나 강 부근에서 단식과 불면의 고행을 하였다.

부왕은 아들의 환국을 단념하고 5명의 현자를 뽑아 태자를 수행하게하였다. 이 기간이 6년이었는데, 이러한 육체적인 고행도 효험이 없음을 알고 그만두었다. 그러자 지금까지 고행을 같이 하던 5명의 수도자도 떠나갔다.

"나는 이제 차라리 스스로 절벽 위에서 이 몸을 던져 큰 바위에 떨어질지언정, 모든 독약을 마시고 목숨을 끊을지언정, 또한 스스로 아무 것도 먹고 마시지 않아 죽을지언정, 만약 내가 마음에 다짐한 대로 중생을 고통의 바다에서 해탈시키지 못한다면 결코 카필라바스투에 다시 돌아가지 않으리라."

—《불본행집경》 중에서

싯다르타는 고행림을 나와서 묘지에 흩어져 있던 망자의 수의 조각을 주워 빨아 입었다. 그는 강가에서 몸을 씻은 뒤 근처에 있는 나무 밑에 앉았다. 마침 지나가던 수자타라는 소녀가 이 모습을 보고 우유죽을 공양하자, 싯다르타는 이를 받아먹고 힘을 차렸다.

싯다르타는 부다가야에서 나무꾼이 베어둔 풀을 얻어다 보리수 아래에 이르러 나무 둘레를 오른쪽으로 세 번 돌고 동쪽 아래에 그것을 깔고 앉았다. 싯다르타는 깨닫지 못하면 그 자리를 떠나지 않겠다고 맹세하며, 조용히 내관의 고행을 계속하였다. 이 고행은 일체의 공리적 관념을 버리고, 마음속에 있는 욕망을 끊어 없애며, 세계를 있는 그대로 보고자 함이었다.

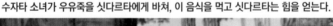
수자타 소녀가 우유죽을 싯다르타에게 바쳐, 이 음식을 먹고 싯다르타는 힘을 얻는다.

"너의 군세 중 제일은 탐욕이요, 둘째는 원망이고, 셋째는 굶주림과 춥고 더움이며, 넷째는 애착이고, 다섯째는 권태와 수면이며, 두려움과 공포는 그 여섯 번째 군세이다. 일곱째 군세는 의심이요, 여덟째는 진에와 분노, 아홉째는 시기와 질투이고, 어리석고 무지함이 그 열 번째이며, 열한 번째는 교만과 허영이고, 열두 번째는 비난과 질시이다. 마왕이여, 내 이제 너희 군세들을 보매 묘한 지혜의 군사로서 쳐부수어 남김없이 항복받으리라."

─《불본행집경》 중에서

싯다르타가 고행림에서 6년 동안 고행을 하고 있었을 때도 마왕(魔王) 마라 파피야스는 그에게 고행을 그만두고 바라문들처럼 불을 섬기고 제물을 바쳐서 공덕을 쌓으라고 유혹했다. 하지만 싯다르타는 자기가 찾는 깨달음을 얻을 때까지는 결코 물러서지 않겠다고 버텼다.

온갖 고행과 현인과의 물음으로 계속해서 사색을 이어가던 싯다르타가 보리수 밑에서 대오각성 일보 직전에 이르자 미간의 백호상에서 광휘가 일어나 온 천계를 뒤엎어 마왕이 거처하는 타화재천에까지 이르러서 마왕의 궁전이 박살나기 일보 직전이 되었다. 이때 마왕은 스물두 가지 불길한 꿈을 꾸었는데, 그의 궁전이 무너지고 일족에게 배신당하는 내용이었다.

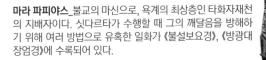

마라 파피야스_불교의 마신으로, 욕계의 최상층인 타화자재천의 지배자이다. 싯다르타가 수행할 때 그의 깨달음을 방해하기 위해 여러 방법으로 유혹한 일화가 《불설보요경》, 《방광대장엄경》에 수록되어 있다.

악몽을 꾸고 깨어나자 마왕은 일족들을 모아서 싯다르타를 제압할 수 있는 방법이 무엇인지를 도모했다. 마왕의 자식 1천 명 중 5백 명은 백조, 5백 명은 흑조로 각기 오른쪽과 왼쪽에 앉았다. 백조는 모두 말했다.

"싯다르타를 이길 가능성이 없습니다. 포기합시다."

하지만 흑조는 반대 의견을 말하여 좀처럼 결론이 나지 않았다.

"우리 군세로 총공격하면 질 염려가 없습니다."

사르타바하라는 아들은 아버지는 결코 싯다르타를 이길 수 없을 테니 싯다르타에게 예를 갖추자고 건의했지만, 마왕은 그 말을 듣지 않고 흑조의 편을 들어서 싯다르타를 방해하기로 했다.

"쾌락만을 좇아 사는 자, 자신의 오감을 통제하지 못하고 음식을 절제하지 못하며 게으르고 나약한 자, 마왕 마라는 반드시 그를 쓰러뜨릴 것이다. 마치 바람이 나약한 나무를 쓰러뜨리듯."

—《법구경》 중에서

마왕 마라 파피야스가 수행하는 싯다르타를 방해하는 장면이다.

최초로 마왕 마라는 색기가 있고 미녀인 세 딸을 시켜 싯다르타를 유혹하게 했고 아버지의 분부대로 세 딸들은 하늘하늘한 옷으로 서로 장난치며 싯다르타 앞에서 서른두 가지 교태를 떨면서 아양을 떨다가 옷을 하나씩 벗으며 알몸이 되어 유혹하였다.

"남자는 즐길 때가 있는 법이니, 지금 안 즐기면 언제 즐기겠어요?"

하지만 싯다르타는 마왕의 세 딸을 질타하고 타일렀다.

"육체의 쾌락에는 고뇌가 따른다.
사람들은 이 도리를 알지 못해 욕정에 빠져 있다.
나는 절대적인 정신의 자유에 도달하려고 한다.
너희가 아름다운 모습으로 태어난 것은 옛날 선업을
쌓아서인데 지금 나쁜 짓을 하면 지옥에 간다."

싯다르타의 이런 모습에 오히려 마왕의 세 딸들은 그에게 반해버렸고 꽃을 바쳐 용서를 구했다.

"마왕이여, 어서 물러가라.
지상의 모든 것은 내가 구하는 바가 아니니라."
—《본생경》 중에서

마왕은 자신의 18억 군대를 동원하여 싯다르타를 협박했으나 싯다르타가 해탈에 이르기 위해서 해야 하는 밀행을 방패 삼아 의연한 태도를 보이자 그 군대가 역으로 와해되었다. 마라는 싯다르타의 시종으로 변신해 '왕국이 망했다.'고 거짓을 전하여 마음을 흔들어 보았으나 실패하였다. 그러자 마왕은 직접 나타나서 말했다.

"수행을 그만두어 부처의 자리를 포기하면 너는 틀림없이 전륜성왕의 자리에 올라 천하를 정복하고 온갖 세상의 부귀영화와 쾌락을 누릴 것이며 오히려 전륜성왕의 덕으로 중생을 구제할 수 있을 것이다."

마왕은 싯다르타가 평소 주장하고 다닌 '중생을 구제할 수 있는 방법'으로 유혹했으나 싯다르타는 역시 넘어가지 않았다.

싯다르타의 수행_마왕 마라 파피야스로부터 방어하는 싯다르타.

"만물의 의지처인 이 대지.
움직이는 것이나 움직이지 않는 것이나,
모든 것에 공평한 이 대지가
나를 위해 진실한 증인이 될 것이다.
자아, 나를 위해 증언해다오."

싯다르타는 마왕의 온갖 유혹을 뿌리쳤다. 이에 온갖 장식을 몸에 걸친 대지모신 수타바라가 나타나서 싯다르타가 앉은 자리 가까이에 땅바닥을 뚫고 몸을 절반만 드러내어 말했다.

"당신이 말씀하신 그대로입니다. 저희가 증인이 되겠습니다.
당신이야말로 인간계는 물론 신들의 세계에서도 최고의 권위자이십니다."

대지모신은 싯다르타가 거쳐 온 무수한 전생의 선업에 대해 증언하였고, 동시에 마왕 마라를 꾸짖었다. 마라는 결국 사라져 버렸다고도 하고 천지의 진동에 놀라 기절해 버렸다고도 한다.

마왕을 공격하는 대지모신_마왕은 대지모신의 꾸짖음에 패배를 인정하고 사라져 버린다.

"우리가 여기에 태어났다는 것은 바로 아픔의 뿌리이다(生).
태어나서 늙게 되는 것은 또한 아픔이다(老).
살아가면서 병이 들면 아픔을 뼈저리게 깨닫는다(病).
삶을 언젠가는 마무리지어야 한다는 것에 아픔을 깨닫는다(死)."

싯다르타는 35세 되는 해의 12월 8일 이른 새벽에 드디어 '대각(大覺)'을 이루고 생로병사의 본원을 끊어 없애는 확신을 얻게 되었다. 이것은 어떠한 번뇌에도 흔들리지 않는 절대 정적(靜寂), 즉 열반의 세계를 체현한 것이며, 올바른 자각을 얻어 눈을 뜬 부처가 된 것을 의미했다.

결국 싯다르타는 우주의 진리를 깨닫고는 보리수 밑에 대좌하여 7일 동안 12연법을 달관하여 모든 의혹에서 완전히 벗어났다. 한동안 깨달음의 경지를 혼자 즐기다가 얼마 후 이러한 기쁨을 다른 사람들에게도 나누어 주고자 하였다. 우선 지난날에 같이 고행하던 5명의 수행자들을 교화하기 위하여 바나레스 교외의 사르나트를 방문하였다. 그들 5명은 고행을 그만둔 싯다르타를 경멸했으나 이내 쾌락과 고행의 양 극단을 배제한 중도의 설법에 감화되었다.

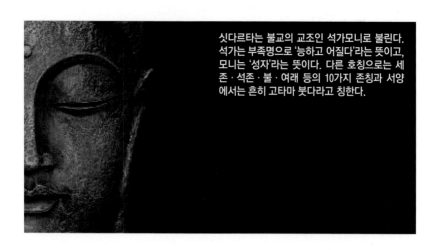

싯다르타는 불교의 교조인 석가모니로 불린다. 석가는 부족명으로 '능하고 어질다'라는 뜻이고, 모니는 '성자'라는 뜻이다. 다른 호칭으로는 세존·석존·불·여래 등의 10가지 존칭과 서양에서는 흔히 고타마 붓다라고 칭한다.

열반에 든 싯다르타_싯다르타는 인도의 여러 지방을 편력하며 포교와 교화에 힘썼고, 쿠시나가라에서 80세로 입멸하였다.

"자신을 등불 삼고 자신에게 의지할 것이지,
남에게 의지하지 말라.
법을 등불 삼고 법에게 의지할 것이지,
다른 것에 의지하지 말라."
—《대열반경》

싯다르타는 80세의 고령이 될 때까지 설법을 그치지 않았는데, 파바시에서 받은 공양이 잘못되어 심한 이질을 앓았다. 고령인 데다 금식을 자주 했었기에 장이 매우 약한 탓이었다. 병이 위독함을 깨달은 싯타르타는 최후의 목욕을 마치고 사라(沙羅)나무의 숲속으로 들어가 북쪽을 바라보고 오른쪽으로 누워 발을 포갠 다음 밤중에 제자들에게 최후의 가르침을 폈다. 이후 쉬지 말고 수행에 임할 것을 유언으로 남기고 조용히 쿠시나가라에서 입멸하였다. 기원전 544년 2월 15일이었다.

공자의 생애와 어록

활동시기: 기원전 551년~기원전 479년. 중국 춘추시대 노나라 사상가.

█ 최초로 동양적 휴머니즘인 '인(仁)'을 주창해 도덕적 인문주의로서
█ '사람다움'을 제시하다

> "가장 큰 영광은 한 번도 실패하지 않음이 아니라
> 실패할 때마다 다시 일어서는 데에 있다."

동양적 휴머니즘의 기본인 '인(仁)' 사상을 제시한 공자의 인생역정을 상징하는 한마디이다. 공자가 중국 역사의 성인으로 남을 수 있는 이유는 그가 인생에서 성공해서가 아니라, 철저히 실패했기 때문이다. 그는 벼슬도 제대로 못했고, 안회, 자로와 같은 아끼는 제자들을 먼저 저세상에 보내야 했다. 설상가상으로 춘추전국시대의 혼란을 극복하여 '인(仁)'에 입각한 사람 사는 세상을 만들고자 했던 그의 이상(理想)은 천하의 비웃음만 살 뿐이었다.

춘추전국시대는 사회 시스템적으로는 분명 한 단계 발전한 시기였지만, 다른 한편으로는 군주와 신하들 간의 배신이 난무하고, 남녀 간의 근친상간 및 타락이 절정에 이르렀고, 지배층이 백성들을 철저히 쥐어짜는 말세의 시대였다.

공자_춘추시대 노나라에서 태어나고 자랐고, 어려서부터 예에 밝았다. 30대부터 제자 양성을 시작했고, 50대에 이르러 노나라의 중도재를 지내면서 나라를 잘 다스렸다. 오늘날 세간에서는 보통 공자를 '유교의 창시자'라고 인식하고 있지만, 적어도 공자 자신은 절대 자신이 무언가의 창시자라는 생각을 한 적이 없었다는 것을 알아둘 필요가 있다.

　　윤리도덕이 땅에 떨어진 말세의 시대이다 보니 공자가 말하는 '인간다움'을 가슴에 새긴 제자들은 세상의 온갖 배신으로 두려움에 떨어야 했다. 그러다가 공자의 사상을 배신함으로 인해 자리를 차지한 각국의 군주들에게 쓰임을 받기 시작하면서 공자의 가르침은 서서히 빛을 발하기 시작했다. '자로의 충성스러운 죽음'은 공자 무리의 취업률을 높인 결정적인 계기였다. 그의 죽음 이후, 공자의 제자들이 노나라에서 대거 등용되기 시작했다. 자공과 염구는 각기 외교와 군사에서 계씨 밑에서 명성을 떨쳤다. 그리고 수백 년의 시간이 흐르면서, 충심을 다하는 인간적인 제자들이 위대한 스승의 가르침을 수없이 되새기면서, 유교는 동아시아의 정신적 토대가 되었다.

"가지를 잘 쳐주고 받침대를 받쳐 준
나무는 곧게 잘 자라지만
내버려둔 나무는 아무렇게나 자란다.
사람도 이와 마찬가지여서 남이 자신의 잘못을 지적해 주는
말을 잘 듣고 고치는 사람은 그만큼 발전한다."

　공자의 아버지는 육십 노인이었고 어머니는 십대 후반의 어린 무녀였다. 그가 태어나 3년도 안되어 아버지가 사망했고, 공자는 부친 묘의 위치마저 장성하고 나서야 알게 되었다. 공자는 부모가 정식으로 결혼한 사이가 아니었기 때문에 사생아였다. 무녀의 자식이다 보니 평범한 사람과 다른 세상을 접하며 살았다. 어머니는 공자 나이 십대 중후반에 사망했다. 어머니가 세상을 떠나자 공자는 3년 상을 마친 뒤 부친 묘소 옆에 안장하였다.

　사생아였던 공자에게는 자신이 대부였던 숙량흘의 자손, 즉 귀족임을 인정받는 것이 필생의 목표였다. 무사였던 아버지와 달리, 공자는 글과 지식으로서 인정받으려 했다. 어릴 적부터 제사 지내는 흉내를 내며 놀기를 좋아했다고 하며, 고실(故實), 즉 예부터 내려오는 전통적 종교 의례·제도·관습 등에 밝았다.

어린 공자_공자의 이름은 구(丘). 자는 중니(仲尼)다. 공자의 아버지 숙량흘은 장대한 체구의 무인이었다고 한다. 숙량흘은 딸만 9명을 낳는 바람에 둘째 부인을 들여서 겨우 아들을 낳았는데, 이 아들은 몸에 장애가 있었다. 결국 숙량흘은 60대에 16살짜리 무녀 안징재를 부인으로 들여 공자를 낳았다.

"배우고 때로 익히면 또한 기쁘지 아니한가."

공자에게는 특별한 선생은 없었다. 그는 만날 수 있는 모든 사람에게서 배웠다. 그 가운데 유명한 사람이 주나라의 주하사였던 노자이다. 공자가 노자를 찾아가서 배웠던 것은 여러 문헌에 나온다.

30대가 되자 공자는 노나라에서 가장 박식한 사람이 되었다. 그는 학원을 열어서 학생들을 가르쳤다. 중국 역사상 최초의 학교를 설립한 것이다. 공자는 《시경》, 《서경》, 《주역》 등의 경전을 가르쳤다.

공자는 노나라에 살았다. 따라서 노나라를 건국했던 주공(周公)을 본받아야 할 사람으로 받들었다. 주공은 어린 성왕을 대신해서 섭정을 하면서 주나라의 봉건제를 수립했다. 봉건제는 종법제라 한다. 천자가 형제친척을 제후로 임명했다. 제후는 다시 자손을 대부로 임명했다. 그 결과 국가의 주요 기관장은 종친들이 된다. 이래서 종법이라 한다. 공자 당시는 종법과 봉건제가 무너지고 신분체계가 극심하게 혼란스러웠다. 노나라가 바로 그런 상황이었다. 공자는 주공의 종법제를 회복하고 나아가 천하를 평화롭게 하고자 했다.

노자_중국 고대의 사상가이며 도가(道家)의 시조이다. 공자는 노자를 찾아 그에게서 인의(仁義) 등 도덕이나 지혜를 배웠다.

"앞날을 결정짓고자 하면 옛것을 공부하라."

공자는 30세에 이르러 관리로서의 지위도 얻고, 학문적으로도 많은 진전을 보였다. 공자의 정치관은 법보다 덕으로써 백성과 나라를 다스려야 한다는 것이었고, 세상사를 처리함에 있어 사람을 가장 중시하는 인본주의를 주창하였다. 주공이 나라를 다스리던 시대처럼 올바르고 평화로운 인간 세상을 건설하는 것이 공자의 이상이었다.

본국인 주나라의 낙읍을 돌아보고 귀국한 후 그의 명망은 차츰 천하 각국으로 퍼져 나갔다. 이에 따라 그에게 배움을 청하는 제자들이 구름처럼 모여들었다. 그리하여 그 수가 훗날 3천 명을 넘어섰다.

35살 때 노나라에서 내란이 일어나 소공이 제나라로 망명하자 공자도 제나라로 떠났다가 2년 뒤 귀국했다. 공자의 인망은 해를 더할수록 거듭 높아져 기원전 499년에는 대사구(현재의 법무부장관) 벼슬에 기용되었고 최고 재판관 및 외교관직도 겸하게 되었다. 당시 공자는 순장될 뻔한 아이를 구하고 이 사건을 계기로 그때까지 이어져 오던 순장의 악습을 왕에게 간하여 끝내 폐하였다.

"군자는 두루두루 소통하되 끼리끼리 하지 않고,
소인은 끼리끼리 하되 두루두루 소통하지 않는다."

인(仁)을 지향하고 예(禮)에 정진하고 실천하는 사람이 군자라 설파한 공자의 명언이다. 그의 신념대로 그는 국정을 쇄신하기 위해 방자하게 권세를 휘두르는 계손사를 타도하려고 여러모로 계책을 꾸몄으나 일이 성사 단계에 가서 실패하고 말았다.

▶**공자 초상**(087쪽 그림)_공자라는 존칭에서 자(子)는 선생이라는 뜻이다.

그 때문에 계손사의 미움을 받은 공자는 기원전 496년에 노나라를 떠나 수십 명의 수행 제자들과 함께 자신의 학문적 이상을 현실정치에서 실현시켜 줄 어질고 현명한 군주를 찾아 기약 없는 여정에 나섰다.

무려 10여 년이 넘게 걸린 이 주유열국(周遊列國)의 기간은 공자로서도 참기 어려운 고달픈 세월이었다. 이 무렵 공자는 생명에 위협이 가해지는 위험에 빠지기도 하였으며, 그 같은 봉변으로 인해 여행 도중 만난 은자(隱者)들에게 수모와 조롱을 당하기도 하였다.

공자의 도덕정치는 어느 나라에서도 외면당했다. 당시의 왕들은 더디더라도 올바른 길을 택하기보다 손쉽게 국력을 팽창시켜 천하를 제패할 부국강병의 방법만을 원하고 있었기 때문이었다.

공자는 마침내 자신의 학문적 이상이 당시의 정치 상황에서는 결코 실현될 수 없음을 깨닫고 귀국 후 미래 세대에 남은 희망을 품고는 후학을 양성하는 데 힘을 쏟았다.

"태산이 무너지는가!
대들보가 부러지는가!
철인은 죽어가는가!"

공자가 죽어가면서 부른 노래이다. 공자의 말년에 여러 국가를 떠돌아다닌 피로와 더불어서 첫째 아들 백어와 애제자 안연이 사망하고 자로마저 위나라에서 피살당해 젓갈이 돼버리자 기원전 480년에 공자는 병석에 누웠다. 자로는 무인으로 공자의 여행 동안 고난을 함께 하였다. 주로 공자의 호위를 자처하며 시기하는 무리들로부터 공자를 여러번 지켜내기도 했다.

이후에 위나라에서 벼슬을 하다가 위나라의 군주 출공의 아비 괴외와 자신의 주공 공회의 반란으로 출공이 쫓겨나자 그 소식을 듣고 성으로 갔다. 가는 길에 동문인 자고가 말렸으나 듣지 않고 반란을 일으킨 자신의 주군 공회를 죽일 것을 괴외에게 요구하였다. 괴외가 거부하자 그들이 올라 있던 대(臺)를 불태우려다 장공의 명령을 받은 무사들에게 살해당했다. 죽을 때 칼에 맞아 머리에 쓴 갓이 삐뚤어지자 갓을 제대로 고쳐 쓰고는 일갈했다.

"보라! 군자는 죽더라도 갓은 벗지 않는다!"

공자는 위에서 반란이 일어났다고 했을 때 자로의 강직한 성격을 알고 있었기 때문에 죽음을 예견했다. 공자의 불길한 예견대로 얼마 안돼 자로의 시신이 젓갈로 만들어져 공자에게 보내졌다. 공자는 엄청난 충격을 받아 집안의 젓갈들을 모두 다 내던져 버렸다. 결국 자로가 죽은 이듬해 세상을 하직하였다.

"다음에서 네 가지를 두려워해야 한다.
첫째, 도의에서 벗어나는 것.
둘째, 학문을 게을리하는 것.
셋째, 정의를 듣고도 실행하지 않는 것.
넷째, 착하지 않음을 고치지 못하는 것.
이를 항상 두려워하고 그렇지 않았을 때는
즉각 반성하고 고쳐야 한다."
—공자

아쇼카 대왕의 정법

활동시기: 기원전 269년~기원전 232년. 인도 왕국의 왕.

▌ 최초의 통일 인도 왕국을 세우고 불교 이상(理想)국가를 세우다

"정법의 승리는 그야말로 무상의 승리다."

고대 인도 마우리아 왕조의 왕인 아쇼카 왕의 종교 명언이다.

아쇼카 왕은 인도 역사상 최고의 군주 중 한 명으로 거론되는 인물이지만, 젊은 시절엔 2대 왕 빈두사라의 자식 101명 중 한 명에 불과했다. 그는 왕위 계승 다툼에서 친동생 한 명을 뺀 이복동생 99명을 모두 죽이고, 그들을 따르던 신하와 궁녀까지 모두 죽인 뒤 왕위에 오른 피의 군주이기도 했다. 이후 타국과도 무수한 정복 전쟁을 벌여 엄청난 피를 흘린 대왕이다.

아쇼카 왕은 재임 당시 강력한 중앙집권체제를 구축하는 데 성공하고, 이 막강한 힘을 남아시아 곳곳으로 뻗쳐나갔다. 그의 마지막 전투인 칼링가 전투 직전까지 활발한 영토 확장을 펼친 끝에 기원전 265년에 이르러서는 당시 세계에서 가장 넓은 영토를 가진 국가로 성장하였다.

아쇼카의 수레바퀴_전륜성왕을 자처한 아쇼카 대왕은 불상이 등장하기 전 진리의 수레바퀴를 불교의 상징으로 삼았다.

"나의 영역에서는,
어떤 살아있는 존재도
희생제의에서 제물로 바쳐지거나
도살되어서는 안 된다."

아쇼카 왕은 칼링가라는 이웃 나라를 정복하기 위해 보병 60만, 기병 10만, 코끼리부대 9천 마리를 이끌고 쳐들어가 10만이 넘는 인명을 해쳤다. 그는 폐허가 된 칼링가의 수도를 직접 둘러보다가 자신의 야심으로 무수한 인명이 죽고, 고아가 된 아이들과 미쳐버린 사람들을 보고 큰 충격을 받았다.

칼링가 정복으로 아쇼카는 인도 최초 통일왕조를 세우는 데는 성공했지만 스스로 많은 충격을 받았다. 그 뒤로 그는 다른 나라 침략을 그만두고 공공사업을 후원하고 병원과 고아원, 양로원을 세워 전쟁으로 떠돌던 이들을 치료하고 돌보았다. 더불어 역사상 처음으로 동물보호 및 학대금지 법령을 제정하였으며, 동물병원을 세우고 인류 최초로 수의사 제도를 만들기도 했다.

아쇼카 대왕의 업적을 나타낸 부조

"모든 종교는 그들 모두가
자기 통제와 마음의 순수함을 갈망하기 때문에,
도처에 존재해야 한다."

아쇼카 왕은 전쟁에 대한 참회와 반성의 의미로 불교를 열성적으로 신봉하여 불탑을 세우고 승려들을 스리랑카 등 이웃 나라로 보내 불교 포교에도 힘을 썼다. 아쇼카 왕의 치세는 대다수의 주변국들이 불교를 믿기 시작하는 시기와 겹치고 있어 그가 없었다면 오늘날의 불교도 없었다는 추론이 가능하다. 그러면서도 불교만을 강요하지 않고 다양한 종교를 관대하게 인정했다.

백성들 생활 개선에도 큰 힘을 쏟아 우물을 파서 물이 부족한 지역을 돕게 했으며, 흉년에 대비하여 곡식을 저장하고 싼 이자로 빈민들의 경제적 뒷받침을 하도록 하여 인도 역사상 가장 훌륭한 왕으로 평가되고 있다. 하지만 안타깝게도 그의 비폭력, 비전쟁 정책에 대해 그의 아들들을 포함해 불만을 가지는 세력 역시 많았고 결국 아쇼카가 죽은 뒤로 이런 비폭력, 비전쟁 법률은 흐지부지되어 사라졌다.

아쇼카 초상_인도 전역을 통일하여 불교의 자비와 불살생, 비폭력의 이상을 통치의 기본으로 선언하였다.

"누구나 자신의 종교만을 숭상하고
다른 종교를 저주해서는 안 된다.
여러 가지의 이유로 다른 종교도 존경해야 한다.
자신의 종교를 포교하면서 다른 종교에도 봉사해야 한다.
그렇지 않으면 누구나 자신의 종교에 무덤을 파는 것이며,
다른 종교에 해를 끼치는 것이다.
자신의 종교만을 숭상하고
다른 종교를 저주하는 자는 누구나
'나는 내 종교를 찬양하는 것이다'
라고 생각하면서 자신의 종교에 헌신할 것이다.
그러나 자신의 종교에만 집착하게 되면
그 자신의 종교를 더욱 해치게 된다.
그러므로 화해하는 것이 좋다.
경청하라!
다른 종교의 교의나 가르침에도 귀를 기울여라."

— 아쇼카 왕의 칙령

아쇼카 석주_인도 북부 대륙에 산재해 있는 아쇼카 석주는 마우리아 왕조 아쇼카 왕의 명령에 의해 불교의 가르침을 새겨넣은 것이다.

사기를 남긴 사마천

활동시기: 기원전 145년경~기원전 86년경. 중국 전한(前漢)시대의 역사가.

동양 역사학의 시조. 태초력(太初曆)을 제정해 후세 역법의 기초를 세웠고,
동양 최고 역사책 ≪사기≫를 완성하다

"좋은 약은 입에 쓰나 병에 이롭고 충직한 말은 귀에 거슬리나 행동에 이롭다."

중국 전한시대의 역사가 사마천의《사기》에 나오는 명언이다. 동양 역사학의 시조로 불리는 사마천은 서양의 헤로도토스만큼이나 세계 역사학계에서 높은 평가를 받는 인물이다.

위의 명언은 한나라의 책사인 장량의 이야기에서 비롯되었다.

천하를 통일한 진시황제가 죽자 패권을 잡기 위해 각지에서 반란의 움직임이 격하게 일어났다. 한나라를 일으킨 유방은 여러 가지 사건을 겪으며 가장 먼저 진나라의 수도를 공격해 3세 황제 자영에게 항복을 받고 아방궁에 들어갔다.

아방궁에는 금은보화로 가득했고 유방의 시선을 사로잡은 것은 그곳의 아름다운 궁녀들이었다. 유방은 젊어서부터 한량이었기에 술과 여자를 매우 좋아했다. 하지만 주변 인재들의 말에 귀 기울일 줄 아는 인물이기도 했다.

장량_한나라 고조 유방의 공신으로 '장자방'이란 참모로 유명하다.

아방궁의 아름다운 여인들을 본 유방은 그곳을 떠나지 않으려고 했다. 그때 번쾌가 어서 떠나자고 했으나 유방이 듣지 않자 장량이 유방에게 간언하였다.

"충언은 귀에 거슬려도 행실에는 이롭고
좋은 약은 입에는 쓰나 병을 낫는 데 이롭습니다.
부디 번쾌의 말을 들어주시기 바랍니다."

장량의 말을 듣고 유방은 지체 없이 아방궁을 나와 배수의 진을 쳤다고 한다.

아방궁_아방궁은 중국 대륙에 처음으로 통일왕조를 세운 진시황이 기원전 212년에 건립하기 시작한 대규모 황궁. 그러나 완성되기도 전에 진 왕조가 멸망하면서 항우의 군대에 의해 불타 없어졌다. 《사기》에는 아방궁을 태운 불길은 3개월 동안이나 꺼지지 않았다고 한다.

"성공하는 것은 어렵고 힘들다. 그러나 실패하기는 너무 쉽다.
기회를 얻는 시간은 오래 걸리고 기회를 놓치는 시간은 한순간이다."

사마천의 부친 사마담은 천문, 역법과 학문을 연구하는 직책인 태사령이었다. 한무제가 봉선(중국의 황제들이 하늘에 대해 지내던 일종의 제사)을 거행하자 이 역사적인 현장에 자기도 참석할 수 있을 것이라 생각했으나, 참석하지 못하고 태산 아래에서 대기하란 명을 받게 되었다. 사마담은 실망한 나머지 몸이 급속도로 쇠약해져 아들 사마천에게 자기가 집필하던 역사서를 완성할 것을 부탁하고 세상을 떠났다.

그 후 사마천은 아버지의 직책인 태사령을 어렵게 물려받아 《사기》를 집필하던 도중, 보병 5천으로 분전하다가 흉노족 8만에게 포위당해 항복한 장군 이릉을 변호하자 한무제의 노여움을 샀다. 사실 사마천은 이릉과는 친한 사이가 아니었지만, 그의 견해를 피력했을 뿐이었다. 하지만 그것이 무제의 미움을 사 옥에 갇히고 말았다.

무제는 옥에 갇힌 사마천에게 형벌을 선택하게 했다. 당시 사마천이 택할 수 있는 길은 돈 50만 전을 내고 풀려나거나 아니면 궁형을 받고 풀려나는 것이었다. 하지만 당시 50만 전은 병력 5천을 1년 동안 유지할 수 있을 정도로 거금이었기에 사마천이 이를 감당할 수 있을 리는 만무했다. 결국 그는 선친의 유지를 받들기 위해 궁형을 받고 고자가 되었다.

사마천_중국 최고의 역사가로 칭송되는 사마천은 전한시대의 역사가이며 《사기》의 저자이다. 그는 남성의 생식기를 거세당하며 《사기》를 집필하였다.

"이것이 나의 죄인가! 이것이 나의 죄인가!
　내 몸이 훼손되어 쓸모가 없어졌구나!"

　《사기》에 나오는 사마천의 절규이다. 그는 자신의 생식기가 거세당하는 궁형으로 몸에도 마음에도 크나큰 상처를 입었다. 여름에는 냄새 때문에 가족들도 멀리했다고 하며, 〈보임안서〉에는 하루에도 장이 아홉 번 뒤틀린다며 육체적인 고통을 호소했다. 친구 임안에게 보내는 편지인 〈보임안서〉에는 그가 얼마나 마음고생이 심했는지 죽고만 싶다고 쓴 기록이 보인다. 이후 옥중에서도 역사서를 계속 집필했으며, 훗날 무제의 신임을 되찾아 중서령의 자리까지 올랐다.

　죽음 대신 치욕스러운 궁형을 택한 선택을 두고 당시 사람들은 두고두고 그를 멸시했다. 그러나 사마천은 개의치 않고 더욱 발분해 기원전 90년경, 중국 역사서 중 가장 중요한 책으로 손꼽히는 《태사공서》를 완성한다. 이 태사공서가 훗날 이름이 바뀌어 전하니, 그 이름이 바로 《사기》이다.

　사마천은 단순히 역사서에만 영향을 준 것이 아니라 문학의 영역에도 큰 영향을 끼쳤다. 서사문학으로서의 전 (傳)이라는 장르는 사마천의 《태사공서》 중 〈열전〉에서 비롯되었다.

사마천의 《사기》_사마천에 의해 쓰인 역사서로, 사마천은 저술의 동기를 '가문의 전통인 사관의 소명의식에 따라 《춘추》를 계승하고 아울러 궁형의 치욕에 발분하여 입신양명으로 대효를 이루기 위한 것'이라고 했다. 저술의 목표는 '인간과 하늘의 관계를 구명하고 고금의 변화에 통관하여 일가의 주장을 이루려는 것'으로 각각 설명하는데, 전체적 구성과 서술에 이 입장이 잘 견지되었다.

司馬遷

피로스의 승리

활동시기: 기원전 319년~기원전 272년. 헬레니즘시대 그리스의 장군.

로마군과 싸워 여러 차례 승리했으나, 그만큼 손실도 커
'피로스의 승리'라는 고사를 남기다

"우리가 로마인들과 싸워 한 번 더 승리를 거둔다면, 우리는 완전히 끝장날 것이다."

고대 그리스 북서부 에페이로스의 왕인 피로스의 명언이다. 그가 지배하는 에페이로스는 알렉산더 대왕의 어머니 올림피아의 고향이기도 하다. 피로스는 알렉산더 대왕처럼 되고 싶었다.

피로스는 알렉산더 대왕이 동방으로 진출했다면 자신은 서쪽을 진출하려는 야망이 있었다. 그는 당대의 강대국 마케도니아를 물리치고 신흥강국 로마 본토까지 쳐들어가 로마군을 물리쳤다. 하지만 자신도 회복할 수 없는 타격을 받는 바람에 '피로스의 승리'라는 말을 남기고 물러날 수밖에 없었다.

피로스는 두 번의 전투에서 로마를 상대로 전투에서 승리하였으나 마지막에 패하여 로마가 승리하였고 이탈리아 반도는 전부 로마의 땅이 되었다.

피로스_알렉산더 대왕의 사촌이기도 한 피로스는 이탈리아와 시칠리아 원정을 감행한다.

피로스군의 군무_피로스의 행보는 당대의 명장으로 인정받던 한니발과 알렉산더 같은 영웅보다는 못하지만 몸소 전장의 선두에 나가 적의 사기를 꺾는 강력한 무장의 이미지가 강했다.

피로스의 전략 _한니발은 그가 최초로 숙영지의 중요성을 자각한 장수였다고 언급하고 있다. 플루타크 영웅전에 적혀 있는 그에 관한 부분들에도 보급 부족 때문에 고생은 했어도 숙영지 자체로 문제는 없었다고 돼 있다.

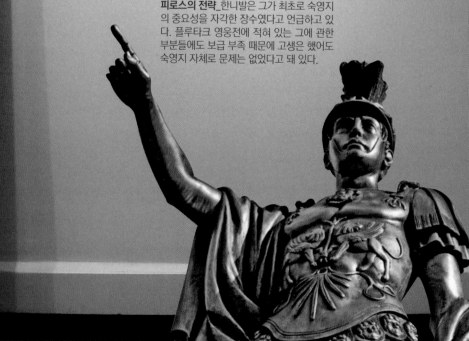

피로스와 파비우스 루시누스_피로스와 로마 집정관 루시누스가 평화 협정을 체결하는 장면이다. 퍼디낸드 볼의 작품.

이때 피로스 왕은 두 번의 전투에서 승리를 했지만 겨우겨우 이겨 역사가들은 이렇게 표현했다.

"피로스는 전투에서 이기고 전쟁에서 졌다."
"피로스는 주사위를 던질 줄은 알았지만
 그 주사위를 활용하지는 못했다."

하지만 알렉산더 대왕 이후로 가장 뛰어난 전술가이자 야전 지휘관이라는 칭호를 얻을 만큼 군사적 능력은 뛰어났다. 한니발은 그를 알렉산더 대왕 다음으로 뛰어난 명장으로 평했다.

그러나 정치적 안목이나 전략적 식견은 좀 모자라서 적수를 너무 많이 만들었고, 이탈리아와 시칠리아 원정에서는 그나마 있던 동맹들도 배반하게 만드는 모습을 보이기도 했다. 결국 여러 전투에서는 승리하였으나, 목표였던 이탈리아와 시칠리아의 지배는 이루지 못하였다.

아르키메데스의 원리

활동시기: 기원전 287년~기원전 212년. 고대 그리스의 자연과학자.

▌아르키메데스의 원리 등을 발견한 과학자의 '이치를 깨달은 순간'의 외마디 외침

"유레카!"

고대 그리스의 수학자 아르키메데스가 복잡한 문제를 푸는 방법을 알아내고는 너무 기뻐서 목욕탕에서 뛰어나와 외쳤다는 한마디이다. 유레카는 '알아냈다'는 의미이며 이 이야기는 가장 널리 알려진 아르키메데스의 일화이다.

당시 히에로 2세는 왕관을 만드는 금세공사에게 순금으로 금관을 만들게 하였다. 그러나 금관이 완성되자 왕은 완성된 금관에 은이 섞였을지 모른다는 의심이 들었다. 하지만 확인할 방법이 없어 아르키메데스에게 금관의 순도를 알아내도록 의뢰하였다.

금관의 순도를 알아내는 것은 결코 쉬운 일이 아니었다. 아르키메데스는 며칠 동안 계속 고민하다가 답답한 마음에 목욕탕에 들어가 이 문제를 풀어보기로 했다. 목욕탕 욕조에서 곰곰이 생각에 잠긴 그는 물속에선 자신의 부피에 비례하는 크기로 무게가 가벼워진다는 사실을 깨닫고는 "유레카!"를 외쳤고 곧바로 물속에서 금관과 같은 무게의 순금 덩어리를 저울에 달았다. 측정 결과 순금관이 순금으로 되어 있지 않다는 사실을 밝혀냈다. 이렇게 하여 아르키메데스의 원리가 세상에 태어나게 된 것이다.

"충분히 긴 지렛대와 단단한 지렛목을 주시오.
그러면 한 손으로 세상을 움직일 수 있소."

한편 아르키메데스가 발명한 수차(水車)는 일종의 양수기로, 나선형으로 감긴 원형 관을 이용해 아래의 물을 위로 올리는 기능을 한다. 이 놀라운 발명품은 오늘날에도 쓸 수 있을 만큼 대단한 것이었다.

히에로 2세가 해변 모래톱에 올려놓은 군함에 무장 병사를 가득 태우고 이것을 물에 띄우라 하였더니, 아르키메데스는 지렛대를 응용한 도르래를 써서 이를 쉽게 해냈다. 아르키메데스가 지렛대의 원리를 얼마나 잘 응용하는지를 알 수 있는 대목이다.

아르키메데스의 원리_기체 또는 액체로 이루어진 유체(流體)에 물체가 잠기면 그 물체가 밀어낸 유체의 무게만큼 부력(浮力)이 위쪽으로 작용한다는 것이다. 부력이란 쉽게 말해 물에 뜨려는 힘인데, 유체 속에 정지해 있는 물체가 유체로부터 받는 중력과 반대 방향의 힘을 가리킨다. 또 물체가 밀어낸 유체의 부피는 유체에 잠긴 부분의 부피와 같다. 이는 쇠로 만든 배가 완전히 가라앉지 않는 이유이기도 하다. 배는 배가 밀어낸 물의 무게가 배의 무게와 같아질 때까지만 가라앉는 것이다.

"내가 구의 부피를 구한 방법은
수학에 적지 않는 공헌을 할 것이라 확신한다.
왜냐하면 이 방법을 이해하고 발전시킨다면,
지금 또는 앞으로 태어날 수학자들이
내가 찾지 못한 정리들을 발견하는 데
사용할 것이기 때문이다."

아르키메데스의 수학 명언으로, 그는 기하학을 연구하여 구분구적법을 창안하였는데, 이는 위대한 수학자이자 물리학자인 뉴턴의 미적분학보다 무려 2천여 년 앞선 것이었다.

아르키메데스는 시칠리아 섬의 시라쿠사에서 태어났다. 아버지는 천문학자인 피디아스이다. 아르키메데스는 유클리드, 아폴로니우스와 더불어 고대 그리스의 위대한 수학자로 불린다. 또한 과학 분야에서도 뛰어난 업적을 남겼다. 그가 만든 양수기는 나선의 원리를 이용하였기 때문에 아르키메데스의 나선으로 불린다.

◀**아르키메데스(104쪽 그림)**_도메니코 페티의 작품.
아르키메데스의 나선_아르키메데스가 고안했다는 양수장치(揚水裝置). 아르키메데스의 펌프라고도 한다. 구조는 가늘고 긴 원통 속에 나사모양으로 깊은 홈을 판 축(軸)을 꽉 끼운 것이다. 이 통의 한 끝을 물 속에 넣어 인력으로 통을 회전시키면 아래쪽의 물이 나사 모양을 한 홈의 빈곳을 타고 올라오므로 물을 길어올릴 수 있다.

아르키메데스의 무기_아르키메데스는 지렛대와 도르래의 원리를 이용한 투석기와 기중기, 그리고 잘 갈아 만든 청동 거울들로 로마군을 효과적으로 물리쳤다. 먼저 거울로는 햇빛을 반사시켜 로마군의 배를 불태웠고, 투석기로는 거대한 돌을 마구 날려댔으며, 기중기로 로마군의 배를 멀리 던져버리는 등 그의 무기는 로마군에게 가공할 만한 위력을 떨쳤다고 전한다.

아르키메데스는 로마군이 침입하자 거대한 반사경으로 태양광선을 반사해 로마 군함을 불태웠다. 또한 무거운 돌을 날리는 기구를 만들어 로마군을 공격하였다. 그러나 워낙 강력한 로마군에 그의 조국 시라쿠사는 함락되고 말았다.

로마군이 쳐들어왔을 때, 그는 모래 위에 원을 그리며 연구를 하고 있었다. 로마 병사가 그에게 다가가자 호통을 쳤다.

"이봐! 내 원을 밟지 마라!"

이에 화가 난 로마 병사는 그를 단칼에 죽여 버렸고, 이 사실을 알게 된 로마군의 대장 마르켈루스는 아르키메데스의 죽음을 슬퍼하여 그의 소원대로 묘비에 원뿔, 구, 원기둥이 꼭 맞게 들어 있는 그림을 새겨 주었다.

아르키메데스는 비록 어이없이 세상을 떠났지만 그가 남긴 수학적 업적은 로마보다 더 오랫동안 역사에 남아 있다.

"아르키메데스는
백 개의 눈을 가진 거인
푸리아레도스다."
—마르켈루스

아르키메데스의 최후_아르키메데스는 로마군이 쳐들어 왔을 때에도 연구에 몰두하고 있었다. 그가 자신이 연구하는 원을 밟는 로마 병사를 야단치자 로마 병사는 그를 죽였다. 들라크루아의 작품.

한니발, 알프스를 넘다

활동시기: 기원전 247년~기원전 183?. 카르타고의 명장.

기원전 218년 제2차 포에니 전쟁을 일으키고
이탈리아에 침입하여 로마군을 격파하다

"길을 찾을 수 없다면, 길을 만들어라!"

카르타고의 명장 한니발의 명언이다. 그는 불굴의 의지와 지략을 갖춘 뛰어난 명장이었다. 그는 누미디아 기병과 코끼리 부대를 이끌고 누구도 생각지 못한 알프스 산맥을 넘어 로마를 공략하기로 했다. 이때 알프스 산맥을 눈앞에 두고 병사들이 낙담할 때 그는 병사들을 독려하며 용기를 불어넣었다.

**"우리는 길을 찾을 것이다.
그렇지 않으면 길을 만들 것이다!"**

더욱이 진군 도중에 눈병으로 한 쪽 눈을 실명했음에도 불구하고 끝까지 진격하여 위엄을 떨쳤다. 알프스를 넘어 칸나 전투에서 대승을 거둔 한니발은 로마를 멸망 직전까지 몰고 갔다. 그러나 전쟁은 장기화되고 자마 전투에서 스키피오에게 패함으로써 카르타고의 운명은 점차 기울어진다.

▶**알프스를 넘는 한니발군**(109쪽 그림)_하인리히 로이테만의 작품.

"눈물 흘릴 눈이 하나뿐이라는 것이 원망스럽다."

자마 전투에서 패한 한니발의 눈물의 명언이다.

로마의 장군 스키피오가 한니발을 겨우 이기고 난 후에 한니발과 회담을 가졌다. 스키피오가 한니발에게 물었다.

"세상에서 가장 위대한 장수는 누구라 생각하시오?"

"우리 시대에 가장 위대한 장수는 역시 알렉산더 대왕이오."

"그 다음은 누구라 생각하시오?"

"그것은 에페이로스의 왕 피로스요.

그는 처음으로 숙영지의 중요함을 깨달은 자요."

"그 다음은 누구라 생각하시오?"

한니발은 계속되는 스키피오의 질문에 대답했다.

"그것은 바로 나 한니발이오."

스키피오는 한니발의 말에 조롱을 섞으며 말했다.

"당신은 나에게 패한 장수란 걸 잊었소?"

자마 전투_한니발은 스키피오에게 패할 때까지 믿을 수 없을 정도로 로마군을 상대로 잘 싸웠다. 위 그림은 한니발과 스키피오가 벌인 자마 전투를 그린 그림으로 코넬리우스 커티우스의 작품.

그러자 한니발은 서슴없이 스키피오를 향해 말했다.

"그래서 세 번째인 것이오.
당신에게 이겼으면 나는 첫 번째가 됐을 것이오."

한니발은 전쟁에 패했음에도 자신감이 넘쳤으며 로마는 이러한 한니발을 두려워했다. 로마의 역사가는 그를 두고 이렇게 말했다.

"로마는 카르타고를 두려워한 것이 아니다.
로마는 한니발을 두려워했을 뿐이다."

스키피오의 절제

활동시기: 기원전 185년~기원전 129년. 고대 로마의 장군 · 정치가.

한니발과의 숙명적인 대결로 유명한 로마의 명장
3차 포에니 전쟁에서 카르타고를 쳐 승리로 이끌다

> **"로마인들은 졌을 때 주눅 들지 않았고,**
> **이겼을 때 우쭐대지 않았다."**

이 말은 고대 로마공화국의 장군인 푸블리우스 코넬리우스 스키피오가 카르타고를 불태우자고 격앙된 목소리로 외치는 로마인들의 분노를 누르고자 한 말이다. 스키피오는 아프리카의 자마 전투에서 한니발을 무찌른 장군으로, 제3차 포에니 전쟁을 종결시켜 '아프리카누스'라는 칭호를 받은 인물이다.

역사가들은 만약 스키피오가 없었다면 지중해의 역사는 크게 달라졌을 것이라며 스키피오의 존재를 높이 샀다. 그가 없었다면 황제 아우구스투스 이후 꽃피운 대제국 로마는커녕, 거꾸로 카르타고가 로마를 속국으로 지배하면서 지중해 대제국의 패권을 차지했을 것이라고 평가한다.

고대 지중해에서는 로마와 카르타고가 패권을 두고 경합을 벌였다. 냉전 상태의 싸움이 500년간이나 지속되었다.

▶**스키피오의 절제(113쪽 그림)_**스키피오가 에스파냐의 카르타헤나를 점령하자 그의 부하들은 이 도시의 절대 미녀를 잡아 스키피오에게 바친다. 스키피오는 여색을 좋아했지만 그는 공과 사를 구분하였다. 그는 처녀의 아버지를 부른 후 넘겨주었다. 이 그림에서 스키피오는 딸의 배우자를 선택하는 것은 아버지의 권리라고 말하며 관용을 베푼다. 시몬 데 보스의 작품.

그리고 천신만고 끝에 로마가 승리를 거두었다. 그동안 카르타고와 한니발에 대한 원한이 뿌리 깊게 밴 로마는 카르타고를 포위하고 불태우자는 의견으로 들끓었다.

로마는 관용의 국가이다. 그동안 주변 국가들과 수많은 전쟁을 했으나 적을 초토화시키는 예는 거의 없었다. 하지만 로마인들은 카르타고에 대한 치미는 분노를 억제하지 못해 한사코 카르타고를 불태우고자 했다.

이때 정작 전쟁에 승리하여 카르타고로부터 로마를 구한 장군 스키피오는 이들의 성난 주장을 끝까지 반대했으나 그의 반대도 증오와 분노의 여론을 잠재울 수는 없었다. 결국 로마는 카르타고의 포위된 성을 불태웠고, 스키피오는 그 불타는 카르타고를 보며 울었다고 한다.

"지금 우리는 과거의 영화를 자랑했던
제국의 멸망이라는 위대한 순간을 목격하고 있다.
하지만 지금 이 순간 내 가슴을 차지하고 있는 것은
승리의 기쁨이 아니라,
언젠가는 우리 로마도 이와 똑같은
순간을 맞이할 거라는 비애감이다."

스키피오는 위대했다. 승리의 순간에서도 그는 역사가 반복된다는 사실을 깨닫고 있었던 것이다. 스키피오의 예언대로 로마는 결국 외부의 적이 아닌 내부 붕괴로 스스로 무너지고 말았다.

"저항이 사라지면,
생명력도 사라진다."

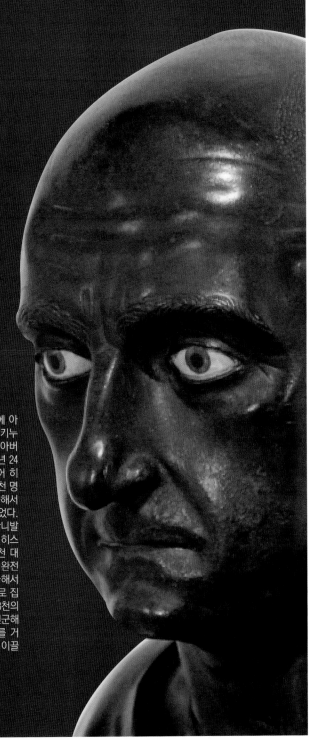

스키피오 한니발을 격파하기 전에 아버지 스키피오와 함께 17세 때 티키누스 전투와 트레비아 강 전투에서 아버지를 구출했고 그 뒤 기원전 211년 24세의 나이로 라일리우스와 더불어 히스파니아 방면 지휘관으로 2만 5천 명과 함께 파견되어 도망병을 수습해서 바이쿨라 전투에서 승리를 거두었다. 이후 여러 차례 히스파니아의 한니발군을 물리치고 일리파 전투에서 히스파니아 총독인 마고 휘하 7만 4천 대군을 겨우 5만 8천으로 격파하여 완전히 정복했다. 기원전 206년 귀국해서 이듬해 겨우 30세라는 젊은 나이로 집정관에 올라 기원전 204년 3만 8천의 군대를 거느리고 아프리카로 진군해서 자마 전투에서 가장 큰 승리를 거두면서 카르타고의 항복 조약을 이끌어냈다.

율리우스 카이사르의 결단

활동시기: 기원전 100년~기원전 44년. 고대 로마의 정치가, 장군, 작가.

▌로마 공화정이 제정으로 변화하는 데 중요한 역할을 한 로마 최초의 절대통치자
▌로마로 쳐들어가며 원로원과의 한판 승부를 예고한 상징적인 한마디

"주사위는 던져졌다."

율리우스 카이사르가 기원전 49년 1월 12일 군대를 이끌고 루비콘 강을 건너 이탈리아 북부로 진격하면서 단호하게 자신의 결정을 선언하는 말이다.

로마 공화정 말기 카이사르는 크라수스, 폼페이우스와 함께 삼두정치라는 정치연대를 만들어 로마를 장악했다. 그런데 세 사람 중 한 명인 크라수스가 전사하게 되면서 폼페이우스와 절대권력을 쟁취하기 위한 권력 쟁탈전을 펼치게 되었다. 이러한 절체절명의 상황에서 카이사르는 갈리아 원정을 떠났다.

카이사르를 내버려두면 로마 공화정이 독재정치로 변질될 것을 염려한 원로원은 폼페이우스와 짜고 카이사르를 몰아내고자 했다.

당시 장군이나 군사들은 타국에 전쟁을 치르러 나갔다가 로마로 귀환할 때에는 루비콘 강을 건너기 전에 무장을 해제함으로써 로마에 대한 충성을 증명했다.

카이사르의 피규어 흉상

로마로 입성하는 카이사르_카이사르가 군대를 이끌고 루비콘 강을 건너는 것은 로마에 대한 반역을 의미했다. 하지만 당시 로마에는 카이사르의 정치적 라이벌이자 적이었던 폼페이우스 및 로마 원로원들이 카이사르를 기다리고 있었기 때문에 무장해제하고 루비콘 강을 건넌다면 곧 이러한 정적들에게 죽는 것을 의미했다. 카이사르로서는 선택의 여지가 없는 상황이기에 무장을 한 채 로마로 진군한다. 이때부터 '루비콘 강을 건너다'는 표현은 되돌릴 수 없는 상황에 처했을 때 쓰는 말이 되었다. 아돌프 이본의 작품.

　　원로원의 모함을 눈치 챈 카이사르는 기원전 49년 갈리아 원정에서 돌아오면서 루비콘 강을 건너가기 전에 중대한 결정을 하기 위해 멈춰 섰다. 무장을 해제하고 가면 틀림없이 폼페이우스와 원로원에 살해당할 것이 뻔하고 무장을 해제하지 않으면 반역자가 되는 것이다.

카이사르는 이때 자신의 의지를 드러냈다.

"여기를 건너면 인간세계의 비참함,
건너지 않으면 우리들의 파멸.
진군하자!
신들이 기다리는 곳으로,
우리들을 모욕한 적이 기다리는 곳으로,
주사위는 던져졌다."

카이사르는 무장을 한 채로 루비콘 강을 건넜다.

'루비콘 강을 건너다.'

위의 표현은 되돌릴 수 없는 불가역(不可逆)적 행위라는 뜻이다. 불가역 전략은 자신의 선택을 강제함으로써 상대의 선택을 압박하는 전략이다. 카이사르는 무장을 한 채로 루비콘 강을 건넜다. 그리고 2년여에 걸쳐 정적을 무너뜨리고 원로원을 제압하여 제정로마로서 알려지고 있는 황제제의 기초를 닦았다. 폼페이우스는 이집트로 도망가서 최후를 맞았는데, 이 소식을 들은 카이사르는 눈물을 흘렸다고 한다.

▶**율리우스 카이사르의 초상(119쪽 그림)**_로마 공화정 말기의 정치가이자 장군. 폼페이우스, 크라수스와 함께 3두동맹을 맺고 콘술이 되어 민중의 큰 인기를 얻었으며 지방장관으로서는 갈리아 전쟁을 수행하였다. 1인 지배자가 되어 각종 사회정책, 역서의 개정 등의 개혁사업을 추진했다.

카이사르의 암살

활동시기: 기원전 100년~기원전 44년. 고대 로마의 정치가, 장군, 작가.

절대권력자의 위대한 정치를 빛낸
역설적인 암살

> "아무리 나쁜 결과로 끝난 일이라 해도
> 애초에 그 일을 시작한 동기는 선의였다."

세상에는 처음에는 좋은 의도로 시작한 일이라고 하더라도 시간이 지나면서 왜곡되고 변질되어 결과적으로 나쁜 일로 평가될 수 있다는 카이사르의 이 말은 마치 그의 말년을 예언하는 듯하다.

카이사르는 갈리아 전쟁의 승리, 폼페이우스 반란에 대한 평정 등의 과정을 겪으며, 공화정의 실권을 틀어쥐고 있던 원로원의 지배를 완전히 무너뜨렸다. 그는 화려한 개선식을 이끌면서 로마 시민들에게 외쳤다.

> "왔노라! 보았노라! 이겼노라!"

로마는 카이사르를 최고의 관직인 콘술에 임명하였다.

이때부터 카이사르의 위세는 하늘을 찌를 정도로 높아갔고, 그에게는 각종 특권이 부여되었다. 이러한 상황에서 브루투스와 카시우스 롱기우스 등은 카이사르가 로마의 황제가 되려 한다고 판단하고는 숨죽여 지내던 원로원의 세력과 음모를 꾸몄다.

기원전 44년 3월 15일은 카이사르의 마지막 운명의 날이었다. 그날 카이사르는 원로원 회의에 참석하기로 되어 있었다. 전날 밤 마르쿠스 안토니우스는 해방자로부터 음모에 대해 이상한 이야기를 지나가는 말처럼 들었다. 그는 최악의 상황을 우려하여 포룸 계단에서 약간 떨어져 카이사르 쪽으로 갔다. 그때였다. 카이사르가 마르스 광장에 있는 폼페이우스 극장을 지날 때 원로원 일부 의원들이 카이사르 앞을 가로막더니 동쪽 주랑 현관에 붙은 방으로 그를 이끌고 들어가는 모습이 보였다.

그들 중 원로원 의원인 킴베르가 카이사르에게 추방당한 자신의 형제를 귀환시켜 달라며 청원을 하였다. 다른 음모자들이 킴베르를 지지하면서 카이사르를 둘러쌌다. 카이사르가 킴베르의 청을 거절하자, 그는 카이사르의 어깨를 잡아당겼다.

카이사르에게 청원하는 킴베르_카이사르가 킴베르를 비롯한 암살자들로 둘러싸여 있는 장면을 묘사한 그림이다. 루시오 틸리오심브로의 작품.

암살당하는 카이사르_카이사르가 브루투스와 그의 일행들로부터 암살을 당하는 장면을 묘사한 그림이다. 라시니오 디 줄리오 세자레의 작품.

이때 옆에 있던 카스카가 단검을 빼들어 카이사르의 목을 찌르려고 하자 카이사르는 날쌔게 카스카의 팔을 잡으며 외쳤다.

"카스카! 천한 자여, 무슨 짓이냐?"

"동지들! 도와주시오!"

겁을 먹은 카스카는 뒤를 보고 외쳤다. 이때 뒤에 있던 브루투스가 칼을 들어 공격하였다. 카이사르는 손을 쓸 새도 없이 발을 헛디뎌 주랑 현관 계단에 쓰러졌다.

"브루투스여, 너마저……."

카이사르를 암살하는 데 무려 60여 명이 가담하였고, 카이사르는 23번 칼에 찔렸다는 기록이 전해진다.

카이사르가 암살당한 뒤에 브루투스와 암살 주동자들은 카피톨리누스 언덕으로 나아가 시민들에게 연설하였다.

"로마 시민들이여!
우리는 다시 자유로워졌습니다.
만약 여기에 모이신 여러분 중에서 카이사르를
진정으로 사랑하는 분이 있으시다면,
저는 그분에게 이 브루투스도 그분 못지않게
카이사르를 사랑했다고 말씀드리고자 합니다.
그렇다면 왜 카이사르를 죽였냐고요?
제가 카이사르를
그다지 사랑하지 않아서가 아니라,
로마를 훨씬 더 사랑했기 때문에
그를 시해했습니다……."

로마 시민들에게 연설하는 브루투스_카이사르의 죽음을 합리화하는 연설을 하고 있는 브루투스의 모습이다. 루시오 틸리오심브로의 작품.

반란자들은 절대권력자의 죽음에 기쁨을 만끽하며 환호했다. 하지만 카이사르의 죽음이 결국 로마 공화정의 종말로 이어지리라고는 아무도 예상하지 못하였다.

갈리아 정복 전부터 카이사르를 열렬히 지지했던 로마의 중류층과 하류층 사람들, 특히 카이사르와 함께 많은 전쟁을 치른 고참병들은 소수의 잘난 귀족 무리가 자신들의 우상을 죽인 데 분노하였다.

카이사르와 떨어져 있었던 안토니우스는 로마 민중의 슬픔을 이용하여 카이사르의 영혼을 달래줘야 한다며 분노를 쏟아냈다.

며칠 뒤 로마 포룸에서 카이사르의 장례식이 열렸다. 이때 안토니우스는 로마의 일반 시민들에게 호소력 있게 카이사르의 죽음 이후 여론을 반영한 극적인 찬사를 바쳤다. 더구나 장례 연설 중에 카이사르의 유언장이 발표되었다.

카이사르 동상_1인 지배자가 된 그는 종신 독재관을 비롯한 각종 특권과 특전을 부여받았다. 그러나 이와 같이 권력이 한 사람에게 집중된 결과, 왕위를 탐내는 자로 의심을 받게 되어 브루투스와 카시우스 롱기누스를 주모자로 하는 원로원의 공화정 옹호파에게 칼에 찔려 죽었다.

카이사르 흉상

"테베레스 강변에 있는 개인 정원은 로마 시민에게 바치며, 모든 로마 시민 등록자에게 유산에서 현금 300 세스테르티우스씩 선물하라."

이로써 카이사르의 위상은 더욱 높아졌으며, 죽음에 대한 애도와 암살자에 대한 분노는 걷잡을 수 없이 커져갔다.

장례식장에 참여한 시민들은 카이사르의 유해를 놓은 장례용 장작에 마른 가지와 가구, 심지어 옷까지 벗어던지며 그의 죽음을 애도하였다. 이로 말미암아 불길이 걷잡을 수 없이 번져 포룸이 심각하게 훼손되었다. 그러자 흥분한 군중들은 브루투스와 카시우스의 집을 공격했다. 이들은 성난 군중의 공격에서 간신히 피해 도망쳤지만, 결국은 내전으로 불이 붙게 되었다. 하지만 브루투스는 안토니우스와 옥타비아누스의 연합군에 패한 후 스스로 자결을 하고 만다. 브루투스는 패배를 직감하고 자결하기 직전 이런 말을 남긴다.

"카이사르를 죽인 3월 15일,
이미 나는 나라를 위해 죽었던 사람이오.
그날 이후 지금까지 자유와 영광을 누리며 살았던 것은
새로운 인생을 한 번 더 살았던 것으로 생각하고 있소."

브루투스 흉상

키케로의 철인정치

활동시기: 기원전 106년~기원전 43년. 로마의 정치가 · 학자 · 작가.

▌로마의 집정관으로 로마의 '국부(國父)'라는 칭호를 얻다
▌그의 저술은 후대 공화주의자들의 사상적 뿌리가 되다

"만약 당신이 혼자 하늘 위로 올라가
아무리 멋진 우주 광경과 아름다운 별을 본다 해도
전혀 기쁘지 않을 것이다.
당신은 자신이 본 아름다운 광경에 대해
말할 수 있는 상대를 찾은 후에야
비로소 기쁨을 느낄 수 있을 것이다."

로마의 철저한 공화주의자인 키케로의 《우정에 관하여》 중에서 나오는 말이다. 그는 변론술의 대가이자 고전 라틴 산문의 창조자이며 완성자이다. 그는 친구인 아티쿠스에게 보낸 편지에서 우정은 덕(德)에 바탕을 두고, 덕에 의해 지켜져야 한다는 점과 우정의 본질적 특징인 조화와 영속성과 충실성이 덕에서 유래한다는 이치를 설명하였다.

"인생에서 우정을 제거해 버림은
이 세계에서 태양을 없애 버림과 같다.
불사의 신들이 인간에게 베풀어 준 것 가운데
이토록 아름답고 즐거운 것이 또 있을까?"

아티쿠스에게 보낸 편지에는 이런 일화도 있다. 원래 키케로와 카이사르는 정치적으로 반대의 입장이었으나 사적으로는 편한 사이였기 때문에 카이사르의 집무실을 키케로는 제집 드나들듯 자유로이 방문했다. 그런데 카이사르가 독재관이 되고 난 후 업무량이 늘어나 새로 충원된 비서들이 두 사람의 사이를 잘 모르고 키케로를 제지하였다.

"저기서 대기표 뽑고 기다리세요."

키케르는 한때 자신이 선배 정치인이자 대등한 사이였는데 이젠 자신이 하찮은 처지가 된 듯해 괜한 굴욕감을 느꼈다. 그러나 그 굴욕감은 곧 말끔히 해소되었는데, 마침 볼일이 있어 잠시 집무실을 나왔던 카이사르가 대기실에 있는 키케로를 보고는 당황하여 말했다.

"이래서야 내가 미움을 받고 있다는 소문이
거짓말이라고 말할 수 있나?
그 마르쿠스 키케로조차도 자유롭게 내 집무실에 들어오지 못하고
대기실에서 기다려야 하는 게 현실이라면……."

키케로_고대 로마의 문인이자 정치가. 보수파 정치가로서 카이사르와 반목하여 정계에서 쫓겨나 문필에 종사했다.

키케로, 아르키메데스의 무덤을 발견하다_고대 그리스의 가장 뛰어난 수학자 가운데 한 명으로 평가받고 있는 아르키메데스가 죽은 지 300년 후, 로마의 감찰관으로 임명된 키케로는 무성한 가시덤불과 잡초로 덮인 무덤 하나를 찾아냈다. 마틴 놀로의 작품.

기원전 49년, 폼페이우스와 율리우스 카이사르 사이에 벌어진 로마 공화정의 내전에서 키케로는 어느 편에 가담할 것인지 고민하다 갈등 끝에 결국 원로원파인 폼페이우스 진영에 가담했다. 기원전 48년 8월 9일, 파르살루스 전투에서 폼페이우스가 카이사르에게 패배함으로써 내전이 끝나자 키케로의 운명은 카이사르의 말 한마디에 달리게 되었다.

카이사르는 로마로 입성한 후 키케로를 사면해 주면서 심지어 로마를 위해 계속 정치 활동을 해줄 것을 권고하였다. 그러나 키케로는 점점 눈에 드러나 보이는 일인 독재정치에 무력감과 회의를 느끼면서 주로 철학을 주제로 한 책을 쓰는 데 시간을 보냈다.

원로원에서 연설하는 키케로_로마시대의 공화주의자인 키케로는 명석한 두뇌의 소유자로 정치가, 변호사, 철학자 등으로 활동하였고 특히 웅변과 연설에 뛰어났다. 기원전 64년, 집정관에 출마하여 당선되었으며 반란을 일으켜 로마를 차지하려는 카틸리나의 음모를 타도하여 '국부'의 칭호를 받기도 하였다. 이때 집정관 키케로는 음모에 가담한 자들에게 신속하게 사형을 선고하고 집행하였다. 하지만 원로원의 의결 과정 없이 사형을 집행하였다는 이유로 탄핵을 받고 정계에서 실각하여 유배형을 받았다. 폼페이우스의 도움으로 유배에서 풀려났지만 로마는 삼두정치로 인해 공화정이 무력해져 있었다. 키케로는 폼페이우스를 지지하였지만 폼페이우스가 카이사르와의 전투에서 패하여 사망하자 모든 것을 체념하고 이탈리아로 돌아왔다. 공화파였던 키케로는 반 카이사르파를 형성하였고, 카이사르가 암살된 뒤에 안토니우스를 탄핵하였기 때문에 원한을 사게 되어 안토니우스의 부하에게 암살되었다. 장 레옹 제롬의 작품.

"죽어 없어진다고 생각하지 마라.

죽어 없어지는 것은 오직 육체뿐이니라.

살아있는 것은 육체 안에 살아 움직이는 영혼이다.

보이지 않는 힘이 세상을 지도하듯이

보이지 않는 힘이 육체를 지도하는 것이다."

클레오파트라의 향연

활동시기: 기원전 69년~기원전 30년. 고대 이집트 프톨레마이오스 왕조의 여왕.

로마제국의 카이사르의 원조로 잃었던 왕위를 회복하다
이집트 황금기를 열려는 야심찬 계획을 실현하다 악티움 해전에서 패해 자결하다

**"클레오파트라의 코가 조금만 낮았더라면
대지의 표면은 지금과는 달라져 있을 것이다."**

클레오파트라는 지식인인 블레즈 파스칼조차도 여성적 매력만을 어필하는 말을 남길 정도로 후대의 남성들에게 성적인 관점에서만 평가받았다.

하지만 그녀는 강대국 로마제국을 이용하여 이집트를 지키려 했다. 그녀는 남성을 유혹하는 요녀가 아니라, 프톨레마이오스 왕조의 왕들 중 유일하게 고대 이집트어를 사용했고, 고대 이집트 종교의 이름으로 궁전 밖의 세계를 다스려 다시 한 번 이집트 황금기를 열고자 했던 실력 있는 야심가였다.

클레오파트라는 로마의 실권자 카이사르를 유혹하여 정치적 반대자들을 물리친 후 빼앗겼던 파라오 자리에 복귀하였다. 그러나 카이사르가 로마에서 암살당한 후 기원전 42년에 마르쿠스 안토니우스를 만났다. 그녀가 안토니우스를 처음 만난 곳은 타르수스란 곳으로, 당시 시가지가 강으로 이어져 있었다. 클레오파트라는 온갖 보석으로 치장한 배를 타고 강을 거슬러 올라와 안토니우스를 만났다.

클레오파트라와 카이사르_클레오파트라는 카이사르와의 사이에서 카이사리온이라는 아들을 낳았다. 이후 카이사르를 따라 귀빈으로 로마에 가기도 했으나, 기원전 44년, 카이사르가 암살된 후 이집트로 급히 돌아왔다. 피에트로 다 코르토나의 작품.

"안토니우스의 아내 옥타비아는 클레오파트라보다 100배는
더 아름답고 사랑스러운 여인이었다. 그런데도 안토니우스는
클레오파트라와 사랑에 빠져 다른 모든 것을 잊었다."

—피에르 드 브랑톰

선체는 황금빛이요, 갑판 중앙에는 금실로 수놓은 장막이 좌우로 열려 있고, 그 아래 옥좌에 사랑의 여신 비너스로 분장한 클레오파트라가 앉아 있었다. 노예들은 은으로 만든 노를 저으며 피리와 하프 가락에 맞추어 춤을 추고, 형용할 수 없는 향기가 바람을 타고 진동했다.

이 화려한 첫 만남에 안토니우스는 그만 혼을 뺏기고 말았다. 안토니우스와의 극적인 첫 만남 이후 클레오파트라는 그의 마음을 사로잡기 위해 수단과 방법을 가리지 않았다. 클레오파트라는 안토니우스를 위해 호화찬란한 향연을 열었고, 당시 금액으로 1타랑(1만 3천 달러)에 해당하는 장미꽃을 궁전 바닥에 깔았다. 그 후에도 클레오파트라는 행여 안토니우스가 권태를 느낄세라 늘 새로운 쾌락을 개발했고, 날마다 산해진미에 악사와 무희를 동원한 화려한 볼거리와 꽃향기로 궁전을 물들였다. 그녀는 안토니우스가 화려한 매혹의 세계에 빠져 로마로 돌아갈 마음을 먹지 못하게 했다.

어느 날, 안토니우스는 클레오파트라와 뱃놀이를 하였다. 낚시에 꽤나 자신이 있던 안토니우스는 이것으로써 클레오파트라의 호감을 사려고 했지만 그날따라 도무지 고기가 물리지 않아 할 수 없이 부하를 시켜 물속에 들어가 이미 잡은 큼직한 고기를 낚시에 낚이도록 꾸몄다.

머리가 영리했던 클레오파트라는 그 물고기가 조작된 것임을 첫눈에 알아보았다.

◀**안토니우스를 만나는 클레오파트라**(132쪽 그림)_클레오파트라는 킬리키아의 타르소스에서 제2차 삼두정의 선두였던 마르쿠스 안토니우스를 만났으며, 그 역시 클레오파트라와 사랑에 빠졌다. 프랑수아 부셰의 작품.

클레오파트라의 좌상

그러나 그녀는 내색도 하지 않고 오히려 자기 부하들을 시켜 소금에 절인 바다 생선을 낚시에 꽂도록 했다. 강가의 낚시에서 바다 생선이 낚여 올라오자 측근들은 모두 조소를 보냈지만 클레오파트라만이 빙긋이 웃으면서 말했다.

"장군은 각 나라의 수도와 왕과 대륙을
장난감으로 가지고 놀아야지
낚싯대는 소용이 없어요."

이 같은 그녀의 재치와 위로로 인해 안토니우스는 클레오파트라의 눈먼 사랑의 노예가 되었다. 그리고 그는 로마의 부인 옥타비아와 이혼을 하고는 클레오파트라를 부인으로 맞았다.

어느 날 안토니우스는 사랑하는 그녀를 위해 최고의 성찬을 만들어 주고자 물었다.

"당신이 원하는 성찬은 무엇이오?"

"마음만 먹는다면 한 끼 식사에
천만 세스터스(고대의 로마 화폐)라도 소비할 수 있어요."

▶클레오파트라의 향연(135쪽 그림)_클레오파트라와 안토니우스가 연회를 펼치는 장면으로, 클레오파트라가 자신의 진주 귀걸이를 식초에 녹여 잔을 들고 있는 모습이다. 그녀의 진주 귀걸이는 웬만한 나라와도 바꾸지 않는 귀중한 보석이었다고 한다. 티에폴로의 작품.

Building the New

"클레오파트라의 혀는 마치 각기 다른 음을 내는
여러 개의 악기와도 같았다."
—플루타르코스

클레오파트라는 다재다능한 외국어를 구사하는 총명함을 지니고 있
어 플루타르코스는 그녀의 입을 악기에 비유하였다.

안토니우스는 그녀의 말이 불가능하리라고 생각했지만 재치 있는 그
녀의 말이 정말로 가능한지 보고 싶어 시합을 하기로 했다.

다음날 식사는 다른 때와 별다르지 않았다. 그러자 안토니우스가 그
녀의 약속을 비웃었다. 그 순간 클레오파트라가 시종을 시켜 다음 코스
를 대령하라고 명령했다. 시종은 강한 식초가 든 잔을 가져왔다. 그녀는
귀에 걸고 있던, 값어치를 측량조차 하기 힘든 진주 귀걸이 한쪽을 풀어
식초에 녹여서 마셔 버렸다. 그녀가 나머지 한쪽에 남아 있던 귀걸이를
풀려는 순간, 심판을 보던 플란쿠스가 서둘러 안토니우스가 졌다고 선
언했다.

클레오파트라가 승리한 덕분에 두 번째 진주 귀걸이는 다행히 무사하
였다. 나중에 그 진주는 로마로 가져가서 두 개로 나눈 다음 파르테논 신
전에 있는 비너스의 귀에 걸리게 되었다.

클레오파트라의 죽음_천하를 호령할 수 있는 힘과 재주를 가지고 있던 안토니우스는 14년 동안 클레
오파트라의 치마폭에 싸여 지내다가 끝내는 악티움에서 옥타비아누스에게 패하여 자살해 버렸고, 클
레오파트라도 그의 무덤에 작별을 고한 다음 스스로 세상을 떠나니, 그녀의 나이 39살이었다. 장 밥
티스트 꼬뜰리에의 작품.

세계사에 담긴 스토리텔링

중세사의
결정적 한마디

예수 그리스도, 위대한 '사랑의 복음' 전파
히파티아, 세계 최초 여성수학자의 선언
칭기즈 칸, 동서양 정복한 대몽골제국 칸의 일성
단테, 중세의 정신을 알린 《신곡》 지옥편의 시작
콜롬부스, 세계 최초의 아메리카 대륙 발견한 탐험가의 선언
코페르니쿠스, 중세의 천문학을 뒤집은 과학자의 '지동설' 일갈
마르틴 루터, 중세 종교개혁을 이끈 선각자의 선언
엘리자베스 1세 여왕, 위대한 영국을 완성한 절대여왕의 다짐
셰익스피어, 영국문학을 세계문학의 반열에 올린 대문호의 명대사
갈릴레오 갈릴레이, 근대로 가는 중세의 마지막 절규

예수 그리스도의 사랑의 복음

활동시기: 기원전 1세기 말~ 30년, 1세기의 유대인 복음자이자 종교지도자.

나사렛 예수 또는 예수 그리스도로 불리며 전 세계 인류 역사와 문화에
가장 큰 영향을 끼친 존재

"네 이웃을 너 자신처럼 사랑해야 한다."
— 《마태 복음서》

하나님의 아들인 나사렛 예수가 세상에 전한 복음의 전언(傳言)으로, 예
수께서 제자들에게 전한 당부의 말씀이다.

예수는 베들레헴에서 태어나 나사렛에서 성장하였다. 베들레헴의 구
유에서 태어나게 된 이유를 누군가는 인구조사 때문에 예수의 가족이 고
향인 갈릴리 지방의 나사렛이라는 마을을 떠나 팔레스타인의 남쪽 지방
인 유다의 예루살렘 가까이에 있는 베들레헴으로 갔기 때문이라고 말하
고 있다. 더 자세한 이유는 나사렛의 요셉과 예수의 어머니 성모 마리아
가 다윗 왕의 후손이기 때문에 다윗 왕의 고향인 베들레헴에서 호구 등
록을 하기 위해서였다는 것이다.

이후 예수의 가족은 헤로데 1세의 위협을 피해 이집트로 가서 살다가
헤로데 1세가 죽자 나사렛으로 돌아와 그곳에서 살았다고 한다.

▶**양치기들의 경배(139쪽 그림)**_예수 그리스도의 탄생을 묘사한 그림으로, '성야' 또는 '거룩한 밤'이라는
제목이 붙은 그림으로 코레지오의 작품.

"예수께서 그들에게 이르셨다.
내가 진실로 너희에게 말한다.
나는 아브라함이 태어나기 전부터 있었다."
 ―《요한 복음서》

예수는 어느 정도 성장한 후에 나사렛을 떠나 출가하였다. 그 이후에
당시 '광야의 외치는 소리'로 먼저 광야로 나가 세례를 베풀고 있었던 세
례자 요한에게로 나아갔다. 예수를 본 세례자 요한은 오히려 자신이 세
례를 받아야 할 터인데 왜 받으러 오셨느냐고 물었다. 그러나 예수는 이
를 통하여 '모든 의를 이루기'를 바라셨고, 마침내 세례를 받았다. 세례
를 받은 뒤에 물에서 올라오자마자 하늘에서 성령이 내려오셨고, 하늘에
서 한 소리가 있어 말하기를 "너는 내 사랑하는 아들, 내 마음에 드는 아
들이다"라고 하였다.

세례자 요한에게 세례받는 그리스도_안 브뤼헐의 작품.

교회력을 신앙 전통으로 지키는 교회들은 예수 그리스도가 세례자 요한으로부터 세례를 받아 공적인 생애를 시작한 날을 '주님의 세례주일'로 기념한다.

예수는 세례자 요한에게서 세례를 받은 뒤에 홀로 광야로 들어가 40일 동안 금식하였다고 전해진다. 그 뒤에, 높은 곳에 올라가 사탄에게서 세 가지의 유혹을 받았다.

사탄은 예수에게 돌들을 빵으로 만들라고 하였다. 이에 예수는 이렇게 대적하였다.

**"빵으로만 사는 것이 아니라
하나님의 입에서 나오는 모든 말씀으로 살리라."**

사탄은 두 번째로 예루살렘 꼭대기에서 뛰어내릴 수 있냐고 시험하였다. 이에 예수는 사탄의 유혹을 물리쳤다.

"주님이신 너의 하나님을 떠보지 말라."

마지막으로 사탄은 예수에게 천하만국을 보여주며 자기에게 절하면 모든 것을 주겠다고 유혹하였다. 이에 예수는 성경 구절을 들며 이를 거절했다.

"너희 하나님을 경배하고 그분만을 섬겨라."

더 이상 대적할 수 없었던 사탄은 예수 곁을 떠났고, 천사들이 날아와 예수를 도왔다.

"나는 너희에게 새 계명을 주겠다.
서로 사랑하여라. 내가 너희를 사랑한 것처럼
너희도 서로 사랑하여라."
―《요한 복음서》

광야의 고행을 마친 예수는 하나님의 말씀을 전하기 위해 사람들 속으로 들어갔다. 당시 유대인들은 혼인 잔치에서 포도주를 대접하는 것이 관례였는데, 이 혼인 잔치에 갔다가 예수와 제자들이 참석한 자리에서 포도주가 떨어져 버렸다. 이를 안 어머니 성모 마리아는 아들인 예수에게 이 문제를 해결해 주도록 일렀고, 예수는 하인들에게 여섯 개의 항아리에 물을 붓게 했다. 하인들이 시키는 대로 모든 물을 가져오자, 예수는 잔치를 맡은 이에게 그대로 갖다주게 했는데, 물은 어느새 포도주로 바뀌어 있었다. 이를 본 제자들은 예수를 믿게 된다.

◀**광야의 유혹**(142쪽 그림)_예수 그리스도가 광야에서 사탄과 싸우는 모습이다. 아리 셰퍼의 작품.
가나안의 혼인 잔치_예수 그리스도의 첫 번째 기적을 행하는 장면을 묘사한 그림이다. 프란스 프랑켄의 작품.

"너는 구제할 때에 오른손이 하는 것을 왼손이 모르게 하여
네 구제함을 은밀하게 하라.
은밀한 중에 보시는 너의 아버지께서 갚으시리라."
─《마태 복음서》

성경에 따르면 예수는 자신의 죽음이 임박한 것을 알고, 제자들과 함께 예루살렘으로 갔다. 예루살렘에 도착한 예수는 민중들의 환대를 받는데, 이는 그들이 예수를 정치적 혁명가로 생각해서였다. 실제로 마태에 따르면 "많은 사람들이 겉옷을 벗어 길에 펴 놓는가 하면 어떤 사람들은 나뭇가지를 꺾어다가 길에 깔아 놓기도 하였다"라고 하는데, 여기서 나뭇가지는 당시 유대교 종교 권력의 횡포로 소작농으로 전락한 이들이 재배하던 종려나무의 가지였다. 하지만 예수는 인간의 구원을 위한 죽음을 위해서 오셨기 때문에, 이들의 인기에 편승하지 않고, 최후의 만찬 때 제자들에게 빵과 포도주를 떼어 감사 기도를 드리며 자신의 죽음이 뜻하는 바를 설명하였다.

최후의 만찬_예수 그리스도가 12제자와 마지막 만찬을 하는 모습으로 레오나르도 다 빈치의 작품.

그리스도를 배신함_가리옷 유다가 예수 그리스도를 체포하는 장면으로 조토 디 본도네의 작품.

"너희는 모두 이것을 받아 마셔라.
이는 새롭고 영원한 계약을 맺는 내 피의 잔이니
죄를 사하여 주려고 너희와 많은 이를 위하여 흘릴 피다.
너희는 나를 기억하여 이를 행하여라.
잘 들어두어라. 이제부터 나는 아버지의 나라에서
너희와 함께 새 포도주를 마실 그날까지,
결코 포도로 빚은 것을 마시지 않겠다."

—《마태 복음서》

　자신들에 대해 비판적인 예수를 위험인물로 본 유대교의 대제사장들은 가리옷 사람 유다와 결탁하여 그를 체포하였다. 예수는 가리옷 사람 유다가 자신을 유다의 대제사장들에게 팔아넘길 것이라는 것에 대해 처음부터 끝까지 상세한 내막을 모두 알고 있었다. 그래서 최후의 만찬 때 자신의 제자들 중 한 명이 자신을 팔아넘길 것이라고 이야기하였다. 체포된 후 그는 유대인들의 자치기구인 산헤드린 의회에서의 재판을 거쳐 빌라도의 재판을 받게 되었다. 이에 대해서《누가 복음서》는 빌라도가 예수의 무죄를 확신하여 풀어주고자 하였으나, 유대인들의 압력으로 십자가형에 처해진 것으로 묘사하고 있다.

"아버지, 저 사람들을 용서하여 주십시오!
그들은 자기가 하는 일을 모르고 있습니다."
—《루가 복음서》

　예수는 두 명의 강도들과 함께 잔인한 처형 방법인 십자가형에 처해
졌다. 예수는 십자가형에 처해지기 전 자신이 매달릴 십자가를 짊어지
고 골고다 언덕을 올라가며 구타와 조리돌림을 병행하여 당했다. 처형
장에 끌려가는 도중 예수가 모진 구타 끝에 체력이 다하여 쓰러지자 구
레네(카르타고)출신의 '시몬'이라는 힘이 센 자가 예수를 대신해 십자가를
짊어졌다.

　십자가 형틀에 묶인 예수는 자신을 해하려는 사람들을 보고는 기도하
였다. 그리고 마지막 숨을 거둘 때에 예수는 다음과 같은 말을 남기고 눈
을 감았다.

"이제 다 이루었다. 아버지, 제 영혼을 아버지 손에 맡깁니다."

◀**에케호모(146쪽 그림)**_빌라도는 그리스도를 처형하기 난감했는데 그는 "이 사람을 보라"고 유대인들에
게 예수를 빗대어 말했다. '이 사람을 보라'는 라틴어로 '에케호모'이다. 만테냐의 작품.
그리스도의 십자가형_미할리 문카시의 작품.

"만일 그리스도께서 다시 살아나시지 않았다면
여러분의 믿음은 헛된 것이 되고
여러분은 아직도 죄에서 헤어나지 못하고 있을 것입니다."
— 사도 바울이 고린토인들에게 보낸 첫째 편지

기독교 경전인 성경의 기록에 따르면 "예수는 십자가에 못 박혀 장사 되신 지 사흘 만에 다시 살아나 12제자를 축복하고 많은 제자들이 보는 가운데 하늘로 올라갔다"고 말하고 있다.

성경을 해석하는 신학에 따르면, 예수는 이미 전부터 십자가에 매달릴 것을 예견했고, 빌라도 앞에 스스로 선 것이라 한다. 사도 바울에서부터 시작된 기독교 교리에 따르면 이것은 이미 태어나면서부터 결정된 그의 행보이며, 형벌 자체는 인간의 죄를 대신 받음을 의미 하고, 부활은 죄를 사한 후의 인류 구원을 의미한다. 물론 이 구원은 예수를 믿는 자에 대한 구원을 의미 한다.

▶**그리스도의 부활**(149쪽 그림)_사흘 만에 부활한 게 아니라 매장된 지 사흗날임에 유의. 금요일에 죽어 매장된 지 첫날, 안식일인 토요일이 이튿날, 부활한 일요일이 사흘째 날이다. 날수로 따지면 토요일이 하룻날, 일요일이 이튿날로 48시간도 안돼서 부활한 것이다. 니콜라 베르틴의 작품.

콘스탄티누스의 기독교 승인

활동시기: 272년~337년, 로마제국의 황제.

역사상 가장 유명하고 중요한 역할을 해 로마제국의 부흥기를 이끈 황제
크리스트교 공인과 밀라노 칙령, 니케아공의회 등으로 유럽 기독교문명을 꽃피우다

"모든 사람들에게 원하는 대로 믿음을 가질 권리를 부여하노라."

콘스탄티누스 1세가 313년에 모든 사람에게 기독교를 포함한 신앙의
자유를 선포한 리키니우스의 밀라노 칙령의 전문이다. 많은 역사가들은
기독교의 공인을 계기로 로마제국이 무너지기 시작했다고 하지만, 이는
또 다른 서양사의 시작을 알리는 신호탄이 되었다.

세계사에 명멸한 수많은 황제 중 통일과 균형을 추구한 인물을 꼽으라
면 누구를 꼽아야 할까? 여러 다양한 인물을 꼽을 수 있겠지만 역사상 안
정적으로 통일과 균형을 이룬 황제는 콘스탄티누스 1세만 한 인물도 없
을 것이다. 그가 기독교를 공인한 황제가 된 것도 국가 안정을 위한 통치
술의 일환으로 볼 수 있다. 콘스탄티누스의 이름이 처음 등
장하는 것은 디오클레티아누스 황제의 사두정치체제에서
이뤄진 기독교 박해(303년) 이후이다.

기독교를 승인한 콘스탄티누스 1세

아버지(콘스탄티우스 1세)가 영국의 에보라쿰(지금의 요크)에서 병사하자 그의 휘하의 장병들은 즉각 콘스탄티누스를 정제로 추대하였다. 병사들에 의한 콘스탄티누스의 정제 승계는 당시 사두정치체제 아래에서 적법성에 문제가 있었다. 그래서 콘스탄티누스는 동방 정제인 갈레리우스에게 자신의 권좌 승계에 대한 확인을 요청하였고, 갈레리우스는 콘스탄티누스가 아버지의 영토를 승계하도록 하되 부제로 인정하고 서방 정제로는 세베루스를 임명하였다.

제국 내에서 콘스탄티누스의 관할 구역은 히스파니아, 브리타니아, 갈리아, 그리고 게르마니아 지방이었다. 이로써 그는 중요한 라인 강 방위선의 강력한 부대를 지휘하게 되었다.

콘스탄티누스 1세_로마제국 역사상, 기독교 역사상 가장 유명하고 중요한 역할을 한 황제 중 한 명으로, 기독교 공인과 동방 천도로 인해 후세에 미친 영향이 크다는 평가를 받고 있는 황제이다.

▶**밀리우스 전투(153쪽 그림)**_콘스탄티누스가 십자가의 환상을 보았다는 전승으로 유명하다. 줄리오 로마노의 작품.

밀리우스 다리의 전투_콘스탄티누스 황제는 꿈에서 본 십자가 모양의 군기를 만들어 앞장세워 승리를 거두었다고 한다. 줄리오 로마노의 작품.

　콘스탄티누스는 이듬해 공동 황제이던 막시미아누스로 하여금 자신을 황제로 인정해달라고 하고 그의 딸 파우스타와 정략결혼을 하였다. 그러나 자신의 승진 문제로 장인과 다툼이 생기면서 장인에게 자살을 강요하기도 했다. 311년 동방의 황제이자 기독교 박해의 원흉이던 갈레리우스가 죽자 처남 리키니우스와 동맹을 맺고 막시미아누스의 아들인 막센티우스와 전쟁을 치르게 되었다.

　312년 초 콘스탄티누스는 알프스를 넘어 이탈리아로 진격했고 투린과 베로나에서 막센티우스군을 차례로 무찔렀다. 이후 벌어진 유명한 밀리우스 다리 전투로 결국 막센티우스군은 콘스탄티누스에게 대패하고 막센티우스는 전사했다. 이 전투로 인해 제국 서방에서 콘스탄티누스는 유일한 강자이자 정제로서 군림하게 되었다.

ADLOCVTIO
QVADIVINI
TVS IMPVLSI
CONSTANTINI
ANI VICTORIAM
REPERIRE

콘스탄티노플_콘스탄티누스 1세가 로마제국의 수도를 지금의 터키 이스탄불인 콘스탄티노플로 천도하였다.

밀리우스 다리의 전투를 앞둔 하루 전날 밤 콘스탄티누스는 꿈을 꾸었다. 그의 꿈에는 예수 그리스도가 나타나 내일의 전투에서 이긴다고 하였고 기독교도를 나타내는 문자 가운데 X와 P를 합친 문자 라바룸을 병사들의 방패에 그리게 하라고 조언하였다고 한다. 이를 충실히 따른 콘스탄티누스가 결국 전투에서 승리하였다.

콘스탄티누스는 밀리우스 다리 전투의 승리를 기념하기 위해 '개선문'을 건설하여 대리석에 승리를 기념하는 글귀를 새겼다.

'폭군과 그의 무리를 상대로 한 정의로운 전쟁에서
위대한 정신으로 승리를 거둔 신성으로 가득한 황제
플라비우스 콘스탄티누스에게 바치다.'

이후 수석 황제가 된 콘스탄티누스는 313년 초에 밀라노에서 리키니우스와 공동으로 칙령을 선포하였다. 이것이 바로 자유롭게 기독교를 믿을 수 있도록 한 밀라노 칙령이다.

이후 콘스탄티누스는 리키니우스가 막시미아누스를 제거한 뒤 동방의 황제로 등극하자 또다시 그와 전쟁을 벌였다. 두 곳의 전쟁에서 패한 리키니우스는 사형당하고 콘스탄티누스는 디오클레티아누스 황제의 4인 통치를 종식시키고 유일한 황제로 올랐다.

"콘스탄티노폴리스가 완성되자
다른 도시들은 모두 벌거벗은 상태가 되었다."

—성 예로니무스

콘스탄티누스 개선문_로마의 손꼽히는 명소 중 하나로, 이 개선문은 고전기 로마 대부터 온전한 상태로 살아남은 세 개의 로마 개선문에 속한다. 이는 최초로 기독교를 받아들인 로마 황제라 알려지는 콘스탄티누스 1세가 로마 바로 외부에서 벌어진 '밀리우스 다리의 전투'에서 거둔 승리를 기념하기 위해 건설되었다.

히파티아의 순교

활동시기: 355년 추정~415년, 여성 수학자.

▨ 세계 최초의 여성 철학자이자 수학자, 천문학자로 수학 · 과학 강연과 저술을 남기다

"나는 진리와 결혼하였다."

인류 역사상 최초의 여성 수학자인 히파티아가 여러 남성 철학자들로부터 청혼을 받자 당당히 선언한 말이다.

우리 주변에는 여성이 일반적으로 수학을 잘하지 못하며 싫어한다는 편견을 가지고 있는 사람들이 많다. 이런 편견에 대해 페미니스트들은 여성은 원래 수학을 싫어하는 것이 아니라 수학에서 멀어지도록 사회적으로 길들여져 왔다고 주장하고 있다. 수학을 잘하는 여성에 대한 원초적 금기 반응은 인류 최초의 여성 수학자 히파티아의 비극적 최후에서 분명히 나타나고 있다.

히파티아의 아버지 테온은 4세기경 알렉산드리아 대학 수학과의 저명한 교수이자 대학의 책임자인 총장이었다. 알렉산드리아는 세계적인 학문의 중심지였고 서로의 학문을 나누기 위해서 모든 문명국의 학자들이 모여드는 세계의 중심부였다. 히파티아는 당대 학문의 요람의 책임자인 아버지의 영향으로 예술, 문학, 자연과학, 철학에 이르기까지 균형 잡힌 교육을 받았다.

그녀의 아버지 테온은 딸을 위해 축적된 지식을 전수해주는 것뿐만 아니라 이러한 지식을 형성하고 받아들이는 데 필요한 식별력도 가르쳐 주었다.

"네가 생각하는 권리를 비축하여라.
왜냐하면 틀리게 생각하는 것이
오히려 아무것도 생각하지 않는 것보다
낫기 때문이다."

히파티아는 아버지의 영향을 받아 수학적 매력에 심취되어 학생들에게 수학을 가르치는 전도사가 되었다. 당시 수학은 어떤 행성에 태어난 한 개인의 자취 같은 불명료한 문제를 계산하는 데 주로 이용되었다. 천문학과 점성술을 하나의 과학으로 간주하였으며, 수학은 과학과 종교를 결합한 것으로 생각하였다.

알렉산드리아 도서관_히파티아의 손길이 묻은 알렉산드리아 도서관이 2002년 새로 증축되어 250만 권 소장을 목표로 하고 있다. 외벽 세계 글자 석판에는 한글 '월, 세, 강' 세 글자가 새겨져 있다.

히파티아는 인기 있는 선생이었다. 학생들에게 그녀는 마치 제사장처럼 절대적인 존재로 여겨졌다. 유럽, 아시아, 아프리카로부터 온 열정적인 학생들이 그녀의 강의를 듣기 위해 몰려들었다. 또한 왕자들이나 철학자들로부터 여러 차례 구혼을 받았으나 그녀는 그러한 청혼에 대하여 분명하게 대답하였다.

"나는 진리와 결혼하였다."

히파티아는 수학자로서 유명한 것만큼이나 철학자로서도 잘 알려져 있으며 '신플라톤학파'라고 불리는 그리스사상을 추구하는 학교에 소속되어 있었다. 이 학파의 과학적인 이성주의는 당시 지배적인 기독교 종교의 사상에 반하는 것이었기 때문에 기독교 지도자들에게 심각한 위협으로 느껴졌다.

유일신을 믿는 기독교 신앙인들은 히파티아의 철학을 사교(邪敎)로 생각하였고, 서기 412년 키릴로스가 알렉산드리아의 주교가 되었을 때 그들을 조직적으로 억압하기 시작했다.

◀**히파티아**(158쪽 그림)_그녀는 수학자로서 유명한 것만큼이나 철학자로서도 잘 알려져 있으며 '무사 여신에게' 또는 '철학자에게'라고 주소가 쓰인 편지는 당연히 그녀에게 배달되었다는 전설적인 이야기가 전해온다. 그녀는 '신플라톤주의'라고 불리는 그리스사상을 추구하는 학교에 소속되어 있었다. 줄리어스 크론베그의 작품.

히파티아_유럽, 아시아, 아프리카로부터 온 열정적인 학생들이 히파티아의 강의를 듣기 위해 몰려들었다. 사진은 영화 〈아고라〉의 히파티아 역을 맡은 레이첼 와이즈 여배우로 미모와 지성을 겸비한 그녀의 비극을 다룬 영화이다.

그때 유대인에 의한 기독교 신앙인에 대한 살인적 사건이 일어나자 이에 대항해 기독교에 의한 유대인 탄압이 일어났다. 그리고 그 과정에서 죄가 없는 철학가와 수학자들이 수없이 희생되었다. 그들은 종교적으로 비판적인 시각을 지닌 유대교와 기독교 어느 쪽에도 속하지 않은 중간사상을 가진 학자들이었다. 히파티아는 학자들 중 유일한 여성으로 기독교 신앙인들에게 표적이 되었다. 그것은 역사상 최초인 마녀사냥의 첫 시작이었다.

갈등은 이미 국가적인 수준으로 악화되었고, 결국 최악의 결말을 맞이했다. 기독교를 국교로 인정한 집권자들은 당시 시민들을 전복시키려는 불순한 의도가 숨어 있다며 거짓으로 시민들을 선동했고, 그 주동자로 히파티아를 지목하여 강의하러 가는 그녀를 인질로 붙잡았다. 이때 그녀는 용기를 내어 자신의 주장을 담담하게 피력하였다.

"헛되고 바르지 못하다고 인정되는 믿음이나
신앙 따위를 진리처럼 가르치는 것은 끔찍한 일이다.
유익한 사람들은 그러한 가르침을 진리로 받아들이고 나서
엄청난 고통을 겪지만,
더욱 비극적인 것은 결국 그들은
그러한 가르침에 만족함을
느낀다는 것이다."

그녀의 말에 분노한 기독교의 광신도들은 그녀를 땅바닥에 쓰러뜨리고 쏜살같이 달려가 머리카락을 모두 뽑고, 실오라기 하나 없이 벌거벗기고 욕을 하였다.

"여자가 수학을 하는 것도 역겨운데 이교도의 교리로 대중을 선동한다!"

히파티아 조각상_키릴로스의 유일한 반대세력으로 보이는 오레스테스와 맺은 우정과 신뢰로 인하여 히파티아는 두 파벌 사이에서 정치적 보복을 위한 인질로 붙잡혀 비극을 당한다.

그들은 여기에서 멈추지 않고 굴 껍데기의 끝부분을 뾰족하게 갈아서 그것으로 그녀의 살갗을 도려내고 찢는 고문을 반복했다. 그러고도 모자라 그들은 겨우 목숨만 붙어 있는 그녀를 편백나무에 꽁꽁 묶은 채로 거꾸로 매달아서 화형에 처했다.

히파티아의 너무 앞선 진리는 편협한 종교의 공격을 받아 채 피우지 못하다가 먼 훗날 자신의 죽음을 발판으로 사상과 여성의 자유가 되살아나게 되었다.

"가장 아름답고 순결하며,
탁월한 지성을 갖춘 여성이다."

페미니스트 철학계에서도 그녀의 삶을 추앙하고 그녀의 이름이 다양한 방식으로 부활하고 있다.

◀**히파티아의 죽음**(162쪽 그림)_히파티아의 죽음을 계기로 수많은 학자들이 자유라는 학문의 연료가 사라진 알렉산드리아를 떠나기 시작했다. 이로써 알렉산드리아는 예로부터 전해오던 학문의 중심이라는 명칭을 다시는 찾지 못했다. 찰스 윌리엄 미첼의 작품.
아테네 학당_라파엘로의 유명한 작품으로 유일하게 여성인 히파티아가 그려져 있다.

샤를마뉴 대제의 중세 유럽 부흥

활동시기: 742년?~814년, 프랑크 왕국의 왕 · 서로마제국의 황제.

게르만 민족을 통합하고 영토를 확장해 중세 봉건제도의 토대를 만들다
800년에 로마 교황으로부터 서로마제국의 제관(帝冠)을 받다

"돌과 나무와 하늘의 새들이 나의 무기가 될지어다."

프랑크 왕국의 국왕이자 신성로마제국의 황제인 샤를마뉴 대제가 농노를 해방하는 조처를 취하면서 한 선언이다. 그는 단순히 과거의 국왕이라는 이름을 넘어서 '유럽의 아버지'로 일컬어지고 있다. 그는 현 유럽의 문화와 사상의 원류라 할 수 있는 그리스도교, 그리스문화를 부흥시켰으며 민족 통합(게르만족, 켈트족, 라틴족)을 이루어냈다.

샤를마뉴 대제가 등장할 시기에 이슬람 세력의 출현은 서유럽에 엄청난 충격을 주었다. 본래 서유럽은 역사적으로 페니키아(지금의 시리아, 레바논, 이스라엘 지방에 있던 고대 왕국)인, 그리스인 그리고 로마인의 순서로 언제나 동방의 문화적인 도움을 받아왔다.

그러나 이때부터 서유럽은 자신의 힘으로만 살아가야 했다. 그 결과 서유럽의 중심은 지중해 연안에서 북방으로 옮겨갈 수밖에 없었다. 시대적 상황이 이처럼 변하게 되자 유럽의 역사에서 변방에 불과했던 프랑크 왕국의 위상이 점점 커지며 유럽의 중심부로 성장하기 시작했다.

▲**샤를마뉴 대제의 초상**_게르마니아 국립 박물관 내에 소장되어 있는 샤를마뉴의 초상이다. 옆에는 신성로마제국 황제 지기스문트의 초상이 있다. 알프레히트 뒤러의 작품.

▶**샤를마뉴 대제의 초상**_카롤루스 대제라고도 한다. 부왕 피핀이 죽은 뒤 동생 카를만과 왕국을 공동통치하였으나, 771년에는 동생 역시 죽어 단일통치자가 되었다. 772부터 804년까지 몇 차례의 원정을 감행하여 작센족의 정복, 북이탈리아의 랑고바르드 왕국 병탄, 이베리아 반도에서의 사라센인 위협을 제거하기 위해 에스파냐 국경에 변경령(邊境領)의 설치, 바이에른족 토벌, 그 부족의 태공(太公) 타시로 폐위, 바이에른과 케른텐 병합, 아바르족·벤드족 정복의 업적을 이루고, 서유럽의 정치적 통일을 달성하였다. 그는 이 광대한 영토를 지배하기 위하여 각 부족이 시행하던 부족법전을 성문화(成文化)하여 각 부족의 독립성을 인정하였고, 중앙집권적 지배를 가능하도록 하였다. 지방봉건제도를 적극적으로 활용하여 중세 여러 봉건국가가 발전할 수 있도록 하였다.

이슬람의 출현과 신성로마제국이 같은 시기에 이루어졌음은 결코 우연이 아니었다. 당시 프랑크는 변해가는 유럽의 위치를 재정립하기 위해 중세 유럽의 토대를 마련해야 했다. 그러기 위해서는 먼저 전통적인 질서가 무너져야 했다. 무질서 속에서 새로운 질서를 위한 몸부림이 일어나지 않겠는가? 그 일은 게르만족의 침입부터 시작되었지만 본격적인 시작은 지중해가 서유럽을 버린 때부터였다. 이슬람의 출현이 그렇게 만들었던 것이다. 지중해가 더 이상 서유럽의 도움이 되기는커녕 두려움의 대상이 되어 내륙국가의 탄생을 불가피하게 만들었다.

결국 이슬람의 출현은 샤를마뉴라는 인물을 출현시켰고 샤를마뉴는 중세사회의 특징인 봉건제도를 출현시키게 되었다. 그것은 봉건 영주가 군대를 거느리고 자신의 땅을 경작하는 농노들을 보호하는 것이다.

샤를마뉴 대제의 원정_샤를마뉴가 정복지의 사람들로부터 칭송과 환영을 받는 장면이다. 아리 셰퍼의 작품.

샤를마뉴 대제의 대관식_산 피에트로 바실리카에서 열린 크리스마스 미사에서, 교황 레오 3세는 샤를마뉴를 황제로 선포하는 장면이다. 프리드리히 카울바흐의 작품.

이렇게 등장한 샤를마뉴 대제는 종교적으로는 가톨릭을 받아들여 국교로 삼고 이탈리아 영토 일부를 교황에게 바치며 교황을 받들었다. 또한 그는 일생 동안 전장을 누비며 영토 확장에 힘썼다. 그리하여 그의 왕국은 독일, 프랑스, 이탈리아, 벨기에, 네덜란드, 오스트리아, 스위스 등 서유럽 전역에 걸치는 대제국을 이룬다.

"자유인과 농노의 아이들을 차별 대우해서는 안 된다.
반드시 그들도 함께 문법, 음악, 산술을 배우도록 하라."

샤를마뉴시대의 문화, 예술, 교육에서의 부흥을 통틀어 카롤링거 르네상스라고 부른다. 카롤링거 르네상스는 그리스도교문화와 그리스·로마문화를 융합시켜 중세 유럽문화의 중요한 토대를 이루었다.

지배와 억압을 접어두고 문화와 예술을 장려하며 자신의 영토를 다스린 샤를마뉴 대제. 그의 왕국은 계속적인 정복에도 안정적으로 발전했고 사람들은 그를 칭송했다. 그가 죽은 후에도 그의 영향력은 사라지지 않는다. 많은 왕들이 그의 계승자임을 자처하였으며 그의 이름을 사용하고자 했다. 프랑스와 독일은 샤를마뉴 대제를 자신들의 위대한 조상으로서 존경하였다.

"내가 로마제국에 평화를 가져왔기 때문에
백성들이 편안하노라."

정복자의 폭력과 억압은 그 지배를 장기적으로 지속하기 어렵게 만든다. 폭력은 결국 또 다른 폭력을 부른다. 영원한 자신의 영역을 만들고자 했던 샤를마뉴는 피정복민들을 존중하고 인정해 줌으로 해서 진정한 정복자가 될 수 있었다.

◀**샤를마뉴 대제의 스테인드글라스(168쪽 그림)**_오늘날의 서유럽세계의 토대를 만든 샤를마뉴는 프랑크 왕국 카롤루스 왕조의 2대 왕이자 서로마 황제 대관을 받은 자이다. 그래서 프랑크족의 왕이면서도 대제라고 불린다. 이때 서로마는 멸망한 뒤였기에 일종의 명예직에 가깝긴 했지만, 이를 신성로마제국의 성립으로 보기도 한다.

샤를마뉴의 황금 흉상

칭기즈 칸의 대제국

활동시기: 1162년-1227년. 몽골제국의 건국자이자 초대 칸.

▌중앙아시아를 평정하고 서양 정벌로 역사상 가장 넓은 원제국을 이루다

"행동의 가치는 그 행동을 끝까지 이루는 데 있다."

세계 대제국을 이룬 칭기즈 칸이 세계 제패를 위해 초원을 누비며 전장에 나선 병사들의 용맹을 독려하며 한 말이다. 칭기즈 칸은 1155년 몽골 고원이 온통 전쟁의 광풍이 휘몰아칠 때 태어났다. 그의 아버지 예수게이는 자신이 죽인 적장의 이름을 따서 아이에게 '테무친'이라는 이름을 지어주었다. 하지만 몽골의 유목부족들을 통일하려던 예수게이가 부하들에게 독살당하면서 이때부터 어머니 오에른과 테무친을 비롯한 자녀들의 고난의 행군이 시작되었다. 그들은 나무 열매와 풀뿌리로 굶주림을 달랬고, 물고기를 잡고 사냥을 하여 그럭저럭 살아나갔다.

테무친과 그의 형제들_테무친의 어머니 오에른이 아들들에게 나뭇가지를 합치면 부러뜨리지 못한다고 형제간의 우애를 돈독히 하라는 교육을 시키는 장면이다.

> "그림자말고는 친구도 없고,
> 말꼬리말고는 채찍도 없다."
> —칭기즈 칸의 어머니 오에룬

테무친의 어머니는 이렇게 탄식하면서도 아이들에게 위대한 카불 칸의 이야기를 들려주면서 몽골 귀족으로서의 긍지를 가지도록 교육하였다.

테무친은 17세 때 아버지와 동맹관계에 있던 케레이트 부족의 족장 완 칸의 신뢰를 얻었다. 그는 완 칸의 원조로 뿔뿔이 흩어져 있던 아버지의 부하들을 다시 모으는 데 성공한다.

하지만 메르키트 부족의 습격을 받아 갓 결혼한 신부 보르테가 납치당했다. 테무친은 메르키트 부족에 대한 복수전을 펼쳐 아내를 구출하고, 메르키트 부족을 복속시켜 그들을 노예로 만들어버렸다. 이에 더해 장래에 자신을 반역할 기미가 있는 부족은 초토화시키는 전략을 세웠다. 그는 배후에 적을 남겨놓는 경우가 절대 없었다. 수년 뒤 중국을 침공하기에 앞서 먼저 등 뒤에서 자신을 찌를 유목민 통치자가 없는지 확인했다.

보르테 카툰_ 칭기즈 칸의 본부인으로, 곤기라트 부족 출신이다. 그녀는 메르키트족에 의하여 납치되었을 때 칠레두의 동생인 칠게르의 강간에 의하여 주치를 가지게 되었다고 의심된다.

"신의 부름이 드높아지면서,
내가 짊어진 책임감도 무겁다.
내 치하에 무엇인가가 부족할까 두렵다."

이때부터 몽골 부족의 지도자들이 테무친의 주위에 몰려들기 시작했고, 12세기 말에 이르자 지도자 가운데 일부는 테무친을 몽골족의 칸(왕)으로 옹립하자고 제의했다. 자연스럽게 그들은 전쟁과 수렵에서 테무친에게 충성을 바칠 것을 맹세했다.

1206년은 몽골과 세계의 역사에 일대 전환점이 되는 해였다. 몽골족은 스텝지역 밖으로 출정할 준비가 되어 있었고, 나라의 체제도 새로운 조직으로 재정비되었다.

몽골족의 야망은 스텝지역 밖으로까지 세력을 확장해 나가는 것이었다. 칭기즈 칸은 세계 정복의 원대한 야망을 실현시킬 준비가 되어 있었다. 새로운 몽골국은 무엇보다도 전쟁을 치르기 위한 조직으로 정비되었다. 칭기즈 칸의 군대는 10진법체제로 나뉘어 엄격한 기강을 유지했고, 보급품과 군비를 갖추었다. 부장(部將)들은 칭기즈 칸의 아들이거나 그에게 절대충성을 바치는, 선발된 사람들이었다.

▶**칭기즈 칸의 초상**(173쪽 그림)_본명은 테무친으로, 몽골의 여러 부족을 통합한 군사·정치 지도자이다. 몽골 초원의 부족들을 정복하고 몽골제국을 성립시켜 몽골과 중국지역을 비롯해 한반도에서 중앙아시아와 동유럽에 이르는 넓은 영토를 정복한 것으로 잘 알려져 있다.

"능수능란하고 용감한 자들은
군지휘관으로 길렀다.
민첩하고 유연한 자들은
말을 다루도록 했다.
능숙하지 않은 자들은
작은 채찍을 주어 양치기가 되게 하였다."

칭기즈 칸은 군사적으로 탁월한 재능을 가지고 있어서 급속하게 변하는 외부환경에 잘 적응했다. 처음에 그의 군대는 사료가 필요없는 튼튼한 초식동물인 몽골 조랑말을 타는 기병으로만 구성되어 있었다. 이러한 군대로는 다른 유목민들은 굴복시킬 수 있었지만 도시들을 함락시킬 수는 없었다.

몽골족들은 곧 조랑말의 열세를 극복할 수 있는 다양한 군사 전략을 갖추었다. 유목민족의 특성에 강력한 군사기술을 더해 재무장한 몽골군은 규모가 큰 성읍은 투석기·쇠뇌·사다리와 끓는 기름 등을 사용하여 함락시켰고, 흐르는 강물을 다른 데로 돌려놓아 홍수가 일어나게 하는 방법을 사용하기도 했다.

몽골 기마병_당시 전 세계를 제패하다시피 한 몽골의 기마병은 빠른 기동력을 발휘하여 포로를 남기지 않고 모두 살해하였다.

"항복하는 자는 목숨을 구할 것이다.
항복하지 않고 투쟁과 저항으로 맞서는
이들은 전멸시킬 것이다."

칭기즈 칸은 중국 북서쪽 변방지역의 국가인 서하(西夏)와 싸움을 벌여 승리를 거두었고, 1211년 중국 북부에 자리 잡고 있던 금을 향해 진격했다. 1214년 금으로부터 막대한 금액의 보상금을 받고 철수했다가 1215년 전쟁을 재개하여 연경을 함락시켰다.

칭기즈 칸은 중국에서 더 나아가 호라즘 샤의 정벌에 나섰다. 이 전쟁에서 몽골족은 끔찍한 야만적 행동을 자행하여 이그만족이라는 악명을 얻게 되었다. 몽골족은 가는 곳마다 도시를 불태웠고, 주민들은 몰살되거나 동족이라도 자신들보다 높은 신분이면 모두 없애버리는 몽골군의 앞잡이 노릇을 하도록 강요되었다.

호라즘 정복 전쟁_이 전쟁에서 몽골군은 20만의 대군을 동원하여 엄청난 속도로 군대를 몰아쳐 새 수도인 사마르칸트 등 트란스옥시아나의 핵심 도시들을 불태웠다.

칭기즈 칸은 주변국을 확장해나가면서 자신에게 협력할 경우 자치권을 인정함과 동시에 여러 가지 혜택을 부여했다. 그러나 반항하게 되면 그 지역 전체를 풀 한 포기 남기지 않고 모조리 멸족시켰는데, 전멸시킨 사람들의 해골을 모아서 탑을 쌓았다. 바그다드와 이스파한 등의 지역에는 거의 10만 개가량 되는 해골들로 탑을 쌓기도 했다. 특히 샤리 골골라의 경우 정복 활동 도중 칭기즈 칸의 손자인 모토 칸이 이 전투에서 전사해 칭기즈 칸의 분노를 사서 풀 한 포기 남김없이 모두 몰살시켰을 뿐만 아니라 모든 건물을 파괴시켜 전대미문의 폐허로 만들면서 멸망시켰다.

"하늘의 도움으로 너를 위해 거대한 제국을 세웠노라.
그러나 세계정복을 달성하기에는 내 생이 너무 짧았다.
이 일은 이제 네게 맡기노라."

1226년 가을, 칭기즈 칸은 서하에 대한 원정을 개시했다. 칭기즈 칸은 사고로 말에서 낙마한 뒤에 열병을 겪었고, 이에 아들들은 원정을 만류했다. 하지만 칭기즈 칸은 원정을 강행했다. 칭기즈 칸은 우선 서하에 사신을 파견해 서정에 동반하지 않고 그 자신을 모욕한 것을 책망하며 항복을 제의했으나, 서하는 이를 거부했다. 칭기즈 칸은 서하의 도시 대부분을 점령했고, 1226년 여름에는 서하 군대를 격파했다. 이후 몽골군은 서하의 수도 흥경을 포위했다.

그때 칭기즈 칸은 남하하여 육반산 남쪽에서 야영했다. 라시드 앗 딘은 이 남하의 목적은 칭기즈 칸의 남송에 있었다고 적었다. 그때 서하는 칭기즈 칸에게 사신을 보내 한 달 뒤 주민들을 이끌고 도시 밖으로 나와 항복하겠다고 제의했고, 칭기즈 칸은 이를 허락했다. 하지만 칭기즈 칸은 죽음을 앞두고 있었다.

칭기즈 칸의 베이징 입성_칭기즈 칸은 금을 공격하여 베이징을 점령하였다.

"나의 죽음을 알리지 말라.
적이 알지 못하도록 하기 위해
절대로 곡을 하거나 애도하지 말라.
탕구트의 군주와 백성들이 기간에 맞추어 밖으로 나오면
그들을 모두 없애 버려라!"

칭기즈 칸은 유언을 남기고 눈을 감았다. 1227년 8월 18일 또는 8월 25일, 칭기즈 칸이 죽은 지 얼마 되지 않아 서하의 수도 흥경은 함락되고 그 주민들은 학살당했다.

칭기즈 칸은 죽어가면서 자신의 아들들에게 유언을 남겼다.

"금나라의 성들이 단단하니
남송에게 길을 빌려달라고 해서
남쪽에서 공략하라."

칭기즈 칸의 유언을 충실히 받든 아들들은 황하 이남의 개봉에서 근근이 명맥을 유지하던 금나라를 남송과 함께 공격하였다. 결국 금나라와 남송은 멸망하고 중국 대륙에는 칭기즈 칸의 원나라가 들어선다. 또한 칭기즈 칸의 후예들은 유럽까지 진출하여 역사상 최강의 정복자의 명성을 떨쳤다.

칭기즈 칸의 좌상

"집안이 가난하다고 탓하지 말라.
나는 9살 때 아버지를 잃고 마을에서도 쫓겨났다.
가난하다고 말하지 말라.
나는 들쥐를 잡아먹으며 연명하였으며,
전쟁이 나의 직업이요 내 일이었다.
작은 나라에서 태어났다고 말하지 말라.
그림자말고는 친구도 없고 병사로 따져도 10만,
백성은 어린아이에서 노인까지 200만이 되지 않았다.
배운 게 없고 힘이 없다고 탓하지 말라.
나는 내 이름도 쓸 줄 몰랐지만 남의 말에 귀 기울이며
현명해지는 법을 배웠다.
너무 막막하다고 포기해야겠다고 말하지 말라.
나는 목에 칼을 쓰고도 탈출했고
뺨에 화살을 맞고도 살아날 수 있었다.
적은 밖에 있는 것이 아니라 바로 내 안에 있었다.
나는 나에게 거추장스러운 것들을 모두 쓸어버렸다.
나를 극복하는 순간 나는 칭기즈 칸이 되었다."

―칭기즈 칸

단테와 베아트리체

활동시기: 1265년~1321년. 이탈리아의 시인, 저술가.

시(詩)를 통하여 중세의 정신을 종합하였으며, 르네상스의 선구자로 《신곡》 등 대표적 세계문학을 남기다

"오늘이라는 날은 두 번 다시 오지 않는다는 것을 잊지 말라."

13세기 이탈리아의 시인이자 정치가인 단테 알리기에리가 자신의 시대를 회고하며 한 말이다. 그는 인간이 만든 작품 중 최고의 작품이라 일컬어지는 《신곡》의 저자로 유명하지만, 당대에는 정치가로도 명망이 높았다.

그는 1300년에는 피렌체를 다스리는 6명의 행정장관 중 1명이었다. 또한 신성로마제국 황제 치하에서 다수의 소국가들로 분할되었던 이탈리아 반도의 통일을 목표로 정치 활동을 펼친 선구자로서, 모험적인 생활을 통해 숱한 좌절들을 경험한 뒤 사형을 선고받자 망명길에 오르는 등 숱한 인생 역정을 겪었던 선각자였다.

단테 알리기에리_중세를 대표하는 작가이며 베아트리체와의 지고지순한 사랑으로 유명한 이탈리아 시인 단테. 고향 피렌체에서 쫓겨나 망명생활을 하며 전인류에게 영원불멸의 《신곡》을 남겼다.

"추위에 떨어본 사람만이 태양의 소중함을 알듯이,
역경을 경험해본 사람만이 인생의 귀중함을 안다."

망명 중 이탈리아의 여러 곳을 돌아다니며 고난의 여정을 겪었던 단테는 그 와중에도 여러 편의 시와 논문을 썼으며 그중 가장 유명한 것은《신곡》이라는 장시이다.

《신곡》은 이탈리아 문학을 대표하는 서사시이자 중세 문학의 위대한 작품으로 손꼽힌다. 저자와 같은 이름의 여행자 단테는 베르길리우스, 베아트리체, 베르나르두스의 안내를 따라 지옥-연옥-천국으로 여행한다. 단테는 그곳에서 수백 명의 신화와 역사 인물들을 만나 이야기를 나누며 기독교 신앙에 바탕을 둔 죄와 벌, 기다림과 구원에 관해 철학적, 윤리적 고찰을 할 뿐만 아니라 중세시대의 신학과 천문학적 세계관을 광범위하게 전하고 있다.

《신곡》은 중세에 쓰였음에도 이탈리아 문학의 꽃으로 손꼽히며, 사후에 대한 중세적인 세계관을 보여준 최정점에 있는 작품이다. 특히 이 책에 쓰인 언어는 상류층 언어인 라틴어가 아닌 토스카나 방언으로 적

《신곡》 중에서 지옥의 마귀들에 의해 형벌을 받는 영혼들

혀 이탈리아어의 생성과 발전에 적지 않은 영향을 끼친 것으로 평가받고 있다.

"지옥의 문은 모든 희망을 버린 자들을 향해 열려 있다."

1274년 5월 1일, 아버지를 따라 유력자인 폴코 포르티나리의 집을 방문한 단테는 폴코의 딸인 베아트리체를 보고 한눈에 반했다. 당시 그녀의 나이는 9세, 그의 나이는 10세에 불과했지만, 이날의 경험이야말로 그에게는 일생일대의 사건이었다. 하지만 당시의 관습에 따라 단테는 마음에 두었던 베아트리체가 아니라 부모님이 정한 상대와 맺어지고 말았다.

단테의 첫사랑 베아트리체_단테가 베아트리체를 만나는 장면. 헨리 홀리데이의 작품.

피렌체에 있는 단테 생가의 전경

겨우 13세 때인 1277년 2월 9일, 단테는 피렌체의 또 다른 유력자인 마네토 도나티의 딸인 10세의 젬마와 약혼했고, 9년 뒤인 1286년에 그녀와 결혼했다. 베아트리체 역시 1287년에 다른 사람과 결혼했다.

1283년 5월 1일, 단테의 일생에서 또 한 번의 획기적인 사건이 벌어졌다. 처음 만난 지 정확히 9년 만인 바로 그날, 베아트리체가 길에서 단테를 보고는 인사를 건넸던 것이다. 단지 의례적인 인사에 불과했을지도 모르지만, 이 스치듯 지나간 강렬한 인사에 황홀해진 단테는 그날 밤에 꿈속에서 그녀와 함께 사랑의 신을 목격하게 된다. 잠에서 깨어난 단테는 그때부터 베아트리체를 향한 사랑을 담은 시를 쓰기 시작했다. 그러나 1290년 6월, 베아트리체가 갑작스레 세상을 떠났다. 슬픔에 빠진 단테는 그때까지 베아트리체를 그리며 쓴 시를 엮어서 《새로운 인생》이라는 책으로 간행하였다.

"단테 알리기에리의 생애는
마치 거칠고 요동하는 시와 같다.
<천국>은 언강생심이고
<연옥>보다도 <지옥>에 더 가깝다."
—문학평론가 해럴드 블룸

단테는 짝사랑했던 베아트리체가 죽자 그녀를 돈 많은 금융업자에게 시집보냈던 그녀의 아버지와 금융업자들을 증오하여 《신곡》의 '지옥' 편에 지옥의 가장 밑바닥까지 추방시킴으로써 자기 식의 복수를 했다.

《신곡》의 내용은 단테가 베르길리우스에 이끌리어 지옥에 가고, 지옥보다는 고통이 덜한 연옥을 지나, 끝으로 베아트리체에게 안내되어 천국에 간다는 기독교사상에 기반한 이야기인데, 그 생생한 묘사가 근세 문학을 낳게 되었다. 유랑 중에 철학, 윤리 등의 문제를 논한 《항연》 등이 있다. 《신생》은 18세 때부터 그 후 7~8년간에 걸쳐 완성한 것으로, 영원한 연인 베아트리체에 대한 사랑을 중심으로 다루고 있는데, 이탈리아어로 된 최초의 작품으로 언어 · 문헌적으로 중요한 문헌이다.

단테의 동상_단테는 중세의 정신을 종합하여 문예부흥의 선구자가 되어 인류문화가 지향할 목표를 제시하였다.

단테의 배_낭만주의 회화의 대표적인 작가 들라크루아의 작품이다. 그림의 내용은 단테와 베르길리우스가 카론의 안내를 받아 지옥의 성벽을 둘러싼 호수를 건너는 장면이다. 붉은 두건을 쓴 사내가 단테이고 그 옆에 베르길리우스가, 그리고 노를 젓는 플레기아스가 있다.

"한걸음 한걸음 그저 걸어가기만 하면
목적지에 다다를 수 있다고 생각해서는 안 된다.
한걸음 한걸음 그 자체에 가치가 있어야 한다.
큰 성과는 가치 있는 작은 일들이 모여 이루어지는 것이다."

단테가 당시 문학계 후배들에게 한 당부의 말로, 그의 가장 큰 업적은 오늘날의 이탈리아어를 확립한 것이다. 단테의 생애 동안에만 해도 이탈리아 반도의 여러 도시국가는 저마다의 방언을 사용했다. 그러나 《신곡》이후로 이 작품에 사용된 피렌체의 말, 즉 토스카나 방언이 그때부터 이탈리아의 공용어처럼 사용되었다.

"보잘것없는 작은 일이
  아주 훌륭한 일의 시작일 수도 있다."

단테의 영향력은 문학에만 국한되지 않았다. 화가 외젠 들라크루아는
〈지옥〉의 한 장면을 묘사한 〈단테의 조각배〉로 처음 명성을 얻었다. 조
각가 오귀스트 로댕의 〈지옥의 문〉도 〈지옥〉의 한 장면을 묘사한 것이
며, 유명한 〈생각하는 사람〉도 그 조각의 일부다.

단테는 망명 후에 고국으로부터 자신의 과오를 인정하면 사면을 해주
겠다는 조건부의 사면령이 내려졌지만, 그것이야말로 자신에겐 더할 수
없는 치욕이라 생각하고 응하지 않았다. 결국 단테에게 사형을 선고하는
궐석 재판이 열렸다. 단테는 라벤나로 돌아가 귀도 노벨로의 비호를 받
으며 그곳에서 말라리아로 생애를 마감했다.

◀**단테와 베아트리체**(186쪽 그림)_피렌체 두오모 성당에서 단테
가 베아트리체를 만나는 장면이다. 리바 주세페의 작품.
로댕의 지옥문 상부 조각과 생각하는 사람 조각상_단테의 《신
곡》에서 영감을 받아 만들어진 작품이다.

성녀 잔 다르크

활동시기: 1412년~1431년. 프랑스의 소녀 장군.

█ 백년 전쟁 당시 영국군을 격파해 오를레앙 성을 탈환하면서 프랑스에
█ 승리의 기반을 마련하다

"행동하라, 그러면 신은 내 편이 되어 줄 것이다."

15세기를 불태웠던 프랑스와 영국의 백년 전쟁이 끝나갈 즈음 혜성처럼 등장하여 조국 프랑스를 구한 성녀 잔 다르크는 전장에서 동료들을 독려하며 이렇게 말했다. 백년 전쟁에서 프랑스의 기사군은 영국의 농민으로 구성된 활 부대에 계속해서 연전연패를 당하고 있었다. 더구나 프랑스 내에서는 당파 분쟁으로 내분이 심각했다.

녹색 두건을 쓴 부르고뉴파는 영국과 손잡고 있으면서, 프랑스 왕을 지지하는 붉은 스카프를 맨 아르마냐크파와 대립하고 있었다. 그 때문에 프랑스는 더욱더 어려움에 빠져 마지막 요새인 오를레앙의 함락은 시간 문제였다. 잔 다르크는 조국의 패망을 눈앞에 둔 시점에 혜성같이 등장했다.

잔은 1412년, 동프랑스의 동레미의 초가집에서 태어났다. 잔이 태어날 무렵 밤에 닭들이 몇 시간 동안 날개를 퍼덕이며 울었다는 전설이 있다.

잔 다르크의 생가_동레미의 잔 다르크 생가로 현재는 박물관으로 문을 열고 있다.

백년 전쟁_영국은 1066년 노르만 왕조의 성립 이후 프랑스 내부에 영토를 소유하였기 때문에 양국 사이에는 오랫동안 분쟁이 계속되었다. 그러나 프랑스 카페 왕조의 샤를 4세가 남자 후계자가 없이 사망하자, 그의 4촌 형제인 발루아가(家)의 필리프 6세가 왕위에 올랐다. 이에 대하여 영국 왕 에드워드 3세는 그의 모친이 카페 왕가 출신(샤를 4세의 누이)이라는 이유로 프랑스 왕위를 계승해야 한다고 주장하여, 양국간에 심각한 대립을 빚게 되었다. 영국의 에드워드 3세는 프랑스 경제를 혼란에 빠뜨리기 위하여 플랑드르에 수출해오던 양모 공급을 중단하고, 그 보복으로 프랑스의 필리프 6세는 프랑스 내의 영국 영토인 기옌, 지금의 가스코뉴 지방의 몰수를 선언하였으며, 1337년 에드워드 3세는 필리프 6세에게 공식적인 도전장을 띄우게 되었다. 원래 플랑드르는 프랑스 왕의 종주권 아래에 있었지만 중세를 통하여 유럽 최대의 모직물 공업지대로서 번창하여, 원료인 양모의 최대 공급국인 영국이 이 지방을 경제적으로 지배하고 있었다. 기옌 역시 유럽 최대의 포도주 생산지였으므로, 프랑스 왕들은 항상 이 두 지방의 탈환을 바라고 있었다. 따라서 전쟁의 근본적 원인은 이 두 지방의 쟁탈을 목표로 한 것이다.

"내일은 일어나라, 오늘 일어난 것보다 더 일찍.
내일은 행하라, 오늘 행한 것보다 더 많이.
할 수 있는 한 언제나 최선을 다하라!"

한편 잔이 살던 당시는 백년 전쟁의 막바지로, 전세는 프랑스에 매우 좋지 않게 돌아가고 있었다. 왕이 되어야 할 왕세자 샤를은 대관식조차 하지 못하고 있었다.

실제 그가 왕세자라 자칭하기는 했지만, 아버지인 샤를 6세가 그를 호적에서 파버리고 영국의 왕 헨리 5세를 프랑스 공주와 결혼시켜 그 둘 사이에서 태어난 아들이 잉글랜드와 프랑스의 왕으로 추대될 예정이었다.

그러나 샤를은 잔존하고 있는 아르마냐크파와 스코틀랜드의 도움에 힘입어 프랑스 남부에서 여전히 적법한 왕세자로 인정받고 있었다. 한편 북프랑스를 장악한 영국과 부르고뉴파는 왕세자 군대를 토벌코자 했다.

한편 전쟁의 여파는 잔이 살던 동레미 마을에도 들이닥쳐 영국군과 부르고뉴파의 군이 동레미 마을에 쳐들어와 약탈하고 불을 지르는 일들이 빈번하게 발생하였다. 잔 다르크의 가족을 포함한 동레미 주민들은 그런 일이 발생할 때마다 마을을 등지고 피난해야 했다. 잔이 열세 살이 된 어느 여름의 일요일, 교회의 종소리가 그칠 무렵 잔은 천사의 아름다운 합창소리와 함께 천사장 미카엘의 모습을 보았다. 미카엘은 잔을 향해 말했다.

**"어서 가서 프랑스 왕을 구하라.
오를레앙의 포위망을 풀도록 하라."**

▶**계시를 받는 잔 다르크**(191쪽 그림)_13세의 잔 다르크에게 성 미카엘, 성녀 마르가리타, 성녀 카타리나의 모습과 함께 하느님의 목소리가 들려왔다. "프랑스를 구하라"는 목소리에 처음에는 당황해서 거절했으나 그 목소리는 계속 이어졌고, 1428년, 마침내 16세의 나이에 하느님의 부르심에 순명할 것을 결심하였다. 헤르만 안톤 스타이크의 작품.

"강한 신념은 불가능을 가능케 한다."

잔은 신의 계시를 굳게 믿고 일어났다. 신의 명령을 집행해야 한다고 다짐한 잔은 곧바로 보크루르 성을 방문하여 국왕을 면담하게 해달라고 청했으나 거절당했다. 잔은 집으로 돌아가지 않고 그곳에 머물며 지냈다.

1428년 10월 오를레앙이 포위당하고, 이를 구하려 했던 프랑스군은 다음해 2월 영국군에게 패하고 말아 오를레앙은 바람 앞의 등불과 같이 위태로운 지경에 놓이게 되었다.

잔은 다시금 성을 찾아갔다. 국왕은 잔이 마녀라고 의심하였기에 구마의식을 할 수 있는 사제를 보내 시험해 보았으나, 오히려 잔은 그를 반갑게 맞아들여 고해성사를 하며 그 의심을 풀게 했다. 그리고 계속되는 끈질긴 요청에 기사들은 잔의 뜻에 동조했고, 결국 국왕은 샤를에게 연락을 취한 다음 잔을 샤를이 머무는 시농으로 보냈다. 잔은 열하루 동안 걸어서 1429년 2월 23일 시농에 도착하였다.

시농에 도착하는 잔다르크_장 자크 스캐너의 작품.

시농에서 황태자와의 회견은 축제 같은 분위기로 진행되었다. 수백 개의 햇불이 준비되고, 수많은 구경꾼이 모여들었다. 잔은 신하들과 함께 있는 황태자를 즉시 알아보고 신분을 숨긴 채 그 앞에 나아가 문안인사를 올렸다. 잔의 예절바르고 당당하며 위엄에 찬 태도에 귀족들뿐 아니라 구경꾼들도 감동하였다. 신앙의 힘이 잔의 결의를 통해 황태자에게 생기를 불러일으켰고, 주위 사람들에게 희망을 불어넣어 주었다.

"만일 내가 신의 은총을 입지 않았다면,
신은 나를 놓을 것이다.
그리고 내가 신의 은총을 입었다면
신은 나를 지킬 것이다."

잔은 4천 명에 가까운 군대와 식량을 실은 400마리의 소를 이끌고 블루아를 출발하여 오를레앙으로 향했다. 선두에는 성직자의 일단이 서서 성가 '주여 오소서'를 노래하며 행진했다. 잔은 흰 갑옷에 망토를 걸친 모습으로 백마를 타고 손에는 흰 바탕에 백합을 수놓은 깃발을 들고 있었다.

잔 다르크 기마상

잔이 입성하자 오를레앙의 시민은 흥분과 감격으로 끓어 올랐다. 시민들은 힘이 넘쳐 싸웠고, 영국군은 절대 우세의 입장에서 역전되어 도리어 패배하였다.

영국군은 잔의 인솔 아래 원군이 오를레앙에 들어가는 것을 보고도 오히려 성안에 비축한 식량을 빨리 축낼 뿐이라고 생각하여 그대로 버려두었다. 그들은 한 소녀가 일으키는 정신적 폭발력의 엄청난 힘을 미처 계산하지 못한 것이다. 잔은 오를레앙 시민들에게 사기를 높이려 외쳤다.

"신을 향한 바람직한 신념이 없을 때
인간은 하찮은 것에 집착하기 시작한다.
신의 의지에 반하거나 죄를 짓느니 차라리 죽는 것이 낫다.
프랑스에 쳐들어 온 영국인들이여!
그대들은 모두 이곳에서 내던져질 것이다.
여기에서 목숨을 잃은 자들을 제외하고는 모두…….
사람들은 종종 진실을 말하여 죽임을 당하지만 나는 두렵지 않다.
나는 이 일을 위해 태어났으므로!
내일은 일어나라, 오늘 일어난 것보다 더 일찍.
내일은 행하라, 오늘 행한 것보다 더 많이.
할 수 있는 한 언제나 최선을 다하라!"

◀잔 다르크(194쪽 그림)_프랑스군의 맨 앞에 서서 전투를 지휘하는
잔 다르크. 쥘 외젠 르느뵈의 작품.

잔 다르크 스테인드글라스

프랑스군의 선두에 서서 거침없이 돌진하는 잔을 영국군으로서는 막을 길이 없었다. 영국군은 5월 8일 진지에서 철수하였다. 그 열흘 동안의 오를레앙의 해방전은 잔이 불러일으킨 프랑스의 국민적 에너지의 승리였다.

6월 초, 루아르 강에 남아 있는 적을 소탕하는 작전이 개시되었다. 잔은 전군의 중심적 존재였다. 그녀의 명성을 사모하여 모여든 제후들은 목숨을 걸고 헌신적으로 종횡무진 전장을 누볐다. 파리에 돌아가려 하는 영국군과 푸아티에서 장렬한 일전을 벌인 결과 프랑스군의 대승리로 끝나게 되었고, 영국군의 주력은 이 싸움에서 전멸하였다. 이 승리에 의해 잔이 일찍부터 주장하던 샤를 황태자의 랭스에서의 대관식이 가능하게 되었다.

샤를 7세의 대관식의 잔 다르크_쥘 외젠 르느뵈의 작품.

그러나 잔의 충성스런 권고에도 샤를 황태자는 좀처럼 움직이려 하지 않았다. 그가 있는 곳에서 랭스까지는 400km의 거리였고, 그 도중에는 영국군이 깔려 있어 위험하기 때문이었다. 잔은 1만 명의 군대를 이끌고 랭스를 향해 진격하였다. 그녀는 마치 사람 없는 들판을 달리는 듯한 기세로, 7월 16일에는 랭스에 도착했고, 다음날인 17일에는 기다리고 희망하던 대관식이 거행되었다.

군기를 들고 처음부터 끝까지 황태자 옆에 서 있던 잔은 대관식이 끝난 후 바로 왕위에 오른 샤를 7세의 무릎을 끌어안고 뜨거운 눈물을 흘렸다. 이 대관식으로 해서 프랑스인의 왕을 비로소 왕이라 부를 수 있게 되었다.

사명을 완수한 잔은 고향으로 돌아가려 했으나 허락을 얻지 못하고 다시 전선에서 싸우게 되었다. 영국군을 상대로 하는 전투가 아니라 같은 프랑스인인 부르고뉴파와 싸우는 전투에서 잔은 승리를 거두지 못하였다.

잔 다르크 기사상_가톨릭교회에서는 1920년 그녀를 성녀로 시성(諡聖)하였다.

포로가 된 잔 다르크_부르고뉴파에 의해 영국으로 넘겨지는 잔 다르크.

▶**잔 다르크 종교재판**(199쪽 그림)_1431년 루앙에서 주교 코숑이 종교재판을 주재했다. 기나긴 심문 끝에 기소장이 작성되었는데, 그 내용을 일부 살펴보면 "잔의 목소리는 실제의 육성이나, 지옥으로부터 온 것이다. 잔이 여성의 복장을 거부하는 것은 교회에 대한 불복종을 의미한다"라고 되어 있다. 결국 그녀는 산 채로 화형에 처해졌다. 헤르만 안톤 스타이크의 작품.

> "아, 나를 잔인하게 대하다니,
> 화형당하는 것보다는 차라리 일곱 번 참수당하는 편이 나으리라.
> 나의 몸은 결코 더럽혀지지 않았는데 이제 타버려 재로 돌아가누나."

콩피에뉴 성이 부르고뉴파에 의해 포위되었다는 소식을 들은 잔은 곧 그곳으로 달려갔다. 잔은 이 공격에서 적에게 퇴로를 차단당하고, 부르고뉴파에 의해 포로가 되었다. 그들은 영국군이 제공한 1만 리브르의 돈을 받고 잔을 넘겨주었다.

종교 재판에 회부된 잔은 1431년 5월, 신을 배반한 여자라는 죄목으로 루앙 광장에서 화형에 처해졌다. 잔은 불길이 온몸을 감싸는 가운데서도 자신이 행한 일은 신의 명령에 따른 성전이었다고 외쳤다. 그리고 천사들의 이름을 부른 뒤 마지막에 "예수님"이라는 말을 남기고 열아홉의 짧은 생애를 마감하였다.

잔 다르크의 죽음으로 샤를 7세와 아르마냐크파, 그리고 그녀를 적군의 손에 넘겨준 부르고뉴파는 당파를 초월하여 같은 프랑스인으로서의 조국애에 눈뜨게 되어 잔이 그토록 바라던 화해를 하였다. 그들은 하나가 되어 영국군을 프랑스에서 쫓아내고 백년 전쟁은 마침내 대단원의 막을 내리게 되었다.

콜럼버스의 신대륙 개척

활동시기: 1451년~1506년. 이탈리아의 탐험가.

지구가 둥글다고 믿고 대서양을 서쪽으로 항해하여 북미와 남미를 거쳐
중앙아메리카까지 개척하다

"내 운명은 내가 개척한다."

신대륙을 발견한 크리스토퍼 콜럼버스가 신대륙을 발견하러 머나먼
항해를 떠나면서 자신과 동료들의 의지를 북돋기 위해 한 말이다.

이탈리아 제노바에서 태어난 콜럼버스는 제도학, 천문학, 라틴어 등에
능통했다. 그는 토스카넬리의 지도와 마르코 폴로의 저작으로부터 영향
을 받아 서쪽으로 계속 항해를 하면 언젠가는 세계를 한 바퀴 돌아서 중
국과 인도에 닿을 수 있으리라 믿었다. 또한 이 해로를 통해 무역을 하면
당시 지중해를 점거하고 있는 오스만제국을 거치지 않고 교역과 거래를
할 수 있을 것이라는 계획을 실행에 옮기고자 했다. 이를
위해 콜롬버스는 스폰서를 찾아 포르투갈, 영국, 이탈리아
의 여러 도시국가들의 지도자에게 지원 요청을 했지만 대부
분 거절당했다. 그러다 마침내 스페인의 이사벨 1세의 후
원으로 산타페 협약을 체결하고는 탐험을 시작할
수 있었다.

콜럼버스의 초상_ 그의 서인도 항로 발견으로 아메리카 대륙은
유럽인들의 활동 무대가 되었고, 에스파냐가 주축이 된 신대륙
식민지 경영도 시작되었다.

항해의 준비는 핀손 3형제의 협력을 얻어 진행되었는데 1492년 8월 3일, 산타마리아호, 핀타호, 니냐호 등 3척에 120명의 승무원을 태우고 마침내 파로스 항구로부터 그토록 꿈꾸어 오던 항해에 나서게 되었다.

콜럼버스는 카나리아 제도에 정박한 후 9월 6일, 고메라 섬을 떠나 북위 28° 선상에서 계속 서쪽으로 항해하면서 처음으로 경험하는 자침 편차와 사르갓소 해의 불안을 극복했다. 10월 12일에는 구아나하니라고 불리는 바하마 제도의 한 섬(지금의 와틀링 섬)에 도착했다.

"내가 신천지를 발견한 것은
나의 수학의 힘이나 항해술 때문이 아닙니다.
그것은 나의 믿음 때문이었습니다."

콜럼버스는 자신이 발견한 바하마 제도를 인도의 한 부분에 도착한 것으로 확신하고 후에 이사벨 여왕에게 이렇게 말했다.

산타마리아호 출항_ 콜럼버스는 일행 90명 중 40명과 같이 산타마리아호에 승선하여 핀타호와 니냐호 2척을 거느리고 1492년 8월 3일 에스파냐 팔로스 항을 출항하였다.

항해에서 돌아온 콜럼버스가 이사벨 여왕을 알현하는 장면이다_ 들라크루아의 작품.

　콜럼버스는 자신이 발견한 대륙을 신에 대한 감사의 뜻을 표시하기 위해 산살바도르(성스러운 구제자) 섬이라고 명명했다. 그리고 곧 원주민인 인디오들로부터 황금과 향료가 나는 땅에 대한 정보를 캐면서 쿠바 섬으로부터 히스파니올라 섬(지금의 아이티 섬)까지 항해했다. 그러나 1492년 크리스마스 밤, 산타마리아호가 좌초하여 난파했기 때문에 급히 나비다 거류구를 설치하여 약 40여 명의 인원을 잔류시킨 뒤 귀환길에 올라 1493년 3월 15일 스페인으로 돌아왔다.

　"모방하는 것은 쉽지만 처음 생각해내는 것은 어렵다."

　신대륙을 성공적으로 발견하고 돌아온 그를 시기하는 사람들은 그의 업적을 깎아내렸다. 콜럼버스는 어느 모임에서 사람들에게 뜻밖의 제안을 하였다.

"달걀을 세로로 세울 수 있는 자는 나와 보시오"

하지만 아무도 선뜻 나서지 못했다. 그러나 콜럼버스가 달걀을 탁자에 살짝 내리쳐 세워 보였다, 이를 지켜본 사람들은 자신들도 콜럼버스처럼 할 수 있다고 웅성거렸다. 이때 콜럼버스가 나서서 말했다.

"물론 누구나 이 달걀을 세울 수 있소.
하지만 누구나 그 방법을 생각해내는 건 아니오.
내가 신대륙을 발견한 것도 이런 이치라오."

콜롬버스의 고민의 일단을 엿볼 수 있는 이러한 사연으로 인해 '콜럼버스의 달걀'이라는 말이 나오게 되었다. 하지만 이 에피소드는 콜럼버스가 아닌 필리포 브루넬레스키라는 이탈리아의 건축가가 한 말이었다. 브루넬레스키가 피렌체 산타 마리아 델 피오레 대성당의 설계를 공개했던 당시 일어난 일이라고 한다.

콜럼버스의 달걀_ 스페인 세비야에 설치되어 있는 콜럼버스의 달걀을 형상화 시킨 '새로운 남자의 탄생' 조각상이다.

"잠이 꿈을 꾸듯 바다는 사람에게 희망을 준다."

콜럼버스는 완전한 성공이라고 판단된 첫 번째 항해 덕분에 두 번째 항해 때는 17척의 배에 1,500명에 달하는 승무원이 경쟁적으로 승선했다. 그들은 희망을 품고 험난한 항해에 나선 것이다. 그러나 히스파니올라 섬에 도착하자마자 일행의 희망과 기대는 실망과 불만으로 바뀌었다. 게다가 금광 채굴에 징발되었던 원주민의 반란도 만성화되었다. 콜럼버스는 황금과 향료 대신 반란을 일으킨 원주민들을 노예로 본국에 송환했으나 이사벨 여왕의 분노만 사고 말았다.

"나에게는 단호한 의지가 있다."

콜럼버스는 자신의 의지를 믿고 어려운 상황을 타개하기 위해 세 번째 항해에 나서 향료가 나는 섬을 찾기 위해 각고의 노력을 기울였으나 뜻을 이루지 못하고 말았다. 1500년 8월, 콜럼버스는 그의 통치능력을 심사하기 위해 섬을 방문한 사찰관 보바딜리야에 의해 족쇄가 채워진 채 본국으로 송환되었다. 이렇게 해서 콜럼버스의 시대는 사실상 종말을 고하게 되었다.

콜럼버스의 동상_ 인디오 원주민들 사이에서는 콜럼버스가 신대륙에 끼친 해악을 증오하여 그의 동상에 피의 페인트로 테러를 하기도 한다.

콜롬버스는 1502년 마지막인 4번째 항해를 출발하여 파나마 지협 일대를 배회했지만 태평양을 발견하지 못하고 아무런 수확도 없이 귀국했다. 이 항해로 인해 급속히 건강이 나빠진 콜롬버스는 1506년 5월 21일 자신이 발견한 섬들이 아시아의 일부라는 신념을 그대로 간직한 채 바야돌리드에서 눈을 감았다.

"콜롬버스의 가장 위대한 업적은
목적지에 이르렀다는 것이 아니라
목적지를 향해 닻을 올렸다는 것이다."
—빅토르 위고

콜롬버스의 영향_ 비록 콜롬버스는 아메리카 대륙의 '유럽인 최초 발견자'도 아니지만, 이것이 콜롬버스의 항해의 역사적 가치를 낮추지는 않는다. 처음으로 아메리카 원주민과 관계를 맺고 유럽-아메리카 교류의 물꼬를 튼 사람이 콜롬버스다. 콜롬버스의 이 항해는 세계 패권에도 큰 영향을 미쳤다. 그 이유는 바로 설탕과 은 때문이었다. 서인도제도에서 가져온 설탕은 영국의 황실부터 일반 노동자 계층까지 사용하는 최고의 사치품이 됐고, 은은 그 당시 명나라가 조세를 은으로 하게 되면서 중국의 은 수요가 늘어났다. 이때 스페인이 포토시 언덕에서 채굴한 은을 교역에 사용함으로써 막대한 이익을 얻었다. 그 부를 군사력에 투자하여 교역로를 지키는 강한 무적함대를 양성할 수 있었다.

코페르니쿠스의 지동설

활동시기: 1473년~1543년. 폴란드의 천문학자.

▋ 육안으로 천체를 관측하여 지동설을 제창하다
▋ 중세의 지구 중심설을 부정해 "지구는 특별하지 않다"고 주장하다

"우주의 중심은 태양이다."

코페르니쿠스는 천동설을 부정하고 지동설을 주장하면서 천문학에 큰 획을 긋는 선언을 했다. 다윈이 땅의 혁명을 일으켰다고 가정한다면 코페르니쿠스는 하늘의 혁명을 일으켰다고 볼 수 있다.

코페르니쿠스가 살았던 15세기와 16세기는 세계를 바라보는 시각에 큰 변화가 일던 시기였다. 또 예술과 문학이 활짝 꽃을 피운 르네상스시대이자 종교개혁의 시대이기도 했다. 이 시기에 콜럼버스는 신대륙을 발견했다. 코페르니쿠스는 이러한 격동의 시기에 성직자가 되기 위해 이탈리아에서 공부를 시작했다. 그런데 정작 그를 사로잡은 것은 신학이 아닌 천문학이었다.

천동설_움직이지 않는 지구가 우주의 중심에 있으며 그 주변을 태양과 달 그리고 당시까지 발견되었던 5개의 행성이 돈다는 설. 지구 중심설이라고도 불린다. 프톨레마이오스의 그럴듯한 주장을 비롯하여 다른 문명에서도 흔히 나타날 정도로 근대에 이르기까지 인류 천문학의 주류였던 학설. 자연과학의 발전으로 폐기되었다.

> **"최초의 근대 천문학자이면서
> 마지막 프톨레마이오스 천문학자였다."**
> —코페르니쿠스에 대한 토마스 쿤의 평가

코페르니쿠스는 아리스토텔레스에 근거하여 논의에만 몰두하던 스콜라철학의 학문적 전통을 따르지 않고 천체 관측과 궤도 계산을 위주로 연구에 몰두했던 실지천문가였다.

코페르니쿠스가 등장하기 전에는 고대 그리스에서 르네상스에 이르기까지 우주의 성질에 대한 통념이 기본적으로 변한 것이 없었다. 그러나 코페르니쿠스의 등장으로 암흑기에서 과학 혁명으로의 길로 나아갈 수 있는 계기가 되었다.

그는 지구와 태양의 위치를 바꿈으로써 지구가 더 이상 우주의 중심이 아님을 천명했는데, 이것은 당시 누구도 의심하지 않던 프톨레마이오스의 우주체계에 정면으로 도전한 것이었다. 그리고 이 도전은 지구가 우주의 중심이고 인간은 그 위에 사는 존엄한 존재이며 달 위의 천상계는 영원한 신의 영역이라고 생각했던 중세의 우주관을 폐기시키는 결과를 가져왔다.

코페르니쿠스적 전환_흔히 대담하고 획기적인 생각을 이르는 말로 쓰이기도 하는데, 그만큼 코페르니쿠스의 이론은 당시 사람들에게 큰 충격을 주었다.

"나는 철학자의 사상이
일반 사람들의 주장에 굴복해서는
안 된다는 것을 알고 있다.
왜냐하면 신이 허락한 인간의 이성을
최대한 발휘해서
모든 사물의 이치를 찾으려는 것은
그 철학자의 노력이기 때문이다."

　코페르니쿠스의 과학적 사고의 일단을 엿볼 수 있는 그의 발언이다. 이탈리아 유학시기에 접한 플라톤주의와 고대문헌 조사의 영향으로 태양 중심설을 구상하게 된 코페르니쿠스는 레기오몬타누스가 쓴 프톨레마이오스체계에 대한 핵심적 문제 제기가 실린 책《요약》을 접하고 자신의 우주 모델에 대한 개략적인 생각을 더욱더 발전시켜 나갔다.

　그 후 1510년에 태양 중심의 천문체계의 기본적인 틀을 완성했으며 그로부터 얼마 지나지 않아《짧은 해설서》라는 제목이 붙은 짧은 요약본 형태의 원고를 지인들에게 돌렸다.

◀**코페르니쿠스(208쪽 그림)**_코페르니쿠스는 비록 아리스토텔레스의 물리학과 프톨레마이오스의 체계에서 완전히 벗어나지는 못했지만 태양을 중심으로 한 행성체계를 설정함으로써 '행성들의 관계'를 부여했다. 후에 이런 코페르니쿠스의 우주모델은 케플러가 행성 운행에 대한 세 가지 법칙을 찾아내는 데 바탕이 되었으며 갈릴레이, 뉴턴에게까지 영향을 미쳤다.

《짧은 해설서》 발표 후 코페르니쿠스는 끊임없는 연구를 통해 1543년 《천구의 회전에 관하여》를 발표한다. 우주와 지구는 모두 구형이며 천체가 원 운동을 하는 것처럼 지구도 원 운동을 할 수 있다고 주장했다. 또한 행성을 하나 하나 따로 생각한 것이 아니라 태양을 중심으로 한 행성 체계로 보아 행성 간의 관계를 부여함으로써 프톨레마이오스의 모델과 큰 차이점을 두었다.

책에 대한 즉각적인 반응은 매우 미약했으나 시간이 흐를수록 널리 퍼져 나갔다. 그의 이 문제적 저작물은 1616년 로마 가톨릭교회로부터 금서목록에 추가되기도 하였으나 후대에 이르러 천문학과 물리학이 발전할 수 있는 토대를 마련해 줌으로써 혁명적 씨앗으로서의 역할을 다했다. 코페르니쿠스의 체계는 관측 결과와 완전히 부합한 것은 아니어서, 이후 많은 과학자들, 특히 케플러, 갈릴레이, 뉴턴 등에 의해 수정되고 보완되어 오늘에 이르고 있다.

"모든 발견이나 이론 가운데 어떤 것도
코페르니쿠스의 이론보다 인간의 영혼에 영향을 미친 것은 없다.
지구가 우주의 중심이라는 대단한 특권을 버리라는
요구를 받을 때까지만 해도
지구가 둥글다는 생각은 거의 불가능했기 때문이다."
―괴테

코페르니쿠스의 초상

천문을 살피는 코페르니쿠스_망원경도 없던 시절 오직 눈과 계측기로 천문을 밝혀 지동설을 세운 코페르니쿠스의 모습이다.

코페르니쿠스는 짧은 해설서에서 우주에 대한 7가지의 새로운 상정을 다음과 같이 제시했다.
1. 모든 천구들의 공통되는 하나의 중심은 존재하지 않는다.
2. 지구는 우주의 중심이 아니다. 지구는 무게가 향하는 중심, 달의 천구의 중심일 뿐이다.
3. 모든 천구들은 태양을 둘러싸고 있다. 그러므로 우주의 중심은 태양의 근처에 있다.
4. 태양에서 지구까지의 거리는 대천구(항성들의 천구)의 높이와 비교하면 매우 작아 감지할 수 없을 정도이다.
5. 대천구의 겉보기 운동은 실제 운동이 아니라, 지구의 운동에 의해 생긴 결과이다. 지구는 고정된 극을 회전축으로 삼아 자전하며, 하늘 가장 높은 곳에 있는 항성들의 대천구는 움직이지 않고 가만히 있다.
6. 태양의 겉보기 운동은 실제 태양의 운동이 아니다. 지구와 지구의 궤도 껍질의 운동으로부터 나온 것이다. 즉, 지구는 다른 행성들과 마찬가지로 태양을 중심으로 회전하고 있다. 그러므로 지구는 적어도 두 가지 운동을 하고 있다.
7. 행성의 역행 운동은 실제 운동이 아니다. 그것은 지구의 운동 때문에 그렇게 보이는 것이다. 그러므로 지구의 운동만으로 하늘에서 볼 수 있는 많은 불규칙한 현상들을 설명할 수 있다.

레오나르도 다 빈치의 전방위 르네상스 예술

활동시기: 1452년~1519년. 이탈리아 르네상스를 대표하는 전방위 인문과학자.

> 르네상스시대를 연 인문예술가
> 〈모나리자〉, 과학기계 발명, 해부학 제시 등 다방면에서 활약한 천재과학예술가

"진실로 인간은 동물의 왕이다.
왜냐하면 인간의 잔인성이 동물을 능가하기 때문이다.
우리는 다른 생명체의 죽음을 통하여 살아가는, 살아있는 묘지이다.
나는 어렸을 때 고기를 먹지 않겠다고 결심했으며,
내가 그랬듯이 다른 사람들도
동물 살해를 살인과 똑같이 여길 날이 올 것이다."

우리에게 너무나 잘 알려진 르네상스의 최고의 예술가인 레오나르도 다 빈치는 당시 만연했던 육식식단에 본능적인 거부감을 느끼며 너무 앞선 채식주의철학을 제언하였다. 그는 화가, 조각가, 발명가, 건축가, 과학자, 음악가, 공학자, 문학가, 해부학자, 지질학자, 천문학자, 식물학자, 역사가, 지리학자, 도시계획가, 집필가, 기술자, 요리사, 수학자 등 다방면에서 활약한 천재이면서도 동물을 사랑했던 인물이다.

레오나르도 다 빈치_미켈란젤로, 라파엘로와 함께 르네상스 3대 예술가로 꼽히고 있다.

실제 그는 철저한 채식주의자로 부유한 고객의 저택에 손님으로 갔을 때에도 공개적으로 고기를 먹지 않았으며, 마을의 새장수로부터 새장에 든 새를 사서 교외에 자유롭게 풀어주었을 정도로 감성이 예민한 휴머니스트였다. 그는 심지어 아직 부화되지 못한 알을 먹는 것도 거부하였다.

"오! 얼마나 많은 생명들이 태어나지 못하는가!
먹히는 달걀은 결코 병아리가 될 수 없다."

다 빈치의 동물을 나타낸 작품_다 빈치는 동물을 사랑하여 육식을 금하고 채식주의를 택했다. 그의 소묘작에서도 동물의 움직임을 나타내는 작품들이 많았으며 〈흰 담비를 안고 있는 귀부인〉 같은 걸작을 남기기도 했다.

레오나르도는 자기소개서에선 대부분을 군사용 공격병기를 구상하는 발명가를 자처하였고 그림의 재능은 마지막에 소개했다. 하지만 오늘날 그의 그림 실력은 그의 업적 중 가장 높이 평가되고 있다. 그가 남긴 그림은 〈모나리자〉, 〈최후의 만찬〉 등 이름만 들어도 알 만한 유명한 것들이다.

그는 그림 실력 그 자체로써도 출중했지만, 새로운 화법의 실험이라는 면에서 높게 평가할 만한 인물로, 자신의 그림에 새로운 시도를 하는 것을 두려워하지 않았다. 그는 이탈리아 최초로 기름을 사용한 유화를 시도한 화가들 중 하나였다.

"지혜는 경험의 딸이다.
경험에 근거하지 않은
사색가의 교훈을 피하자.
이왕 겪을 일이라면
매도 먼저 맞는 편이 낫다.
인간의 경험은 자연의 모든 움직임이
필연성에 따르고 있다는 사실을,
그 지혜의 명령이 아니고서는
움직이지 않는다는 사실을
우리에게 가르쳐 준다.
경험을 바탕으로
지혜의 탑을 쌓아 가도록 하자."

레오나르도 다 빈치 조각상_피렌체 우피치 박물관의 난간에 새겨진 레오나르도 다 빈치의 조각상이다.

LEONARDO DA VINCI

"목적 없는 공부는 기억에 해가 될 뿐이며,
머리속에 들어온 어떤 것도 간직하지 못한다."

레오나르도가 서양사에 그토록 눈부신 불멸의 인물로 남을 수 있었던 이유는 자연과학적인 사고방식을 바탕으로 한 지혜로운 실험주의자였기 때문이었다. 그는 당시 금기로 여겨지던 인체 해부를 시체보관소에 틀어박혀 행하는 등 여러 시도를 통해 인체의 많은 부분들을 실질적으로 관찰해냈다. 이를 통해 인간의 태아를 최초로 그렸고 많은 해부 스케치를 남기기도 했다. 또한 그의 스케치로 유명한 '비트루비우스적 인간'은 인체 비례에 대한 상징처럼 여겨질 정도로 시대를 앞서갔던 인체 비례도였다.

다 빈치의 소묘작_왼쪽의 그림은 태아의 아기를 최초로 그렸으며, 오른쪽에는 〈비트루비우스적 인간〉 또는 〈인체 비례도〉이다. 다 빈치는 사람의 손가락과 손바닥, 발바닥과 머리, 귀와 코의 크기 등을 숫자로 계산하면서 사람 몸을 기하학적 관점에서 수학적으로 계량화하는 고대사상을 실험하곤 하였다. 레오나르도는 비트루비우스의 설명을 그림으로 옮기면서 고대의 인체비례론을 그대로 받아들이지 않고 실제로 사람들을 데려다 실측하여 기록하였다.

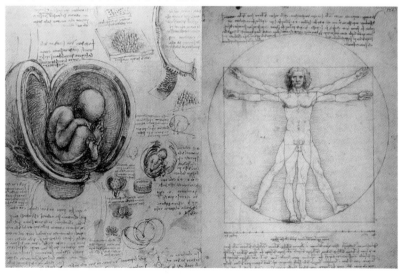

"육체적 아름다움은 아무리 예찬해도 지나치지 않고,
　그 행동거지에는 무한한 우아함이 있었다."
　　—조르조 바사리〈레오나르도 전기〉

　　레오나르도 다 빈치의 작품 중 가장 뛰어난 작품은 단연 〈모나리자〉이
다. 이 작품은 레오나르도의 대표작을 넘어 세계적으로 가장 유명한 미
술품 중 하나로 인식되고 있으며, 현재 프랑스 파리 루브르 박물관에 전
시되어 있다. 이 작품이 〈최후의 만찬〉 등 다른 역작들을 제치고 그의 대
표작이 된 가장 큰 이유는 그가 죽을 때까지 항상 지니고 있었던 그림이
기 때문이다.

　　모나리자가 대중으로부터 폭발적인 인기를 끌게 된 것은 판화로 제작
된 이후부터이다. 미술품이 대중적인 관심을 끌기 위해서는 판화로 제
작되어 배포되는 과정이 필수적이다. 모나리자는 1857년 이탈리아의 판
화가 루이지 칼라마타에 의해 재탄생했다. 그 이전에도 몇몇 판화가들
이 모나리자에 도전했지만 스푸마토 기법의 오묘한 분위기를 소화하기
에는 역부족이었다.

모나리자를 그리는 레오나르도 다 빈치_체사레 마카리의 작품.

모나리자 판화_이름난 작품들은 대부분 판화로 제작되어 많은 사람들에게 보급되어 더욱 유명세를 떨쳤다. 모나리자는 판화로는 표현하기 어려운 미소 때문에 실패했으나 루이지 칼라미타가 4년간에 걸쳐 원작의 미소를 살려냈다.

모나리자가 대중에게 널리 알려지자 예술가들은 마치 경쟁이라도 하듯 모나리자를 희대의 팜므 파탈의 여인으로 변신시켰다.

"모나리자는 눈길을 끌 만큼 눈부신 미모는 아니다.
눈썹은 없고 뺨은 너무 통통하고,
머리카락은 너무 가는 데 반해 이마는 매우 넓다.
샛별처럼 빛나는 눈도 아니고,
뇌쇄적인 성적 매력도 느껴지지 않는다.
그럼에도 그녀가 그토록 강한 마력을 풍기는
수수께끼 여인으로 보이는 것은
차가운 적의가 담긴 신비한 미소 때문이다.
한 번이라도 그녀를 본 사람은
도저히 그녀를 잊지 못할 것이다."
ㅡ조르주 상드

쇼팽의 연인이자 문필가인 조르주 상드는 여성 특유의 예리한 감각으로 모나리자가 팜므 파탈의 자격을 지녔음을 간파했다.

◀**모나리자**(218쪽 그림)_그림의 모델로는 피렌체의 유력자 프란체스코 델 조콘도의 아내인 리자를 지목하지만, 이 주장을 1550년에 최초로 내세운 조르조 바사리는 원본을 본 일도 없고 조콘도 부인이나 다 빈치와 면담한 일도 없었기 때문에 20세기 들어서 다른 인물이 실제 모델로 지목되기도 하였다. 그러다가 2008년에 독일 하이델베르크 대학의 도서관에서 1500년대 초 피렌체 관리가 "다 빈치가 조콘도 부인의 초상화를 제작중"이라는 발언을 남긴 문서를 발견하였고, 대부분은 이것을 사실로 받아들이고 있다.

조르주 상드_19세기 프랑스의 여류소설가. 남장 차림, 시인 뮈세, 음악가 쇼팽과의 모성적 연애사건이 유명하다.

당대의 최고의 시인 테오필 고티에는 수수께끼 같은 신비로움과 여인의 아름다움을 연결 짓는 시를 발표하였다.

"라 조콩드!
그녀의 이름을 들으면
나는 레오나르도 다 빈치의 그림에서
수수께끼 같은 미소를 짓고 있는 아름다운 여인,
수세기 동안 감탄어린 눈으로
자신을 바라보는 사람들에게
여전히 풀리지 않는 수수께끼를 던지고 있는
스핑크스 같은 여인이 떠오른다.
도무지 알 수 없는 쾌감을 드러내고 있는 그녀의 시선,
그 눈길은 진정 빈정거리는 듯하다.
그녀 앞에 서면 우리는 압도당해 안절부절못하게 된다."
—테오필 고티에

루브르 박물관의 모나리자_방탄 유리 안에 전시되어 있는 모나리자 작품으로, 뒤로는 루벤스의 대작들이 도열하고 있다.

레오나르도 다 빈치의 최후_그의 죽음을 슬퍼하는 프랑수아 1세가 그려져 있다. 도미니크 앵그르의 작품.

모나리자는 왕들의 소장품이었다. 프랑수아 1세는 다 빈치와 이 그림 모두를 곁에 두려 했고, 나폴레옹은 이 그림을 침실에 걸어두었다. 모나리자는 역사상 가장 위대한 지식인이 그린 그림인 데다가 19세기의 위대한 예술 이론가들이 인정하고 신성시한 작품이기도 했다.

불멸의 명작 모나리자를 남긴 레오나르도 다 빈치는 1519년 4월 23일 유언을 남기고 5월 2일 사망했다. 그의 나이 67세였고, 조르조 바사리는 레오나르도의 전기에서 레오나르도가 프랑수아 1세의 품 안에서 숨을 거뒀다고 적고 있다.

미켈란젤로의 피에타

활동시기: 1475년~1564년. 이탈리아의 화가 · 조각가 · 건축가 · 시인.

르네상스 예술을 대표하는 〈최후의 심판〉, 〈다비드〉 조각상 등 걸작을 남기다
산피에트로 대성당의 설계와 주옥같은 시작(詩作)을 남겨 인문부흥운동을 이끌다

> "우리에게 있어 가장 위험한 것은
> 목표를 높게 잡아서 실패하는 것이 아니고,
> 목표를 너무 낮게 잡아서 성공하는 것이다."

미켈란젤로는 예술 가운데 조각을 최고의 위치에 두려고 했던 진정한 조각가였다. 그는 자신의 작품세계의 주제를 '인간'으로 규정짓고, 초인 간적인 제작 의욕을 바탕으로 생명력 없는 단단한 돌에 살아 숨 쉬는 인 간을 창조하기 위해 심혈을 기울였다.

그는 〈피에타〉 조각상에 미쳐 몸도 씻지 않고 부츠를 신은 채 잠을 자 기도 했다. 이 유명한 작품은 십자가에 매달려 죽은 후에 어머니인 성모 마리아의 무릎에 놓인 예수 그리스도의 시신을 묘사한 것이다. 원래 피에타를 주제로 한 예술 작품은 북방에서 유래한 것인데, 이 조각상이 제작될 당시만 해도 아직까지는 이탈리아가 아닌 프랑스에서 유행을 하였다. 미켈란젤로는 단단한 대리석 속에서 천 사를 보았던 것이다.

미켈란젤로의 초상

피에타_성 베드로 대성전에 소장되어 있는 미켈란젤로의 피에타상으로 슬픔, 비탄을 뜻하는 말로 기독교 예술의 주제 중의 하나이다.

"나는 대리석에서 천사를 보았고
천사가 자유롭게 풀려날 때까지 조각을 하였다."

미켈란젤로는 이 작품에 몰두할 때에 가난에 찌든 것처럼 살았고, 먹는 것에도 관심 없이 오직 조각에만 몰두하였다. 그는 그만큼 자신의 영감에 자신을 얻었던 것이다. 그러나 피에타 조각이 완성되기 전에 작품 의뢰인이 사망하자, 대리석 구입비도 받지 못하고 완성된 피에타 조각은 성 베드로 성당 앞에 방치되었다.

피에타 조각상을 본 로마 사람들은 감동하였다. 그리고 이 조각상을 만든 사람이 20살을 갓 넘긴 젊은이란 사실을 알았을 때 아무도 믿으려 하지 않았다. 이 피에타상은 유일하게 미켈란젤로가 직접 자신의 이름을 새긴 작품이기도 하다. 미켈란젤로는 이 조각상을 조각할 때 자신의 이름을 새겨 넣기로 마음먹었다. 그리고 성모 마리아 어깨띠에 자신의 서명을 새겨 넣었다.

'피렌체 출신 미켈란젤로 부오나로티가 이 작품을 만들다.'

만족한 얼굴로 일을 마치고 나온 미켈란젤로는 밤하늘의 무수한 별을 보고 피에타 조각상에 자신의 이름을 새겨 넣은 것을 후회하였다.

"하느님은 이 아름다운 밤하늘을 만들고도
에디에도 자신의 이름을 새겨 넣지 않았다.
그런데 조각상 하나 만들어 놓고 자랑이나 하듯이
내 이름을 새겨 넣은 나 자신이 부끄럽구나."

이후로는 그는 자신의 작품에 이름을 새겨 넣지 않았다고 한다.

◀피에타상(224쪽 그림)_성모 마리아가 십자가에서 내려진 예수 그리스도의 시신을 떠안고 비통에 잠긴 모습을 묘사한 것을 말하며 주로 조각작품으로 표현된다. 이는 성모 마리아의 7가지 슬픔, 예수 그리스도의 수난 그리고 십자가의 길 제 13처에 등 예수의 처형과 죽음을 나타내는 주제이다.

바티칸 성 베드로 대성당 안의 피에타상

미켈란젤로의 마지막 미완의 유작도 〈피에타〉 조각상이었다. 그는 조각과 회화뿐만 아니라 이탈리아 최초의 공공 도서관인 라우렌치아나 도서관의 설계 등 건축에서도 많은 작품을 남겼다. 그리고 마지막 작품인 〈론다니니의 피에타〉를 작업하던 중에 생을 마치게 된다.

그는 숨을 거두기 전에 마지막으로 유언을 남긴다.

"영혼은 신에게, 육신은 대지로 보내고,
그리운 피렌체로 죽어서나마 돌아가고 싶다."

그가 마지막 미완성으로 남긴 〈론다니니의 피에타〉를 보면 그리스도의 모습이 성모의 몸에 붙어 있어 마치 한 인물을 보는 것 같은 착각을 일으킨다. 마치 미완성 자체가 완성이라는 느낌을 강하게 풍기는 작품이다. 어쩌면 미완의 작품 속에 그가 말하고자 하는 무언의 메시지가 이것이었는지도 모른다.

▶**론다니니의 피에타**(227쪽 그림)_미켈란젤로의 마지막 미완성 작품으로, 미완성이기에 더욱 예술성이 뛰어난 작품이다.
시스티나 성당의 천장화_미켈란젤로는 조각뿐만 아니라 회화에도 손색이 없었는데 그를 가리켜 르네상스 3대 화가로 일컬어지고 있다.

마키아벨리의 군주론

활동시기: 1469년~1527년. 이탈리아의 정치사상가 · 외교가 · 역사학자.

■ 정치는 고도의 인간전략임을 주창한 마키아벨리즘으로 근대적 정치관을 개척하다

> "군주는 짐승의 방법을 교묘히 사용할 필요가 있으며,
> 야수 중에서도 여우와 사자의 본을 따야 한다.
> 그것은 사자는 올가미를 눈치 채지 못하고,
> 여우는 늑대로부터 자기를 지키지 못하기 때문이다.
> 따라서 올가미를 알아차리기 위해서는 여우일 필요가 있고
> 늑대를 놀라게 하기 위해서는 사자일 필요가 있다."

르네상스시대의 이탈리아 피렌체의 사상가이자 정치철학자인 마키아 벨리의《군주론》에 나오는 '군주'의 자질에 관한 핵심적인 전언(典言)이다.

마키아벨리는 공화주의자였다. 그가 피렌체의 제2장관직에 임명되었을 때의 피렌체의 국내 사정은 매우 복잡한 상황에 놓여 있었다. 당시 피렌체 국내 정세는 피렌체의 영향력 있는 가문인 메디치가는 광신적인 신부인 사보나롤라에 의해 쫓겨나 있는 상태였고, 잠시 피렌체를 지배했던 사보나롤라와 그의 추종 세력들도 다른 세력에 의해 대거 숙청되자 마땅한 적임자가 없던 피렌체 정부에서는 젊고 행정경험이 없던 마키아벨리에게 고위직 장관을 맡겼던 것이다.

마키아벨리의 목조상

"목적이 수단을 정당화한다."

이 명제는 모든 목적을 말하는 것이 아닌, 정치적으로 좋은 목적을 절대적으로 전제하는 말이다. 마키아벨리는 약 14년 동안 피렌체의 고위 공직자로 활동하며 정치경험이 미력한 탓에 외국에서 수모를 당하는 일이 많았다. 대표적인 예로 피사와의 전쟁에서 프랑스의 지원을 얻으려 파리를 방문했을 때 루이 12세와 그의 신하들에게 비웃음만 샀다. 그런데 그가 로마에 갔을 때는 교황의 아들 체사레 보르자에게 강한 인상을 받았다.

마키아벨리는 프랑스에서 받은 냉대와 함께 프랑스에게서 무시할 수 없는 힘을 느꼈다. 그는 이탈리아도 빨리 하나의 정부 아래 힘을 합쳐 강대국이 되어야 한다고 생각했다. 그 적임자로 그는 체사레 보르자를 염두에 두었다. 하지만 얼마 후 마키아벨리는 체사레 보르자에게 실망하는데, 마키아벨리가 보기에 보르자는 자신의 능력을 너무 과신하여 신중하지 못한 행동을 거듭하다가 끝내 실패한 인물로 보였다.

체사레 보르자_교황 알렉산데르 6세의 아들로 태어나 문예 부흥기의 정치적 분쟁 중에 정치적 재간을 드러내고 아버지를 도와 중부 이탈리아를 경략, 교황령을 확장하고 1501년 로마니아 공이 되었다. 그 뒤 중부 이탈리아의 제 도시, 제 지방을 정벌하였다. 1503년 교황 율리오 2세가 즉위하자 그와 충돌, 체포되었으나 도망하여 싸우다가 죽었다. 잔인, 책략에 능하여, 마키아벨리는 《군주론》에서 이상적인 전제 군주라고 추칭(推稱)하였다.

"군주가 가질 수 있는 최선의 요새는
인민에게 미움을 받지 않는 것입니다.
만약 당신이 요새를 가지고 있더라도 인민이 당신을 미워한다면
그 요새는 당신을 구원하지 못할 것입니다."

당시 이탈리아와 주변국들의 상황을 보면 대내적으로 이탈리아가 여러 지역으로 분할되고, 대외적으로는 유럽의 강대국들이 이탈리아를 나누어 가지려고 혈안이 되어 있던 시기였다.

1512년, 교황이 스페인과 동맹을 맺고 프랑스와 대결했는데, 이 과정에서 친프랑스적이었던 피렌체가 스페인군에게 유린당하고 만다. 스페인군은 단순히 피렌체를 점령했을 뿐 아니라 자신들에게 망명 온 피렌체의 지배자 메디치가를 복귀시켰다.

메디치 가문은 명목상 공화정부일 뿐 사실상 자신들이 피렌체를 다스렸던 옛 체제를 되살렸고, 기존의 공화정부 참여자를 숙청했다. 이 와중에 마키아벨리 역시 해임되었을 뿐 아니라, 메디치가를 노린 음모에 가담했다는 혐의로 투옥되기도 했지만 곧 석방되었다.

이 여파로 그는 재산 대부분을 피렌체가에 몰수당한 채 산트 안드레아의 작은 농장에서 칩거하였다. 마키아벨리는 경제적으로는 심각하게 피해를 입은 상태였지만, 한편으로 바쁜 공무에서 벗어나 그동안 갈무리하고 닦은 지식과 지혜를 차분하게 정리할 집필 기회를 얻었다.

메디치 가문의 상징 문장_15~16세기 피렌체공화국에서 가장 유력하고 영향력이 높았던 시민 가문이며 공화국의 실제적인 통치자였다. 학문과 예술을 후원하여 르네상스시대가 피렌체에서 열리는 데 결정적인 역할을 하였다.

"바다가 고요할 때 폭풍우를 대비하라."

날씨가 좋을 때 앞날에 폭풍우가 몰아칠 것을 예상하지 못하는 것은 인간의 공통된 약점이다. 평화에 젖은 군주는 갑자기 폭풍우가 몰아치면 맞서 싸울 걱정은커녕 달아날 궁리만 한다. 마키아벨리는 현실에 안주하고자 하는 인간의 나약한 의지를 질타하였다.

이 시기에 집필된 《군주론》에서 마키아벨리는 대중이 공화제를 운영할 수 있을 만큼 깨어 있지 못한 국가라면 차라리 군주제가 현실적인 대안이라고 주장하고 있다.

다시 말해 군주제의 필요성이 대두되는 상황은 국민들 스스로가 자초한다는 것. 따라서 《군주론》은, 군주제를 받아들일 생각이 없다면 국민 개개인의 정치의식을 고양시켜야 한다는, 민중을 향한 경고의 메시지이기도 했다.

마키아벨리 조각상_르네상스시대의 이탈리아 피렌체공화국의 외교관, 정치학자, 저술가. 근대 정치학의 기틀을 만든 사상가이자 고전 공화주의의 거장이다. 정치의 문제를 플라톤이나 아리스토텔레스, 키케로 등이 이야기하는 도덕·윤리학적인 이상주의, 원칙론의 영역에서 분리시키고, 현실세계로 가지고 내려옴으로써, 근대 정치학을 탄생시킨 원류로 평가받고 있다.

NICCOLÒ MACCHIAVELLI

"거짓말쟁이가 되십시오. 혼란을 일으키십시오. 두려움에 떨게 하십시오. 권력은 오랫동안 당신의 것이 될 것입니다. 인간들이란 다정히 대해주거나 아니면 아주 짓밟아 뭉개버려야 합니다. 왜냐하면 인간은 사소한 피해에는 보복하려 들지만, 엄청난 피해에는 복수할 엄두조차 내지 못하기 때문입니다. 사랑받기 보다는 두려움을 느끼게 하는 것이 안전합니다. 인간은 두려움을 불러일으키는 자보다 사랑을 베푸는 자를 해칠 때 덜 망설이기 때문입니다. 약속을 지키는 것이 불리할 땐, 약속을 지키지 않아야 합니다. 군주는 능숙한 거짓말쟁이여야 합니다. 자유에 익숙한 자들을 지배하기 위해선 내분을 조장하거나 주민을 분산시키십시오. 그러면 그들은 자유의 기억을 망각할 것입니다."

마키아벨리의 《군주론》에 적혀 있는 군주의 자격이다.

마키아벨리는 이 책을 메디치가의 로렌초 메디치에게 헌정하였다. 그러나 로렌초 메디치는 그 책을 들춰보지도 않았다고 한다. 메디치가의 인정을 받아 공직에 복귀하려던 마키아벨리의 뜻은 끝내 좌절되었다. 하지만 그의 사후 18세기 무렵부터는 새로운 평가가 나타났다. 악행도 서슴지 말라는 마키아벨리의 주장은 조국의 암담한 현실을 어떻게든 타개해 보려는 애국자의 고민으로 이해되기 시작한다.

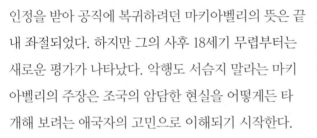

▶ **마키아벨리의 무덤(233쪽 그림)_** 피렌체 산타크로체 교회 내에 있는 마키아벨리의 무덤으로, '어떤 위대한 찬사로도 이 위대한 사람을 칭송할 수는 없다'라는 묘비명이 새겨져 있다.

TANTO. NOMINI. NVLLVM. PAR. ELOGIVM
NICOLAVS. MACHIAVELLI
OBIT. AN. A. P. V. CIƆIƆXXVII.

마르틴 루터의 종교개혁

활동시기: 1483년~1546년. 독일의 종교개혁가.

독일의 가톨릭 수도회 수사로서, 중세교회의 개혁을 이끌다
모든 개신교 교파에 영향을 끼친 종교역사 인물

**"면죄부로써 죄를 면할 수는 없다.
죄를 면할 수 있는 것은 하나님뿐이다."**

중세의 가장 뜨거운 개혁운동을 주도하던 마르틴 루터가 종교개혁운동을 펼치며 당시 부패했던 가톨릭교회를 겨냥해 신자들을 향해 외친 말이다. 그는 가톨릭교회의 면죄부 판매를 비판했으며, 믿음을 통해 의롭다 함을 얻는 이신칭의(오직 믿음으로만 의롭다고 칭함)를 주장했다. 루터의 일생과 유럽 역사를 바꿀 사건의 전조는 1515년 독일지역 일대에서 일어났다. 당시 루터가 문제 삼던 가톨릭교회의 문제는 바로 중세교회의 면죄부였다.

루터는 당시 작센지역 비텐베르크 대학에서 신학교수이자 수도사제로 활동하고 있었다. 그런데 근처 마그데부르크에서 면죄부 판매 행렬이 있었고 작센 선제후 지역의 신자들까지 소문을 듣고 면죄부를 사러 다니는 형편이었다.

▶**면죄부를 사는 창부(235쪽 그림)**_당시 베드로 대성당을 건축하면서 건축비 충당이 어려워지자 교황청에서는 벌을 면제받기 위해서는 죄가 사면되었음을 증명하는 면죄부를 사야 한다며 신자들에게 돈을 받고 면죄부를 발매하게 되었다. 프랑수아 마리우스 그라네의 작품.

면죄부 판매를 비판한 루터는 1517년 95개 논제를 게시함으로써 당시 면죄부를 대량 판매하던 도미니코회 수사이자 설교자 요한 테첼에 맞섰다. 이것이 종교개혁을 불붙이는 첫 불씨가 되었다.

이는 단순히 기독교의 역사뿐만 아니라 유럽 전체의 역사, 나아가서는 세계사의 거대한 흐름을 바꾼 사건으로, 약 1,000년간의 중세를 끝내고 근대 유럽을 형성하는 데에 결정적인 역할을 하였다. 종교개혁의 결과, 가톨릭에서 분리하여 나온 종파들을 개신교라고 한다.

"노동으로 말미암아 인간이 망쳐지는 일은 없다.
그러나 빈둥거리며 놀고 지내다
결국 신체와 생명이 망쳐지고 만 경우는 허다하다.
새가 날도록 태어난 것처럼
인간은 노동을 하도록 태어났기 때문이다."

루터가 면죄부를 돈으로 사러 온 사람들에게 노동의 신성함도 종교 못지 않게 중요한 인간의 사명임을 역설하며 한 말이다. 그의 굽히지 않는 신념에 교황 레오 10세는 그의 주장을 철회하라고 요구했지만, 그는 오직 성경의 권위를 앞세우면서 성경에 어긋나는 가르침들을 거부하였다.

루터가 종교개혁의 95개조 반박문을 붙이는 장면이다.

선제후 프리드리히 3세를 필두로 독일의 영주들은 보름스 회의에서 루터가 자신을 위해 변호할 기회를 얻도록 하는 데 성공하였다. 그리하여 카를 5세 황제는 신변의 안정 보장을 약속하면서 루터에게 1521년 3월 6일, 보름스 회의에 오도록 초청장을 보냈다.

황제의 안전 보장은 믿을 바가 못 되었다. 선제후의 궁전에서도 의견은 분분하였다. 결국 갈 것인지 말 것인지는 루터가 선택할 몫이었다. 루터는 주위의 우려와 권고를 물리치고 단호하게 보름스로 향했다.

"우리는 보름스에 입성할 것이다.
지옥의 모든 문들과
하늘의 모든 권세들이 막으려고 할지라도
거기서 우리의 사명은 마귀를 쫓아내는 것이다."

루터의 결연한 의지의 표현이다. 그는 보름스 국회의 카를 5세 앞에서 담대히 나섰다.

마르틴 루터_ 독일의 가톨릭 수도회인 '아우구스티누스회' 소속 성직자 겸 수사였다. 나름대로 중세교회의 개혁을 시도하다가 끝내 파문당하고 독자적인 노선에 투신한다. 모든 개신교 교파들이 루터의 영향을 받았다고 볼 수 있으며, 특히 루터의 가르침을 직접적으로 계승하는 교파로는 루터교회가 있다.

카를 5세 앞의 마르틴 루터_루터의 열변에도 카를 5세는 루터를 이단으로 몰아세웠다. 그러나 이미 청중들은 루터를 연호하며 상황이 기운 상태였다. 결국 루터의 주장을 철회시키려는 의도는 실패했지만, 당초 약속대로 루터의 신변을 보장하겠다고 말하며, 3주 내로 비텐베르크로 돌아갈 것을 명령하였다. 안톤 폰 베르너의 작품.

"성서의 증거함과 명백한 이성에 비추어 나의 유죄가 증명되지 않는 이상 나는 교황들과 교회 회의의 권위를 인정하지 않겠습니다. 사실 이 둘은 오류를 범하여 왔고 또 서로 엇갈린 주장을 펴왔습니다. 내 양심은 하나님의 말씀에 사로잡혀 있습니다. 나는 아무것도 철회할 수 없고 또 그럴 생각도 없습니다. 왜냐하면 양심에 반해서 행동하는 것은 안전하지도 못할 뿐만 아니라 현명한 일도 아니기 때문입니다. 하나님이여, 이 몸을 도우소서, 아멘."

영국의 역사학자 토머스 칼라일은 루터가 보름스 국회에 죽음을 무릅쓰고 출두한 일을 유럽 역사상 최대의 장면이며, 보름스 회의에서 자신의 주장을 철회하지 않겠다고 말하는 이 장면을 인류의 근대 역사에서 가장 위대한 순간이라고 평가했다. 또한 지옥 그 자체에 정면으로 도전하고자 했던 루터의 행위는 두려움 없는 최고의 용기가 무엇인지를 보여주고 있다고 평가했다.

루터는 42세이던 1525년 6월 13일 결혼을 했다. 신부는 16년 연하의 전직 로마 가톨릭교회 수녀인 카타리나 폰 보라였다. 루터는 자신의 결혼의 목적이 늙은 아버지에게 자손을 안겨 주기 위해서, 또한 결혼을 머뭇거리는 사람들에게는 자신의 설교를 몸소 실천하면서 본 보이기 위해서라고 하였다.

> "나는 내가 가르쳐 온 것을 실천으로 확증하고 싶었다.
> 왜냐하면 나는 복음으로부터 오는
> 그렇게 커다란 빛에도 불구하고
> 수많은 소심한 이들을 보기 때문이다.
> 하나님은 이 행동을 뜻하셨고 또 일으키셨다.
> 왜냐하면 나는 '사랑에 빠졌다'거나
> 욕정으로 불타는 것도 아니기 때문이다.
> 그러나 나는 내 아내를 사랑한다."

그러나 루터가 결혼하겠다고 했을 때 모두 다 반대하였다. 동료들은 루터가 결혼하면 온 세상과 마귀가 웃을 것이며 그 자신이 그동안에 이루어 놓은 일을 다 헛수고로 만들 것이라고 걱정하였다. 그러나 루터는 종교개혁과 함께 복음이 전파됨으로써 사탄이 마지막 공격을 하고 있다고 믿었다.

루터와 카타리나_ 마르틴 루터의 결혼 연회 장면을 묘사한 그림이다. 콘라트 웨이간드의 작품.

루터는 자신이 태어난 아이슬레벤에서 63세(1546년)로 사망하였다. 이때 그는 만스펠트의 백작들 사이에 있었던 법적 논쟁을 중재하러 가 있는 중이었다. 루터가 사망하던 밤 의사와 그의 친구들이 그의 임종을 지켜보았다. 루터는 다음 성경 구절을 계속 암송하고 있었다.

"하나님께서 세상을 이처럼 사랑하셔서
그의 독생자를 주셨으니,
이는 그를 믿는 사람은 누구든지 멸망하지 않고
영생을 얻게 하려 하심이니라."
—요한복음, 3장 16절

루터의 유해는 비텐베르크의 만인성자교회에 안치되었다.

◀**카타리나 폰 보라(240쪽 그림)**_루터의 아내였던 카타리나 폰 보라는 인생의 동반자이자 개혁의 동역자로서 헌신했던 진취적인 여성으로 평가받고 있다.

비텐베르크 만인성자교회 안의 루터의 무덤

도쿠가와 이에야스의 전국 제패

활동시기: 1543년~1616년. 일본의 에도 막부의 초대 쇼군.

▌ 도요토미 사후 전국(戰國)을 제패해 에도 막부를 세우다

"사람의 일생은 무거운 짐을 지고 가는 먼 길과 같다.
 그러니 서두르지 마라."

  기다림 끝에 일본 전국시대를 한 손에 거머쥔 도쿠가와 이에야스의 유훈이다. 그는 혼란한 정세 속에서 강자와의 대면에서 숨죽이며 몸을 사렸으나 한편으로 자신의 세력을 키워나가 때를 기다린 기다림의 영웅이었다.

  일본 천하를 움켜쥔 세 명의 영웅 오다 노부나가와 도요토미 히데요시 그리고 도쿠가와 이에야스 중에서 당연히 이에야스의 성격이 제일 느긋하였다. 이러한 그의 성격은 두견새의 울음에 대한《갑자야화》의 한 구절로 세 영걸의 성격을 잘 묘사하고 있다.

도쿠가와 이에야스_어린 시절 오다 가문에 이어 이마가와 가문에서 인질생활을 했으며, 성인이 된 후에는 이마가와 가문의 가신으로 활동했다. 이후 오다 노부나가 그리고 도요토미 히데요시 밑으로 들어가 묵묵히 힘을 길렀다.

"두견새가 울지 않으면 죽여 버려라."
　―오다 노부가나

"모든 수단방법을 동원하여 두견새를 울게 만들어 보이겠다."
　―도요토미 히데요시

"울 때까지 기다리자."
　―도쿠가와 이에야스

　이처럼 이에야스는 '기다리다가 천하라는 떡을 먹은 자'라는 이야기라든지 두견새가 울지 않으면 울 때까지 기다린다는 인물로도 유명해서 느긋하고 신중함 그리고 침착한 인물이라는 이미지가 강하다. 하지만 그런 이미지와는 달리 실제로는 꽤 다혈질일 뿐 아니라 신경질적이고 조급한 면모를 지닌 인물이기도 했다.

　후세 역사가들은 오다 노부나가는 기다릴 때는 언제까지고 기다릴 듯하다가도 기회를 포착하는 순간 한 방에 낚아채 버리는 능력이 발군이라는 평을 했다. 찬스를 노리다가 포착되면 수단 방법을 가리지 않고 낚아챘다고 하여 그에게는 '음흉한 너구리'라는 색다른 별명도 있다.

일본 전국시대 전쟁 디오라마_15세기 일본 무로마치 막부 말기의 혼란기로, 전쟁이 끊이지 않아 전국시대라 불린다.

"일은 찾아서 하는 것이다.
자신이 찾아 만들어 내는 것이다.
주어진 일만 하는 것들은 잡병들일 뿐이다."
─오다 노부가나

오다 노부나가가 부하 장수들에게 한 말로, 그의 뛰어난 전략 능력과 결코 태만을 용서치 않는 근면함 등이 어디서 나왔는지를 알 수 있게 하는 의미심장한 발언이 아닐 수 없다.

아버지 노부히데가 오다 가문을 통일했지만 그가 방계였기 때문에 집안에 적을 많이 만들어둔 상태로 죽었고, 가독 계승 당시 노부나가는 유력한 인맥도 없었다. 그런 불리한 조건에서 오다라는 약소 세력을 전국 통일 목전에까지 이끌어낸 대단한 성과를 이루어냈던 것이다. 지방의 한 소규모 다이묘에서 천하인의 자리에까지 오른 노부나가의 능력은 그 자체로 대단히 비범한 인재임을 인정하지 않을 수 없게 한다.

노부나가는 성격이 급하고 잔혹하다고 알려져 있지만, 실제 그의 전략 및 전술은 매우 신중한 편이었다. 자신에게 계속 시비를 거는 다케다 신겐에게 성급히 맞서 싸우지 않고 끝까지 외교적 방책을 찾았다. 물론 막강한 다케다 신겐의 기병을 상대함에 있어선 피하는 것이 당연했지만. 때를 기다릴 줄 아는 그의 대망론은 신겐이 죽은 뒤에 벌어진 나가시노 전투의 승리로 뚜렷한 빛을 보았다. 이로써 그는 사실상 일본 전국시대의 완전한 우위에 서게 된다.

오다 노부나가_일본의 전국시대를 쟁패한 인물로 유능한 가신들을 두었으며, 특히 도요토미 히데요시는 그를 부모 이상으로 섬겼다. 그러나 전국 통일이라는 대업을 눈앞에 두고 측근의 배반으로 혼노지에서 자결하였다.

아즈치 성_오다 노부나가가 천하 통일의 거점 성으로 비와 호 동쪽의 아즈치 산에 건조시킨 성으로 모모야마시대를 여는 요새와 같은 성이었다.

그의 시대를 앞선 전투전략은 그 유명한 3단 철포의 조총부대 편성을 통해 확실히 앞선 전략이었음이 여실히 드러난다. 이전부터 이미 조총은 전장의 주력 무기 중 하나였다. 그러나 노부나가는 엄청난 경제력과 지역적 유리함, 쇼군을 이용한 정치적 술수로 사카이 지방을 지배하여 화약을 독점하는 것을 바탕으로 수천 정에 이르는 철포부대를 운용했기에 여타 다이묘들과 비교가 되지 않는 압도적 화력을 구사할 수 있었다.

"풀 잎 위에 이슬도 무거우면 떨어지게 마련이다."
―도쿠가와 이에야스

이에야스는 오다 노부나가의 통일 전쟁에 함께 참여하여 그를 측면에서 지원하면서 자신도 점차 그 세력을 확장하여 갔다. 그는 아네카와 전투에서 오다 노부나가를 돕고 나가시노 전투에서는 다케다 신겐의 아들 다케다 가쓰요리를 격파하고 5개의 쿠니(행정기본단위를 의미함)지역을 경영하게 되었다. 이에야스의 비약적 발전은 오다 노부나가의 세력 확장에 힘입은 바가 컸던 것은 사실이었는데, 명목상으로는 노부나가와 동맹관계였지만 사실 이에야스에게 노부나가는 주군과 다름없는 존재였다. 즉 노부나가의 뜻을 거스른다면 이에야스는 존재하는 것 자체가 어려울 형편이었다.

"적은 혼노지에 있다."

— 아케치 미쓰히데

일명 '혼노지(本能寺)의 변(變)'을 일으킨 미쓰히데의 선동 발언으로 혼노지의 변은 미쓰히데가 주군인 노부나가에게 반란을 일으켜 교토 혼노지에서 노부나가를 숨지게 한 사건을 말한다. 이 사건의 나비효과로 야마자키 전투, 키요스 회의를 통해 도요토미 히데요시가 집권하면서 16~17세기 동아시아 역사를 뒤흔들어 놓는 결과를 낳았다.

1582년 여름, 노부나가는 시코쿠의 조소카베 모토치카를 공략하기 위해, 3남 간베 노부타카와 중신 니와 나가히데의 군단을 준비시켰다. 그리고 맹우 도쿠가와 이에야스를 아즈치로 초대하였다. 노부나가는 미쓰히데에게 이에야스의 접대를 맡기고, 미쓰히데는 15일에서 17일에 거쳐 이에야스를 손님으로서 대접하였다.

혼노지의 변_혼노지에서 발생한 센고쿠 사의 분수령이 된 사건을 말한다. 아케치 미쓰히데의 모반으로 일어난 이 사건으로 오다 노부나가가 죽고 도요토미 히데요시의 세상이 열렸다.

암살당하는 노부나가_1582년 6월 2일 오다 노부나가의 부하 아케치 미쓰히데가 반역하여 혼노지에서 오다 노부나가를 자결하게 만든 사건으로 '혼노지의 변'이라 부른다.

　그러나 이에야스에 대한 접대가 한창인 무렵 츄고쿠의 모리와 대진하고 있던 히데요시군이 고전을 면치 못하고 있다는 히데요시의 사자의 원군 요청 소식이 전해진다.

　"모리 측에서 대군을 이끌고, 우리 군이 장기간 포위하고 있던 다카마쓰 성으로 구원할 조짐이 있습니다."

　노부나가는 즉각적으로 미쓰히데에게 히데요시를 도울 것을 명하였다. 노부나가는 음력 5월 29일 모리 원정 출정에 대한 준비를 위해 거성인 아즈치를 떠나 교토로 상경하여 혼노지에서 숙식하였다. 하지만, 히데요시를 돕기 위해 떠났던 미쓰히데의 부대는 방향을 바꾸어 돌연 교토로 진입하여 혼노지를 급습하였다. 미쓰히데는 기밀 유지를 위해 혼노지를 급습하기 전까지 목표가 노부나가가 있는 혼노지라는 것을 알리지 않았다. 혼노지를 급습하기 직전에서야 미쓰히데는 노부나가에 대한 쿠데타가 목표인 것을 수하 군사에게 알리는데, 이때 미쓰히데가 했다고 전해지는 말이 그 유명한 "적은 혼노지에 있다"이다.

1백 명 정도의 호위군밖에 없었던 노부나가는 미쓰히데의 반란 소식이 알려지자 스스로 창을 가지고 항전했으나 역부족이었다.

"어쩔 방도가 없다."

노부나가는 이 말만을 남기고 처소로 돌아가 혼노지에 불을 지르고 그 속에서 자결하였다. 향년 49세였다.

혼노지_일본 교토에 있는 일련정종계 불교 사원이며 일본 법화종 대본산이다. 혼노지의 변으로 워낙에 유명한 곳으로 이곳에 오다 노부나가의 묘가 있는 곳이기도 하다. 현재의 혼노지는 총 7회의 재건이 이루어져 현재의 모습에 이르며, 처음에는 다른 곳에 있었다가 혼노지의 변 이후 재건하면서 도요토미 히데요시의 명으로 현재의 위치로 이전한 것이라고 한다. 현재는 교토시청 앞에 있다.

"지위가 높아지면서 여러 사치스러운 것을 먹어 보았지만,
가난하던 시절 배고플 때 먹은 보리밥만큼 맛있는 것은 없었다."
―도요토미 히데요시

도요토미 히데요시는 오와리국 아이치군 나카무라(현 나고야시 나카무라구)의 가난한 농민 출신인 아버지 기노시타 야에몬과 어머니 나카 사이에서 태어났다. 아버지 기노시타 야에몬이 전사한 후 어머니 나카는 재혼하였지만, 양아버지 지쿠아미와 히데요시의 관계는 더 이상 나빠질 수 없을 정도로 나빠져 히데요시는 언제나 학대를 받았다. 이에 히데요시는 집을 뛰쳐나와 무사가 되기로 결심하고 떠돌다 오다 노부나가의 하인으로 일하게 된다. 히데요시가 노부나가에게 고용되기 전에 그의 행차 앞에 옷을 벗고 드러누워 있었는데 부하들이 죽이려는 것을 노부나가가 제지하고 나서 소원을 물었다.

"제가 도저히 가난해서 살 수가 없습니다."

히데요시의 말에 노부나가가 그에게 변소지기 일을 시켰다. 그러자 히데요시가 청소한 변소에서 냄새는커녕 티 하나도 나지 않았고, 노부나가가 자신의 신발을 만들도록 시켰더니 정성을 다해 신발을 만들어 바쳤다는 이야기가 전해지고 있다.

하루는 노부나가가 금술잔을 깊은 우물 속에 빠뜨렸는데, 히데요시는 큰 물동이 수백 개를 구해서 물을 담았다가 한꺼번에 우물에 쏟아 부어, 우물이 뒤집히면서 물 위에 떠오른 금술잔을 재빨리 집어내어 바쳤다. 또한 기요스 성과 관련된 업무와 내방 업무 등에서 기발한 아이디어를 자주 발휘하고 솔선수범하여 큰 성과를 보였다.

"당신은 덴노의 후손에 명문 가문의 출신이므로 유배지에서
거병했을 때에도 사람들이 따랐지만,
나는 천한 신분으로 일어나 내 능력만으로 천하를 잡았으니
당신보다 내가 낫다."
―최초의 가마쿠라 막부를 세운 미나모토노 요리토모의 목상을 보고 히데요시가 한 말.

히데요시는 다카마쓰 성을 공략 중에 혼노지의 변으로 주군인 오다 노부나가가 자결했다는 소식을 듣고는 소식이 바깥으로 새어나갈 것을 염려해 소식을 갖고 온 사자를 직접 베어죽이고 성 공격에 더욱 박차를 가했다. 그러면서 바깥에는 아무 일 없는 것처럼 보이게 했다. 또한 성을 공격하는 한편으로, 다카마쓰 성의 모리 데루모토의 책사 에케이를 군막으로 불러들여 말했다.

"이 성의 함락은 시간문제요. 허나 난 수만 명의 목숨이 모조리 참살 되는 꼴은 차마 못 보겠구려. 성주께서 스스로 할복하신다면, 내 마땅히 군사를 파하고 화친을 하겠소."

에케이는 이를 다카마쓰 성의 성주 시미즈 무네하루에게 고했고, 무네하루는 곧 한 척의 배를 타고 나와서 강에서 할복하였다.

◀**도요토미 히데요시 동상(250쪽 그림)**_오다 노부가나의 총애를 받은 히데요시는 곧잘 용모로 놀림을 당하기도 했다. 노부나가는 그를 가리켜 '원숭이', '대머리 쥐'라고 불렀다. 하지만 뛰어난 지략만큼은 누구도 따를 자가 없어 노부나가의 군대를 인솔하는 위치에 이른다.

도요토미 히데요시의 수결(手決)_관직에 있는 사람들이 증명이나 확인을 위하여 문서의 자기 이름이나 직함 밑에 도장 대신 붓으로 글자를 직접 쓰는 일이나 그 글자.

그 직후 히데요시는 곧바로 데루모토와 강화를 맺고 당시로서는 엄청나게 빠른 속도로 교토로 회군하였다. 히데요시의 출현에 당황한 미쓰히데는 야마자키에서 히데요시와 전투를 벌였지만, 미쓰히데는 패하여 토착민의 손에 살해되었다. 그 후 히데요시는 미쓰히데 잔당을 토벌해 교토를 장악했다.

그렇다면 도요토미 히데요시와 도쿠가와 이에야스의 관계는 어떠했는가?

노부나가가 죽은 뒤 이에야스는 정통성을 확보하기 위해 미쓰히데가 장악한 교토를 공격할 준비에 들어갔다. 그러나 이미 히데요시가 난을 평정했다는 소식을 접하고는 한발 늦었음을 후회하면서 자기의 기반인 동쪽 지방 지배를 강화하는 것으로 방향을 틀었다. 그 후 히데요시와 이에야스는 사사건건 부딪히는 대립관계가 되었다.

도요토미 히데요시와 도쿠가와 이에야스_오다 노부나가가 죽고 일본 천하는 히데요시의 손 안에 들어가게 된다. 하지만 이에야스는 히데요시의 강력한 경쟁자로 떠오르게 된다.

도쿠가와 이에야스의 투구

도요토미 히데요시의 투구

"이기는 것만 알고 지는 것을 모른다면
반드시 해가 미치게 된다."
　ー도쿠가와 이에야스

　도쿠가와 이에야스는 오다 노부나가가 죽고 난 뒤 오다 노부나가의
차남 노부카쓰와 손을 잡고 고마키 나가쿠데 전투에서 도요토미 히데요
시와 대적하였다. 이에야스는 히데요시보다 비록 군사 수가 적었음에도
불구하고 뛰어난 전략으로 번번이 히데요시의 군대를 막아냈다. 그러나
오다 노부카쓰가 겁에 질려 의논도 없이 히데요시에게 항복함으로써 이
에야스는 히데요시와 맞설 명분을 잃고 자신의 영지에 칩거하는 처지가
되고 말았다.

　한편 전국시대를 마감하는 마지막 통일 전쟁을 치르던 히데요시에게
이에야스의 복종은 꼭 필요한 선결과제였다. 왜냐하면 히데요시가 멀리
규슈(九州)까지 원정을 나가기 위해서는 히데요시의 배후지역에 있던 이
에야스를 자기편으로 돌려놓아야만 했기 때문이다. 물론 과거에 이에야
스는 명목상이었지만 오다 노부나가와도 동맹관계는 맺었지만, 그러나
신하와 주군의 관계는 맺지 않았다.

　그러나 히데요시가 원한 것은 단순한 동맹관계가 아닌 신하로서의 예
를 갖추는 신종(臣從)의 관계였다. 히데요
시는 자신의 누이동생을 이에야스의 정
실로 들이고 자기 어머니마저 인질로 보
내면서까지 이에야스에게 복종을 강요
했다.

도요토미 히데요시의 아버지가 다른 여동생 아사히히메

결국 이에야스는 히데요시의 집요한 요구를 받아들이고 그의 품으로 들어갔다. 왜냐하면 당시 여건으로 봐서는 히데요시와 정면으로 싸울 경우 불리하다는 것을 스스로 느끼고 있었기 때문이었다.

이에야스의 복종으로 배후를 안정시킨 뒤 히데요시는 이제 규슈로 원정을 떠나 승리를 이끌어냈다. 그러나 아직 동쪽에는 호죠 우지마사가 버티고 있었다. 그런데 오다와라 성의 호죠 우지마사의 항복을 받아내는 데 혁혁한 공을 세운 것은 바로 이에야스였다.

오다와라 성의 호죠 우지마사는 아버지의 패업을 이어받아 영토 확장에 힘썼다. 그는 텐쇼 11년에 아들 우지나오에게 가문을 물려주고, 일선에서 물러나지만 히데요시가 오다와라 정벌에 나서자 강력히 반발한다. 하지만 오다와라 성이 히데요시군에게 포위당하고 화의 조건으로 동생인 우지테루와 함께 할복을 명받는다.

호죠 우지마사의 할복_오다와라 성이 히데요시군에게 포위당하고 동생인 우지테루와 함께 할복을 당하는 장면을 묘사한 그림이다.

"오로지 자신만을 탓할 것이며 남을 탓하지 마라."
— 도쿠가와 이에야스

야심가인 히데요시는 이에야스의 공적을 치하하는 척하면서 이에야스가 20년간 다스리던 5개의 쿠니(행정구역 기본단위)를 **빼앗는** 대신 그동안 호죠 우지마사가 다스리던 머나먼 동쪽의 낯선 땅을 영지로 내렸다. 사실상 중앙 정치무대에서 멀리 변방으로 내쫓아버린 것이나 다를 바 없는 처분이었다.

하코네지역을 기준으로 동과 서로 나누어 간토(關東)라고 부르는 이 지역은 땅은 넓었지만 교토로 가는 길이 높은 산으로 가로막혀 지리적으로 중앙 정치무대와는 심리적 거리감이 매우 컸다. 게다가 이 지역은 최후까지 히데요시에게 저항한 호죠 우지마사가 주민을 위해 정치를 잘했기 때문에 지역 주민들의 충성심이 매우 깊었다.

이런 곳에 히데요시의 부하인 이에야스가 지역 영주로 부임한다는 것은 혼란을 자초하는 것이나 마찬가지였다. 음흉한 히데요시가 노린 것은 바로 그런 철저한 계산이 깔린 계책이었다. 즉 중앙의 땅을 몰수하여 이에야스에게 돌아갈 땅을 아예 없애버리고, 혼란스러워진 가운데 그를 멀리 보냄으로써 중앙을 넘보지 못하게 하자는 것이 그의 속셈이었던 것이다.

이러한 히데요시의 속셈을 알아챈 이에야스는 말할 것도 없고 그의 가신들까지 모두 분노했지만 이에야스는 부글부글 끓어오르는 분노를 겉으로 드러내지 않고 오히려 덤덤해했다. 그는 자신이 다스리던 영지를 서둘러 떠나 동쪽지역으로 옮겨가면서 주 근거지를 비옥한 오다와라에 정하지 않고 뜻밖에 늪지대인 에도로 정했다. 이는 호죠 우지마사의 영향력이 남아 있는 오다와라에서 불필요한 분란을 만들고 싶지 않다는 뜻을 간접적으로 드러내 보인 것이다.

하지만 일본 최초의 막부인 가마쿠라 막부의 근거지도 아닌 조용한 어촌인 에도를 주 근거지로 정한 것은 당시 시대적 상황으로 봐서는 매우 놀랍고도 이해할 수 없는 특이한 선택이었다. 그는 에도의 늪지대를 메우고 길을 닦고 상인들을 불러 모아 새로운 고장으로 변화시키면서 에도를 어엿한 성으로 발전시켰다.

먼 훗날 이에야스는 일본의 패권을 차지한 뒤에도 교토 인근으로 가지 않고 이곳에서 막부를 열어 이후 간토지역의 발전을 도모하고, 특히 에도지역의 개발을 통해 훗날 도쿄 탄생의 초석을 확실하게 다져놓았다.

에도의 거리_도쿠가와 이에야스에 의해 건설된 에도는 메이지 유신을 거쳐 오늘날의 일본의 수도 도쿄로 자리 잡는다.

> "인내는 무사장구의 근본이고, 분노는 적이다."
> —도쿠가와 이에야스

　한편 도요토미 히데요시는 자신의 출세와 권력 유지를 위해서 이복 여동생과 친어머니까지 동원해 이에야스에게 결혼과 인질로 보냄으로 그를 복종시키는 기발함을 보여주었다. 하지만 히데요시는 일본 열도를 움켜쥐고도 만족하지 못하고 중국 대륙 진출이라는 원대한 욕망에 사로잡혔다. 그 방책으로 우선 조선을 침략하고 중국 대륙의 명나라를 공격하러 간다는 야심찬 구상을 하였다.

　소위 대륙으로 진출한다는 핑계로 조선을 공격하였지만 엄청난 피해를 입은 히데요시는 이에야스 등 5명의 다이묘에게 자기 아들을 맡기고 죽었다. 하지만 그가 죽은 뒤 그의 유언은 연기처럼 흔적도 없이 사라지고 권력은 이에야스의 손으로 넘어갔다.

도쿠가와 이에야스의 승리_ 히데요시의 능력은 가장 비천한 신분에서 몸을 일으켜 일본 전국을 통일한 난세의 영웅이며, 일본 역사상 최초로 중국과 인도를 무력으로 지배할 계획을 실행에 옮긴 정복군주이다. 그러나 이러한 야망이 히데요시의 죽음과 함께 꺾이며 2대를 넘기지 못하고 정권의 몰락을 자초하였다. 그는 난세에는 명군이었으나 치세에는 암군이었던 셈이다. 반면 도쿠가와 이에야스는 세키가하라 전투에서 승리하여 에도 막부를 창시해 역사의 승리자가 되었다.

세키가하라 전투도_ 이에야스는 세키가하라 전투에서 승리하여 명실공히 일본 최고의 권력자에 오르게 된다.

엘리자베스 여왕의 영국 절대주의 전성기

활동시기: 1533년~1603년. 영국의 중세 전성시대를 이끈 여왕.

국민으로부터 '훌륭한 여왕 베스(good queen Beth)'라고 불리는 경애의 대상
헨리 8세의 딸로 여왕에 올라 영국 절대주의 전성기를 이루다

"짐은 국가와 결혼했다."

영국의 튜더 왕조의 마지막 군주이자 대영제국의 기틀을 확립한 엘리자베스 1세 여왕이 여왕 추대 대관식에서 선언한 말이다.

엘리자베스가 태어났을 때에는 그녀의 어머니 앤 불린이 딸을 낳았다는 이유로 아버지 헨리 8세로부터 냉대를 받다 결국 런던탑에 갇혀 참수형을 당했다. 홀로 자란 엘리자베스도 어머니처럼 이복언니인 메리 여왕에 의해 런던탑에 갇혀 위험한 어린 시절을 보냈다.

메리 여왕은 아버지 헨리 8세에 의해 가톨릭을 배제한 정책을 전환하여 다시금 가톨릭을 국교로 세웠다. 그녀는 자신의 정책에 반대하는 다른 개신교인들을 잔인하고 무자비하게 처형하여 '피의 메리'라 불리게 되었다. 하지만 그녀가 병으로 자녀도 남기지 않고 눈을 감자 그 뒤를 이어 왕위에 오른 인물이 엘리자베스 1세였다.

메리 1세_ 헨리 8세와 아라곤의 캐서린 사이에서 태어난 딸이며, 개신교를 탄압하여 '피의 메리'라는 별명이 붙었다.

런던탑의 앤 불린과 엘리자베스_영화 〈1000일의 앤〉으로도 잘 알려진 앤 불린은 영국 헨리 8세의 두 번째 왕비이자 엘리자베스 1세의 어머니이다. 헨리 8세는 왕비에게서 아들을 얻지 못하여 왕가가 단절될 것을 염려하여 이혼을 생각하기에 이르렀는데, 그때 마침 그녀를 만나게 되었다. 그녀는 검게 빛나는 아름다운 눈과 붉은색 금발의 수려한 외모를 지닌 여성이었으며, 헨리 8세는 그녀와의 결혼을 결심하고 교황에게 캐서린과의 결혼무효를 신청하였다. 그러나 교황 클레멘스 7세는 이를 인정하지 않았다. 이에 헨리 8세는 교황과 대립하여 영국 종교개혁의 발단이 되었다. 1533년 1월 25일 앤 불린은 헨리 8세와 비밀결혼을 하였고, 부활절에 이 사실을 공포하였다. 9월에 공주(엘리자베스 1세)를 낳았으며, 1534년 아이를 유산하고 1536년 1월 왕자를 사산하였다. 왕자를 열망한 헨리에 의해 간통과 근친상간의 오명을 쓰고 처형되었다. 그림은 앤 불린이 그녀의 딸 엘리자베스와 작별을 고하는 장면이다. 구스타프 래퍼스의 작품.

대관식이 거행된 1월 15일은 매섭게 추웠다. 하지만 25세의 당당한 모습의 엘리자베스가 등장하자 교회에선 일제히 종을 울려 여왕의 시대를 축복하였고, 오르간, 트럼펫 소리와 수만 개의 촛불이 성스럽고 화려하게 넘쳐흐르는 가운데 여왕으로서 첫발을 디뎠다.

"한 시대를 통치했던 여왕이
평생 처녀로 살다 생을 마감했다는
비석을 세울 수만 있다면 그것으로 만족한다."

엘리자베스는 여왕이 되자 두 가지 안건을 면밀히 검토하기 시작했다. 그것은 바로 결혼과 종교 문제였다.

여왕은 자신의 결혼에 관한 문제는 자신의 안위보다 국가를 중요시했기 때문에 결혼하기보다는 처녀로 남길 고집했다. 종교에 관한 한 그녀는 언니와 달리 광신도가 아니었고 신교, 구교 가리지 않고 광신적 행위라면 혐오했다. 그녀는 평생 인간의 양심은 타인이 좌지우지할 수 없다는 믿음을 가지고 있었고 사람들 마음 깊숙한 곳과 비밀스런 생각을 억지로 들여다보고 싶어하지 않았다. 여왕의 치하에서 개신교는 영국의 국교가 되었다.

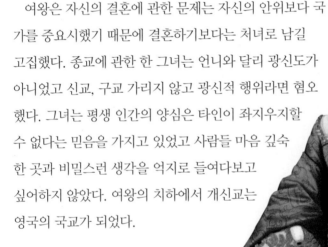

엘리자베스 1세_평생을 독신으로 지냈기 때문에 '처녀 여왕'으로 불렸고, 그녀를 마지막으로 튜더 왕가는 단절되었다.

행차를 나선 엘리자베스 1세_여왕은 잉글랜드 왕실의 연례 행사인 국내 순행을 매우 즐겼다. 여왕은 만나는 백성들의 말에 귀를 기울였으며, 무례한 태도에도 크게 개의치 않았다고 한다. 이런 소탈한 면이 백성들에게 크게 인기를 끌었다.

"때로는 인내와 시간이 힘과 분노보다 더 효과적이다."

절치부심의 시간을 보내 여왕이 된 그녀는 아버지인 선왕 헨리 8세 이후로 빈곤했던 나라의 재정을 튼튼히 하기 위해 왕궁 살림을 최소한도로 줄이고 검약을 실천했다. 덕분에 당시 빈곤하던 왕실과 잉글랜드의 재정을 많이 늘릴 수 있었고 빚도 상당히 줄었다. 이러한 검약은 왕실 재산을 최대한 매각하고, 영지나 궁전을 귀족들에게 임대하는 방식으로 이루어졌다. 반면에 그녀는 보석 컬렉션과 드레스에는 돈을 아끼지 않아서 생전에 수천 벌의 가운을 갖고 있었으며 방대한 보석 컬렉션은 교황마저도 탐을 냈을 정도였다.

그러나 이렇게 국가 재정을 최대한 줄이려는 노력에도 불구하고, 근세 유럽 국가 경제의 최악의 재앙이었던 전쟁의 마수만은 여왕에게도 피해 갈 수가 없었다. 특히 그녀가 상대한 스페인의 경우 당시 아메리카, 유럽, 아프리카, 아시아라는 무려 4개 대륙에 중남미의 귀금속, 벨기에(스페인 왕령 네덜란드)의 상업, 이탈리아의 공업, 동남아시아의 무역과 향신료라는 방대한 경제적 기반을 두고 있어 무적함대라는 엄청난 해군 장악력을 지니고 있는 반면, 비교적 소국이었던 영국은 이러한 압도적인 경제적 기반이 없었다.

"내가 사자는 아닐지라도 사자 새끼임에는 분명하다."

엘리제베스 1세가 신하들에게 즐겨 하던 말로 그녀는 분명 사자 새끼임은 분명했다. 여왕은 영국의 국력이 프랑스나 스페인에 한참 못 미친다는 것을 알고 있었기에 표면적으로는 세력 균형 정책을 폈지만 뒤로는 프랜시스 드레이크 등 해적들을 지원하여 스페인을 견제하였다.

◀**엘리자베스 1세 여왕의 드레스**(262쪽 그림)_여왕은 드레스와 보석에 관심이 많았다고 한다.
프랜시스 드레이크_엘리자베스 1세 시대의 영국의 항해가 · 제독. 서인도 방면에 약탈 원정을 감행했고 해상무역을 파괴하기 위해 약탈선단을 인솔하고 태평양으로 진출했다. 카디스에 집결한 스페인 함대를 선제공격했고 영국함대 사령관으로 무적함대에 맞서 칼레 앞바다에서 화선(火船)공격으로 승리했다.

마르틴 루터의 종교개혁 이후 네덜란드의 독립 전쟁에서는 개신교 국가인 네덜란드를 지원했다. 그 결과 가톨릭을 국교로 한 스페인과의 관계가 금이 가게 되었고, 그 여파로 두 나라는 숙명의 라이벌이 되었다. 그 무렵 스코틀랜드의 여왕이자 로마 가톨릭교도인 메리 스튜어트가 장로교를 믿는 귀족들의 반란으로 어린 아들인 제임스에게 왕위를 넘겨주고 1568년 영국으로 망명하였다.

메리는 그 후 20년 동안 자신이 헨리 8세의 누나의 적손녀임을 내세워 엘리자베스를 제거하여 영국의 왕위를 차지할 음모를 꾸몄다. 그러다가 1587년 마침내 엘리자베스 1세 암살 계획이 모의된 배빙턴 사건의 전모가 드러나 메리는 단두대에서 처형되었다.

처형 직전의 메리 스튜어트 여왕_영국 가톨릭교도가 엘리자베스 1세의 암살과 감금 중인 스코틀랜드 여왕 메리의 구출을 기도하려는 음모가 발각되어 배빙턴과 그 일파는 사전에 체포 처형되었다. 영국 국민들은 메리가 이 사건에 관련되었다고 격분하여 그 심문을 정부에 강요했고, 엘리자베스는 부득이 이를 받아들여 메리도 처형하였다. 알렉상드르 드니 아벨 드 푸졸의 작품.

엘리자베스 1세를 견제하는 데 필요한 메리 스튜어트가 처형되자 스페인은 잉글랜드에 대해 선전포고를 하였다.

"내가 연약한 여자의 몸을 가졌다는 것을
나도 잘 알고 있습니다.
하지만 나의 심장과 위장은 왕으로서
그리고 영국 왕으로서의 심장과 위장을 가지고 있습니다."

이 연설은 1588년 8월 엘리자베스 1세가 스페인 무적함대 아르마다와 일전을 앞두고 있는 영국 병사들을 격려하기 위해 틸버리를 방문해 남긴 말이다. 이 연설은 여왕의 연설 중 가장 유명할 뿐만 아니라 엘리자베스 1세의 이미지를 후대에 각인시키는 역할을 하였다.

1588년 펠리페 2세는 에스파냐가 자랑하는 무적함대를 출동시켜 영국을 제압하려 했다. 그러나 무적함대는 영국 해협에서 교묘한 작전을 편 영국함대에 패하고, 그 후 폭풍우를 만나 재기 불능 상태에 빠지게 되었다. 이 전투의 결과 스페인의 지위는 크게 흔들렸고, 유럽에서의 주도권도 상실해 쇠락의 길을 걷게 되었다.

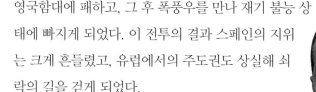

펠리페 2세_ 스페인 최전성기의 통치자로서, 대표적인 절대군주 가운데 한 사람으로 알려져 있다. 또한 필리핀이란 이름이 그에게서 유래되었다.

칼레해전_1588년에 벌어진 스페인의 무적함대와 잉글랜드 왕국함대의 해전. 영국-스페인 전쟁(1585~1604)의 주요 전투로 세계 4대 해전으로 불린다. 참고로 세계 4대 해전으로 살라미스 해전과 트라팔가 해전, 한산도 대첩 등이 있다. 당시 영국 함대의 사령관은 해적 출신이었던 드레이크 제독이었으며, 총 197척의 배를 이끌었다. 스페인 함대의 사령관인 메디나 공은 총 130척의 배를 이끌었다. 영국은 이 해전에서 '무적함대'라 불리던 스페인을 대파하였고, 이후에 영국이 스페인의 뒤를 이어 새로운 해양 강국으로 발전하면서 '해가 지지 않는 나라'의 토대를 마련할 수 있게 되었다. 루터버그의 작품.

반면 영국은 여왕의 주도하에 이뤄낸 내적 발전과 외국과의 대결에서 승리하며 국민들의 정신적 결속과 일체감이 일어나, 엘리자베스 1세 여왕시대를 국민문학의 황금기로 만들었다.

엘리자베스 1세는 신체적으로는 건강했으되 정신적으로는 신경쇠약을 앓고 있었다. 죽기 전 마지막 2년간은 정신이 황폐해지고 사는 데 지쳐 뭘 해도 만족과 기쁨을 얻을 수 없다고 종종 말했다. 임종을 앞두고 여왕이 의회에서 행한 마지막 연설은 '황금의 연설'이라 불리게 된다.

"나는 그대들에게 나보다 국민을 더 사랑한 왕은 없었다고 확실하게 말할 수 있습니다. 내가 재임한 기간 동안 일어났던 영광스러운 일은 모두 다 그대들의 사랑 덕분입니다. 왕이 되고 왕관을 쓴다는 것이 당사자에게는 보기보다 훨씬 고통스러운 일입니다. 나는 왕이나 여왕의 권위와 영광스러운 이름을 이용해 유혹에 빠진 적은 없었습니다. 고맙게도 하느님이 믿음과 영광을 이루고 이 나라를 지키기 위한 도구로 나를 만드셨기 때문이지요. 지금보다 더 나라를 걱정한 왕은 이전에도 없었고, 앞으로도 없을 것입니다."

70세이던 여왕은 1603년 3월 숨을 거뒀다.

엘리자베스 1세의 흉상_ 그녀는 열강의 위협, 급격한 인플레이션, 종교 전쟁 등으로 혼란스럽기 그지없던 당시 유럽의 후진국이었던 영국을 세계 최대 제국으로 만드는 데 이바지하였다.

셰익스피어의 문학세계

활동시기: 1564년~1616년. 영국 엘리자베스 여왕 시기의 극작가, 문학인.

영국의 절대왕정을 대표하는 세계적 문호로 영국문학의 전성기를 이끌다
4대비극과 5대희극을 통해 주옥 같은 희곡의 신세계를 주도하다

"속으로는 생각해도 입 밖에 내지 말며,
서로 사귐에는 친해도 분수를 넘지 말라.
그러나 일단 마음에 든 친구는
쇠사슬로 묶어서라도 놓치지 말라."

영국이 낳은 세계적인 문호 셰익스피어가 한 말이다. 셰익스피어가 활동했던 16세기 후반의 영국은 한마디로 세계제국으로 도약하던 대전환기였다. 엘리자베스 1세가 지배하던 영국은 문예 부흥기일 뿐 아니라 국가적으로도 부흥기였다. 동시에 사회의 제반 양상들이 요동치고 변화하는 대변혁기였다.

셰익스피어는 잉글랜드 중부의 전형적인 소읍 스트랫퍼드 어폰 에이번에 있는 작은 마을 스트랫퍼드에서 존과 메리 아든 부부의 맏아들로, 8남매 중 셋째로 태어났다.

셰익스피어의 고향 스트랫퍼드

〈햄릿〉의 연인 오필리어 _폴로니어스의 딸이자 햄릿의 연인. 불의의 사고로 햄릿의 손에 아버지가 살해당하자 정신이 나간 채 헤매다 시냇물에 빠져 죽는다. 셰익스피어는 그녀를 위해 "약한 자여, 그대의 이름은 여자이니라"라는 신조어를 만들었다. 존 밀레이의 작품.

셰익스피어는 주로 성서와 고전을 통해 읽기와 쓰기를 배웠고, 라틴어 격언도 암송하곤 했다. 11세에 입학한 문법학교에서는 문법, 논리학, 수사학, 문학 등을 배웠는데, 특히 성서와 더불어 오비디우스의 《변신 이야기》는 그에게 상상력의 원천이 되었다.

"사느냐 죽느냐 그것이 문제로다."

셰익스피어의 4대 비극 중 하나인 〈햄릿〉의 명대사로 유명한 이 문장은 그야말로 세계문학사를 통틀어 가장 많이 애송되던 세계적인 명대사이다. 그는 언어의 창조자였다. 그의 희곡에 나온 2만 단어 중에 2천 단어는 새로운 단어였다.

1580년대 후반, 또는 1590년경 런던에 도착한 셰익스피어는 눈부시게 변하고 있던 수도 런던의 모습에 매료되었다. 엘리자베스 여왕이 통치하던 이 시기 런던은 많은 농촌 인구가 유입되어 몹시 붐비고 활기 넘치는 도시였다.

인구가 급격히 팽창하여 도시는 지저분해지고 수많은 문제가 발생했지만, 런던의 북적거리는 사람들과 경제 활동, 각양각색 문화 활동과 행사, 특히 대중의 여흥을 위해 빈번히 열린 연극은 셰익스피어가 성장하는 데 없어서는 안 될 자양분이 돼 주었다.

그가 극장가에서 두각을 나타낼 무렵에는 옥스퍼드나 케임브리지 출신의 극작가들이 많이 활동하였는데 이들 중 극작가 로버트 그린은 셰익스피어를 향한 질투심에서 그의 낮은 학식을 늘 비꼬았다. 그러나 후세 사람들은 로버트 그린 같은 극작가들을 '대학 출신 재간꾼' 정도로 부르는 데 반해 셰익스피어는 '세기의 대가'로 부르며 위대한 예술적 정신에 대한 예우를 하고 있다.

"인도는 포기할 수 있으나
셰익스피어는 포기할 수 없다."
—토머스 칼라일

영국의 철학자이자 비평가인 토머스 칼라일은 자신의 저서 《영웅숭배론》에 셰익스피어를 추앙하는 말을 넣었다. 또한 오늘날 영어의 풍부한 표현력은 셰익스피어에게 큰 빚을 지고 있다고 해도 과언이 아니다.

셰익스피어의 흉상

"명예라는 건 허무한 군더더기다. 공로가 없어도 때로는
수중에 들어오지만 죄를 안 져도 없어질 때가 있다."
—〈오셀로〉 중에서

현재 전해지는 셰익스피어의 작품은 희곡 38편, 소네트 154편, 그리
고 장시 2편 등이고, 제목만 전해지는 작품도 있다. '희극'과 '비극', 그리
고 '사극'으로 분류되는 희곡 중에서는 〈한여름 밤의 꿈〉, 〈말괄량이 길
들이기〉, 〈폭풍우〉, 〈십이야〉, 〈베니스의 상인〉, 〈로미오와 줄리엣〉, 〈리
어 왕〉, 〈맥베스〉, 〈햄릿〉, 〈오셀로〉, 〈줄리어스 시저〉 등이 걸작으로 손
꼽힌다.

셰익스피어의 가장 중요한 업적인 희곡은 중세의 연극에서 흔히 볼 수
있었던 평면적이고 진부한 인물 대신 〈햄릿〉, 〈폴스태프〉, 〈이아고〉, 〈맥베
스〉 같은 입체적이고 사실적인 인물을 창조함으로써 일대 혁신을 이루었
다. 평론가 해럴드 블룸은 셰익스피어의 등장인물을 가리켜 칭송하였다.

〈로미오와 줄리엣〉_서로 원수인 가문에서 태어난 로미오와 줄리엣이 사랑을 하게 되고 그들의 비극적
인 죽음이 가문을 화해하게 만드는 이야기이다. 포드 매덕스 브라운의 작품.

윌리엄 셰익스피어_영국의 극작가이자 시인이다. 잉글랜드의 유복한 집안에서 태어나 런던으로 이주하고서 본격 작품 활동을 시작하여 일약 명성을 얻었고, 생전에 '영국 최고의 극작가' 지위에 올랐다. 《로미오와 줄리엣》, 《햄릿》처럼 인간 내면을 통찰한 주옥같은 걸작을 남겼으며, 그 희곡은 인류의 고전으로 남아 수백 년이 지난 지금도 널리 읽히고 있다. 당대 여타 작가와 다르게 대학 교육을 받지 못하였음에도 자연 그 자체에서 깊은 생각과 뛰어난 지식을 모은 셰익스피어는 당대 최고의 희곡 작가로 칭송받는다.

"이 밤, 그대여 잘 가요, 부디 잘 가요.
이별은 이토록 달콤한 슬픔이거늘."
—〈로미오와 줄리엣〉 중에서

셰익스피어는 희극과 비극 모두에서 비교적 고르게 걸작을 남겼다는 점에서 역대의 어느 극작가와도 다르다. 셰익스피어의 희곡은 기본적으로 무대 공연을 위한 것이었다. 사후에도 그의 작품은 꾸준히 공연되었고, 시대에 따라 여러 가지 새로운 해석과 시도가 이루어졌다.

"판단은 네스터와 같고, 천재는 소크라테스와 같고,
예술은 버질과 같은 사람. 대지는 그를 덮고,
사람들은 통곡하고, 올림푸스는 그를 소유한다."
—셰익스피어의 무덤의 묘비명

셰익스피어는 1616년 4월 23일 52세의 나이로 고향에서 사망하였다.

성 트리니티 교회 안에 있는 셰익스피어의 무덤

갈릴레오의 종교재판

활동시기: 1564년~1642년. 이탈리아의 철학자, 과학자, 천문학자.

> 인류 역사에 지대한 영향을 미친 대과학자
> 지동설을 주장하며 근대문명으로 가는 초석을 놓는다

"그래도 지구는 돈다."

근대 과학의 문을 연 갈릴레오 갈릴레이가 법정을 나오면서 한 말로 지금도 진리를 밝히려는 학자의 양심선언처럼 회자되는 말이다. 당시 지동설을 설파했던 갈릴레오가 종교재판에 회부되어 문책을 받고 재판정에서 천동설을 긍정하였지만, 재판이 끝나고 나오면서 혼잣말처럼 한 이 말은 진실의 불변성을 역설하는 말로 세계인의 기억에 남는 인상적인 표현이 아닐 수 없다.

갈릴레오의 집안은 귀족 집안이었지만, 그가 태어났던 때에는 가세가 기울고 생활이 극히 어려운 형편이었다. 갈릴레오는 10살 때 가족과 함께 피렌체로 이사했고 베네딕토회 수도원에서 3년 동안 생활했다. 그는 수도자가 되기를 원했지만, 아버지는 집안의 재정난을 극복하기 위해 갈릴레오가 보수가 많은 직업인 의사가 되기를 원했고, 의학 공부를 시키기 위해 피사 대학으로 보냈다. 여기서 갈릴레오는 의학보다 수학에 흥미를 느끼고 본격적으로 수학자의 길을 걷기 시작했다.

갈릴레오 흉상_코페르니쿠스의 이론을 옹호하여 태양계의 중심이 지구가 아니라 태양임을 믿었다.

종교재판을 받는 갈릴레오_갈릴레오가 재판에 회부되고 유죄 선고를 받았다는 소문이 퍼지자, 교황청이 부추기지 않아도 많은 학자들이 들고 일어나서 그를 공격했다. 갈릴레오가 그동안 적을 얼마나 많이 만들었는지 알 수 있다. 조제프 니콜라 로베르 플뢰리의 작품.

"의심은 발명의 아버지이다."

1592년 갈릴레오는 파도바 대학의 수학 교수가 되었다. 그는 여기서 18년 동안 재직하며 기하학, 천문학, 군사기술 등을 가르치며 자신의 연구를 계속했다. 그러나 그에게 부양할 가족들이 많았기 때문에 그의 경제적 궁핍은 해결되지 않았다. 그는 추가 수입을 얻기 위해 유럽 전역의 귀족 자제들을 가르쳤고 개인지도를 해주기도 했는데, 그중에는 피렌체의 지도자 페르디난트 대공의 아들인 코시모 데 메디치도 있었다.

"나는 어둠이라는 두려움을 극복할 수 있을 정도로
별을 좋아한다."

1609년 갈릴레오는 당시 막 개발되었던 망원경을 접했다. 그는 곧바로 망원경의 개량에 착수했고, 1609년 후반부터 1610년 초에 걸쳐 밤하늘을 관찰하면서 우연히 발견한 몇 가지 주장을 공표했다. 그중에서도 가장 중요한 건 목성의 위성을 발견한 것이었다.

"목성의 위성을 통해 우리는,
지구가 1년 주기로 태양 주위를 회전하고 있으며,
다시 그 지구 주위를 달이 돌고 있다는 사실을
너무나 두려워한 나머지 코페르니쿠스 체계를 거부하고
우주의 이러한 체계마저 거부해야 한다고
생각하는 사람들의 의심을 잠재울 수 있는 강력하면서
우아한 주장을 갖는다.
그리고 이제 우리의 눈앞에는 지구 주위를 도는 달처럼
목성의 주위를 배회하는,
그리고 그들 모두 12년의 공간을 태양 주위로
대회전하는 궤적을 밟는
4개의 별이 펼쳐 있다는 것을 인식해야 한다."
—갈릴레오의 저서 《시데리우스 눈치우스》 중에서

갈릴레오의 천체망원경

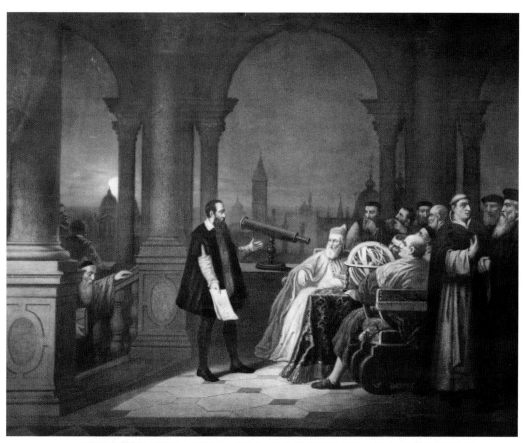

교황에게 천측을 설명하는 갈릴레오_그림은 갈릴레오 갈릴레이가 레오나르도 도나토와 베네치아 원로원에 망원경을 전시하고 있는 모습을 보여주는 장면이다. 데토우체의 작품.

갈릴레오의 목성 위성 발견은 모든 천체는 지구를 중심으로 회전한다는 기존 관념을 깨부수는 것이었다. 갈릴레오는 이 책을 피렌체에서 메디치 왕가의 점유자이자 토스카나의 4번째 대공인 코시모 2세에게 헌정했는데, 그 과정에서 그는 목성의 4개 위성을 메디치 가문에 전해오는 상징과 결합시켜 '메디치 성'이라고 명명했다. 이는 당연히 토스카나 궁정의 막강한 후원을 얻기 위한 계산된 행동이었다. 메디치 가문의 수석 수학자이자 철학자라는 새로운 지위를 얻게 되면서, 드디어 그는 진저리나는 대학체제에서 벗어나 안정된 수입과 사회적 지위를 손에 쥔다.

갈릴레오의 위성_1610년 1월 망원경으로 목성을 관측하던 갈릴레오는 목성 주변에서 빛을 3개 발견했다. 이들은 모두 일직선상에 있었고, 목성의 이쪽 끝에서 저쪽 끝을 왕복하면서 자리바꿈을 하고 있었다. 1월 말에는 빛 하나를 더 발견했다. 갈릴레오는 달이 지구 주변을 공전하는 것처럼, 목성에도 4개의 달이 있어 공전하는 것이 4개의 빛으로 관측되었다고 보았다. 이 네 천체들은 망원경으로 발견된 최초의 천체이자, 태양계 내부에서 지구를 중심으로 돌지 않는 천체가 있다는 결정적인 증거가 되었다. 갈릴레오는 발견한 4개의 별을 자신의 고용주에게 헌정하여 '메디치의 별'이라고 불렀다. 하지만 지금은 갈릴레오를 기리기 위해 '갈릴레오의 위성'으로 부른다.

"모든 진리는 일단 발견하기만 하면 이해하기 쉽다.
중요한 것은 진리의 발견이다."

1611년, 로마에 도착한 갈릴레오는 교황 바오로 5세를 접견했다. 교황
청은 이 저명한 학자를 환영했고 그에 걸맞은 대접을 하였다. 교황을 접
견하는 이는 누구라도 교황 앞에 무릎을 꿇어야 했지만, 교황은 그 전통
을 깨고 갈릴레오를 무릎 꿇게 하지 않았다. 당시 교황청의 주도 세력이
었던 예수회 또한 갈릴레오의 주장을 지지했다. 하지만 반대세력도 당
연히 존재했다.

아리스토텔레스의 우주관을 지지하는 사람들은 갈릴레
오에게 끊임없이 비난과 공격을 퍼부었다. 지지와
비난의 엇갈린 반응 속에서 토마소 카치니라는
도미니코회의 수도자는 종교재판소에 갈릴레
오를 이단 혐의로 고발하였다. 종교재판소는
조사에 착수했지만 카치니의 주장이 근거 없다
고 판결하고 아무런 조치도 취하지 않았다. 단,
코페르니쿠스주의에 대한 공식적인 견해를 갈
릴레오에게 요청할 필요가 있다는 주장이 제기
되었다.

갈릴레오 조각상_피렌체 우피치 난간에 세워져 있는 갈릴레오.

GALILEO GALILEI

"어찌하여 그대는 타인의 보고만 믿고
자기 눈으로 관찰하거나 보려고 하지 않는가."

　토마소 카치니가 갈릴레오에 대한 공격을 하고 나서 1년 뒤, 갈릴레오
는 다시 로마로 향했다. 자신을 방어하고, 코페르니쿠스에 대한 그들의
의견이 잘못되었음을 개인적으로 로마 당국에 설득하기 위해서였다. 문
제는 이 당시 로마의 분위기가 갈릴레오의 1차 방문 때와는 사뭇 다른 분
위기로 그에게 전혀 호의적이지 않았다는 것이다. 종교개혁의 여파로 인
해 교황청은 '새로운 것'에 민감한 상태였고, 갈릴레오의 주장이 물리학
과 수학의 한계를 넘어 성경을 해석하는 신학자의 영역까지 침범하려 든
다고 여겨 그를 만나기를 꺼렸다.

　갈릴레오는 침묵하지 않고 이곳저곳에서 논쟁을 하며 분위기를 바꿔
보려 했으나 소용없었다. 교황청은 모든 성서 해석에, 그리고 어떠한 방
법으로도 교황청의 권위에 문제를 제기하는 행동을 용납하지 않으려고
했다. 개인이 그들 고유의 방식으로 성서를 해석할 수 있다는 개신교 개
혁론자들의 주장과, 성서는 코페르니쿠스의 가설과 일치할 수 있도록 재
해석해야 한다는 갈릴레오의 주장은 교황청이 보기에는 별 차이가 없어
보였다. 벨라르민 추기경은 그에게 코페르니쿠
스적 우주관을 설파하려는 시도를 멈추라고
권했고 갈릴레오는 그것을 받아들여 그
만두었다.

갈릴레오 갈릴레이의 기념 메달

갈릴레오의 종교재판_갈릴레오가 성경에 손을 대고 재판을 받는 장면이다.

"우리는 사람들에게 그 어떤 것도 가르칠 수 없다.
우리가 할 수 있는 일은 다만 그들이 자기 안에서
무엇인가를 찾도록 돕는 것이다."

갈릴레오는 수년 동안 코페르니쿠스의 가설을 공공연히 가르치고 옹호하는 것을 자제했다. 이윽고 1624년 봄, 새로운 교황인 우르바노 8세의 즉위 축하식에 참여하기 위해 갈릴레오는 다시 로마로 출발했다.

우르바노 8세는 예전부터 갈릴레오와 절친한 사이였다. 새 교황과 갈릴레오 사이에 어떤 대화가 오갔는지 기록엔 남아 있지 않지만 갈릴레오가 환대를 받은 것은 분명하다. 그는 메달 2개와 그림, 그리고 아들 빈센초를 위한 교회 장려금을 포함한 많은 선물을 교황에게 받고 로마를 떠났다.

1633년, 갈릴레오는 종교재판소에서 유죄 판결을 받고 투옥될 예정이었지만, 건강이 나쁘고 고령이라는 점을 감안해서 곧바로 가택연금으로 감형을 받았다. 갈릴레오는 3년의 금고형을 받았는데, 한번은 위에서 언급된 토스카나 대공의 저택에서 지냈고, 그다음은 시에나의 대주교의 자택에서 손님으로 지내다가 마지막엔 피렌체 근처의 아르체트리라는 작은 시골에서 국가 연금을 받으면서 평온하게 연구에 전념하며 살았다.

갈릴레오와 가톨릭 사제_갈릴레오가 태양계에 대한 자신의 이론을 설명하는 장면이다. 펠릭스 파라의 작품.

> "성경에는 천국에 가는 방법은 나오지만,
> 천국이 어떻게 흘러가는지에 대해서는
> 설명해 주지 않는다."

갈릴레오는 늘그막에 노환으로 실명 상태가 되었는데 1642년 1월 8일 찾아온 두 제자와 이야기를 하던 도중 갑자기 쓰러져 영원히 눈을 감았다. 이때 제자들은 그가 마지막으로 남길 말이 있지 않나 하여 귀를 기울였지만, 아무런 말도 없이 그대로 숨을 거둬서 유언이 제자들과 나누던 평범한 대화가 되어 버렸다고 한다.

세계사에 담긴 스토리텔링

근대사의
결정적 한마디

근대철학의 창조자 데카르트

활동시기: 1596년~1650년. 프랑스의 수학자 · 철학자.

▌근대철학의 아버지. 해석기하학의 창시자로 불리다
▌모든 것을 회의하고, 회의하고 있는 자기 존재는 진리라는 합리론을 주창하다

"나는 생각한다. 고로 존재한다."

중세에서 근대로의 정신혁명을 주도했던 데카르트의 이 한마디는 이 명제를 철학의 제1원리로 삼음으로써 인간이 '생각한다'라는 자신의 힘만으로 진리를 탐구할 수 있다고 주장한 '이성의 독립선언'이었다.

하나님께 가르침을 청할 필요는 이미 없어졌다. 인간은 이성을 이용하여 참된 것을 판단할 수 있다는 사실을 알았기 때문이다. 이처럼 이성에 절대적인 신뢰를 두는 입장을 합리론이라고 한다. 데카르트 이후에는 스피노자, 라이프니츠가 이 흐름을 이어갔다.

데카르트는 철학의 제1원리에서 거미가 실을 뽑아내듯 다양한 지식을 잇달아 도출해냈다. 이처럼 명확한 원리에서 출발하여 모든 복잡한 진리를 도출해내는 방법을 연역법이라고 한다. 데카르트에 의하면 '나는 생각한다, 고로 나는 존재한다'라는 한마디에서 저 유명한 관성의 법칙까지 도출된다고 한다.

**"좋은 책들을 읽는 것은
지난 몇 세기 동안에 걸친
가장 훌륭한 사람들과 대화를 하는 것과 같다."**

르네 데카르트는 평생을 책을 옆에서 놓지 않고 살았던 지독한 애독가였다. 어릴 때부터 몸이 약해 학교 수업을 제대로 받을 수 없었던 그는 책을 통해 독학을 하다시피 사물의 이치를 터득해 공부를 잘했다. 그의 어머니 잔 브로샤르는 그가 태어난 지 얼마 안돼 죽었다. 데카르트 역시 태어날 때부터 몸이 좋지 않았다. 죽을 뻔한 아이가 간신히 살아났다고 해서 아버지 조아생 데카르트는 아들의 이름을 '다시 태어났다'는 뜻의 프랑스어 르네로 지었다.

어린 시절에는 친구들이 거의 없었고, 자신을 돌봐주던 간호사와 사팔뜨기 소녀 친구 프랑수아즈 정도가 그가 아는 사람의 전부였다. 후에 시간이 지난 뒤에도, 데카르트는 이 둘에게 놀랄 만할 정도의 충실함과 헌신을 보였다고 하는데, 심지어 유산을 얻었을 때에도 간호사에게 많은 돈을 주었고, 자신의 일생 동안 프랑수아즈와도 우정을 돈독히 하며 지냈다고 한다.

르네 데카르트가 어린 시절을 보낸 외갓집 전경

아버지는 몸이 약한 데카르트가 아내처럼 일찍 죽을까 염려되어 학교에도 잘 보내지 않았다. 그래서인지 교장이 데카르트에게 늦잠 자는 것을 허락했다. 데카르트의 늦잠 자는 버릇은 이때부터 시작된 것으로 추측된다. 그리고 침대에서 뒹굴다가 파리가 천장에 붙어 있는 것을 보고 파리의 위치를 계산하다가 만들어진 것이 바로 좌표이다.

"인간이 현명해지는 것은
경험에 의한 것이 아니라
경험에 대처하는 능력 때문이다."

데카르트는 병약한 몸임에도 불구하고 20대에 용병으로 활동하기도 했으며, 네덜란드에서 마우리츠 공의 휘하에서 군복무를 거쳤다. 그 당시 귀족의 자제는 성직자와 군인 둘 중의 하나를 직업으로 선택하는 것이 일반적이었다. 데카르트는 당시의 전통과 집안의 권유 때문에 군인을 선택하였으나 병약하고 내성적인 성격이었기 때문에 군인은 어울리는 직업이 아니었다.

당시는 30년 전쟁 초기로, 네덜란드는 스페인과 프랑스가 대립하던 최전선이었다. 장교의 신분으로 네덜란드에 도착한 데카르트는 거리에 걸려 있는 네덜란드어로 쓰인 글을 보고 지나가던 행인에게 그 내용을 프랑스어나 라틴어로 번역해 줄 것을 부탁하였는데, 공교롭게도 그 행인은 홀란트 대학의 학장이자 수학자였던 이삭 베크만이었다. 베크만은 데카르트에게 '자신이 제시하는 기하학 문제를 하나 풀면 청을 들어주겠다'는 조건을 달았다. 사실 베크만이 제시한 문제는 그때까지 아무도 풀지 못한 문제였으나, 데카르트는 몇 시간 만에 풀어와 베크만을 놀라게 했다. 이 사건으로 인한 베크만과의 친교는 데카르트에게 직업으로서 군인에 회의를 갖게 만들었다.

전쟁에 지원하는 데카르트_평소 몸이 약한 데카르트는 프랑스 검술 마스터 샤를 베나르에게 검술을 배우는 등 몸 관리를 열심히 하여 직업으로 군에 입대하였다.

"만약 당신이 정말로
진리를 추구하는 사람이라면
생전에 한 번 정도는 가능한
모든 것을 깊게 의심할 필요가 있다."

데카르트는 본래부터 철학보다 과학(수학)에 흥미가 있었으며, 1619년 11월 10, 11일 밤에 생생한 꿈을 세 번 꾸고 일생을 과학에 바치기로 마음먹었다. 그는 꿈속에서 어느 벽난로 속으로 기어들어갔고, 그 난로 속에서 잠이 들었다가 세 가지 꿈을 꾸었다.

첫 번째 꿈에서 데카르트는 심한 바람이 불고 있는 거리 한 모퉁이에 서 있었다. 그는 오른쪽 다리가 약하여 제대로 서 있을 수 없었는데, 그 근처에는 바람에 흔들리지 않는 한 사람이 있어 데카르트 자신이 그 쪽으로 날아가 버렸다. 잠깐 눈을 떴다가 다시 잠에 빠져들었는데, 두 번째 꿈에서 그는 미신으로 흐려지지 않는 과학의 눈으로 무서운 폭풍을 지켜보고 있었다. 이 폭풍은 일단 그 정체가 폭로되고 난 후에는 그에게 아무런 해도 끼치지 못한다는 사실을 그는 깨달았다. 세 번째로 꿈을 꿀 때는, 테이블 위에 사전과 그 옆에 다른 책이 놓여 있는데 '나는 어떠한 생활을 보내야 할 것인가?'라는 글귀가 눈에 들어오며 낯선 사람이 그에게 다가와 '참과 거짓'으로 시작하는 시를 보여주었다. 그는 세 번째 꿈에서 깨어난 후에 이미 꾼 꿈들의 의미를 생각하였는데 첫 번째 꿈은 과거의 오류에 대한 경고이며, 두 번째 꿈은 그를 사로잡은 진실의 정신이 내습한다는 것이고, 마지막 꿈은 모든 과학의 가치와 참된 지기에의 길을 열

▶데카르트의 꿈(289쪽 그림)_〈제1철학에 관한 성찰〉에서 그는 꿈과 연관지어 자신의 논리를 전개하였다. 즉, 꿈속에서도 깨어 있을 때만큼 생생한 감각적 경험을 하는데, 꿈에서의 감각적 경험이 환각인 것처럼, 현실에서 얻어진 감각적 경험 역시 환상에 지나지 않을 수 있으므로 이에 의존해서는 진리에 도달할 수 없다는 것이다. 무명의 마니아리슴 화가의 '삶의 꿈' 작품.

데카르트의 명제_데카르트는 가장 확실하고 의심할 여지가 없는 진리를 찾으려 했다. 그가 살았던 시절 유럽 대륙은 최후의 종교 전쟁인 30년 전쟁으로 혼란에 빠진 상태였기 때문에, 종교적-정파적-문화적 차이를 초월하여 존재하는 절대적 진리만이 혼란으로 인한 사회와 역사의 붕괴를 막을 수 있다고 봤다. 학문에서 확실한 기초를 세우려 하면 조금이라도 불확실한 것은 모두 의심해 보아야 하는데, 세계의 모든 것의 존재를 의심스러운 것으로 치더라도 이러한 생각, 즉 의심을 하는 자신의 존재만은 의심할 수가 없다. 그리하여 '나는 생각한다, 고로 나는 존재한다' 라는 근본원리가 《방법서설》에서 확립되어 이 확실성에서 세계에 관한 모든 인식이 유도된다. 이 명제는 근대철학을 대표하는 명제이며 데카르트 이후 근대철학은 이 명제에 절대적인 영향을 받았다.

것을 명령하는 것이라고 생각하였다. 이 사건은 데카르트가 참된 지식

으로의 접근법에 대하여 스스로가 정당성을 확신하고 있음을 보여주고

있다.

"진리란 오류의 반대이다."

르네 데카르트는 근세사상의 기본 틀을 처음으로 확립함으로써 근세
철학의 시조로 일컬어진다. 그는 이원론을 주장하였는데, 이는 과학적
자연관과 정신의 형이상학을 연결지어 세상을 몰가치적이고 합리적으
로 보는 태도와 정신의 내면성을 강조하였다. 대륙철학의 합리주의의 근
본이 된 그의 회의론은 다양한 해석으로 받아들여지고 있다. 그 중 가장
유명한 것은 '의심이 가능한 모든 믿음을 제외함으로써 기본적인 신념만
을 남기는 것을 목표로 한다'는 것이었다. 그는 수학을 이러한 의심의 여
지가 없는 기본 신념으로 여겨 철학을 포함한 모든 진리를 수학적인 원
리로 해석하기 위해 노력했다. 또한 그는 철학뿐만 아니라 수학, 과학 방
면에서도 뛰어난 업적을 세웠다.

르네 데카르트_프랑스의 철학자, 수학자, 물리학자, 생리
학자. '근대철학의 아버지'라 불리우며, 합리주의철학의 길
을 열었다. 또한 해석기하학의 창시자로 투렌 지방의 귀
족 출신이다.

스웨덴의 궁정의 데카르트_오른쪽 탁자를 짚고 서 있는 인물이 데카르트이다. 피에르 루이 두메스닐의 작품.

"크리스티나는 학문에 대한
열정과 해박한 지식을 지녔다.
그녀는 여왕으로서
위대한 학자의 시간을 뺏을 권한을 지니고 있었다."

1649년 2월, 스웨덴의 여왕 크리스티나는 데카르트를 스웨덴 황궁으로 초대했다. 여왕은 일주일에 세 번 그에게서 철학 강의를 들었는데 반드시 새벽 5시에 강의하도록 명했다. 데카르트는 그동안 아침에 늦게 일어나는 습관을 가지고 있었지만 여왕의 명에 따라 일주일에 3일은 한밤중에 일어나서 스웨덴의 찬 공기를 가르며 자신의 숙소에서 여왕의 서재로 찾아가야 했다.

1650년 2월 1일, 새벽 찬 바람을 맞은 데카르트는 감기에 걸렸고, 곧바로 폐렴으로 악화되었다. 데카르트는 1650년 2월 11일 스톡홀름에서 세상을 떠났다. 그의 유골은 1667년에 파리에 돌아왔고, 주느비에브 뒤몽 성당에 안치되었다.

1799년 프랑스 정부는 그의 유해를 프랑스 역사관으로 옮겨 프랑스 역사상 위대한 인물들과 함께 모셨다. 1819년 이후 그의 유골은 다시 생 제르맹 데프레 성당에 안치되었다. 그의 묘비에는 이런 글이 적혀 있다.

"데카르트,
유럽 르네상스 이후 인류를 위해 처음으로
이성의 권리를 쟁취하고 확보한 사람이다."

데카르트의 두개골_1791년 그의 묘지를 인장하던 중 두개골이 없다는 것을 알게 되었고 1878년 그의 두개골이 스웨덴에서 경매에 붙여졌다. 현재는 프랑스 인류학연구소에서 소장하고 있으며, 이마에 "이 두개골은 르네 데카르트의 두개골이 맞다. 스웨덴 근위대장 한스트림이 보증한다"라고 적혀 있다.

스피노자의 자유사상

활동시기: 1632년~1677년. 네덜란드의 유대계 철학자.

▌ 데카르트의 합리주의에 입각하여 물심 평행론과 범신론을 제창하다

"내일 지구의 종말이 온다 할지라도
나는 오늘 한 그루의 사과나무를 심겠다."

인간의 자유의지에 의한 신념을 역설한 이 선언을 우리는 대개 스피노자가 한 말이라고 알고 있지만 마르틴 루터의 일기에도 이 구절이 적혀 있어 지금은 누가 확실히 이 말을 한 것인지가 분명하지 않다. 그러나 독특한 스피노자의 철학에 비추어 볼 때 스피노자가 이 말을 했다는 주장이 전혀 타당성이 없는 것도 아닌 듯하다. 그에 의하면 우주와 세계, 즉 시간과 공간이 하나이므로 시작과 끝이라는 것 자체가 성립될 수 없는 것이니 순간적 지구 변화에 연연하지 않고 갈 길을 끝까지 가겠다는 뜻으로 이해할 수 있기 때문이다.

스피노자는 신은 존재하며, 추상적이고 비개인적이라고 주장하였다. 그렇다고 해서 세상 만물에 영혼이 있다는 식의 애니미즘 같은 건 아니다. 모든 것이 하나의 실체이고, 바로 이러한 실체가 곧 신이라는 것이 그의 입장이다.

스피노자의 고향집_스피노자는 렘브란트와 같은 동네에 비슷한 시기에 살았는데 한번도 서로 만난 기록이 없다고 한다.

"정신은 사물의 현실적 존재를 파악함으로써가 아니라,
사물의 본질을 영원의 상 아래에서
파악함으로써 모든 것을 인식한다."

스피노자는 유일한 실체는 신뿐이고 나머지는 모두 이 실체의 변용이
라고 보았다. 변용이라 함은, 자체적으로 실존하는 것이 아니라 실체가
표현되는 방식에 불과하다는 것이다. 예를 들어 인간 역시 독립적인 실
체가 아니라 자연의 법칙에 의해, 그리고 세계의 끊임없는 변화 과정에
의해 만들어지고 변화하는 존재일 뿐이다. 즉 자연의 필연적 법칙들은
변화하지 않고 영원하지만 세계 안에 있는 온갖 사물들은 유한하고 끊임
없이 변해가는 존재라고 할 수 있다.

르네 데카르트가 물질과 정신을 전혀 다른 별개
의 독립된 실체라고 간주한 것과 달리 그는 물
질과 정신이 단지 동일한 실체(신)의 다른 속성
일 뿐이라고 했다. 데카르트는 신체와 무관
한 정신의 자유의지를 주장한 반면에 스
피노자는 신체가 갖는 관념이 곧 정신
이라고 보았다.

스피노자 동상_노발리스는 그를 '신에 취한 사나이'
라고 불렀다. '자연이 곧 신이다'라는 범신론을 주장
했기 때문이다.

"철학자들의 왕, 신학으로부터
철학을 구출해 낸 철학의 그리스도."

—질 들뢰즈

스피노자의 심신일원론은 윤리학으로 이어진다. 그는 세상에 절대적으로 선한 것도, 악한 것도 없으며 선악을 판단하는 주체가 자기 스스로를 보존하고자 하는 본성에 유익하다고 여기면 선, 해롭다고 여기면 악으로 판단할 뿐이라고 주장하였다.

즉 하늘은 자기 나름의 원리에 따라 비를 뿌리고 해를 비추지만 사람은 이를 은총으로 여겨 감사하기도 하고 천재지변이라며 원망하기도 한다는 것이다. 자연에는 원래 선악이 없는데 사람이 이를 선악으로 판단하는 것이다. 마찬가지로 인간의 행동이나 생각 역시 자연의 법칙에 의해 흘러가는 현상일 뿐이므로 절대적인 선악은 없다.

스피노자 입상_네덜란드 암스테르담에 있는 스피노자의 청동상이다. 스피노자는 신에 대해서는 꽤나 진보적인 믿음을 가지고 있던 철학자였다. 유일신에 대한 신학이론은 시대가 지나감에 따라 재해석되어야 한다고 주장했으며, 지금 절대적으로 믿고 있는 신에 대한 이론도내일이면 얼마든지 바뀔 수도 있다는 걸 인정했다. 물론이런 진보적인 신학 이론은 유대교에서 파면을 당하게되는 이유 중 하나가 되고 만다.

스피노자가 태어난 곳에 세워진 암스테르담의 스피노자 동상

"사람은 이성적 동물도
신의 복사판도 아니다.
본능적 의지 또는 욕망을 가진 존재다.
자신에게 이로운 것을 추구하고
자신에게 해로운 것을 피한다."

　그렇다고 해서 스피노자가 윤리적 상대주의를 주장한 건 아니다. 선악을 미리 상정해두고서 선을 따르고 악과 싸우라는 것이 전통적인 윤리적 접근이라면, 스피노자는 각 존재가 나름대로의 본성을 갖고 있으므로 그에 적합한 판단과 행동을 하라고 조언하였다.

　스피노자에게 있어 선한 것, 즉 적합한 것은 이성에 따르는 것이다. 이성을 따르지 않을 때 인간은 자신의 본성이 아니라 외부의 사물에 영향받은 정서(분노와 집착, 탐욕 같은)에 사로잡혀 수동적으로 살게 된다. 이성에 의해 세상의 질서를 이해하고 그 이해에서 자연스럽게 얻어지는 판단에 따라 사는 것, 그것이 스피노자의 관점에서 윤리적인 삶이고 또한 행복한 삶이기도 하다. 이런 관점에서 스피노자는 비윤리적인 삶이나 불행한 삶은 의지나 양심의 부족에서 온다기보다 이해의 부족에서 오는 것으로 생각했다. 결과적으로 그는 미신과 맹목에 맞서 철저한 이성적 사유를 펼쳐서 기독교와 가톨릭교 모두에게 배척받았다.

"지적인 면에서 그보다 뛰어난 철학자들은 있지만,
윤리적인 면에서 그를 따라갈 철학자는 없다."
—버트런드 러셀

스피노자는 1632년 포르투갈에서 가톨릭교회의 종교재판과 유대인 탄압을 피해 망명한 네덜란드 유대인사회 내에서 꽤 자리를 잡은 집안 출신이었다. 그는 젊을 때는 일찍 사망한 아버지의 뒤를 이어 사업을 영위하였고 학문적으로도 뛰어나 랍비가 될 재목으로 여겨지기도 했다.

스피노자는 유대공동체인 시나고그에서 전통적인 유대식 교육을 받았고, 율법학자(랍비)가 될 것이라고 촉망받았으나, 라틴어를 배우고 그리스도교를 접하면서 유대교의에 만족하지 않았다. 이후 아라비아와 르네상스, 데카르트 등의 사상의 영향을 받아 1651년경부터 독자적인 사상을 갖게 되고 유대교 비판과 신을 모독했다는 구실로 가혹한 탄압을 받고 추방되며 1660년경 다음과 같은 저주의 파문선고를 받는다.

스피노자_니체는 《신학정치론》을 읽고 '나의 진정한 선배 철학자를 찾았다'라고 말했다고 한다.

스피노자를 노리는 유대인_ 스피노자는 파면당한 이후에도 신학과 관련해서 발칙한 이론들을 익명으로 발표하면서 교인들에게 분노를 샀는데, 참지 못한 어떤 광신자가 스피노자를 찾아가서 칼을 휘둘렀다. 다행히 스피노자는 방어를 잘 해서 크게 다치지는 않았다고 한다.

"천사들의 결의와 성인의 판결에 따라 스피노자를 저주하고 제명하여 영원히 추방한다. 잠잘 때나 깨어 있을 때나 저주 받으라. 나갈 때도 들어올 때에도 저주받을 것이다. 주께서는 그를 용서 마옵시고 분노가 이자를 향해 불타게 하소서! 어느 누구도 그와 교제하지 말 것이며 그와 한 지붕에서 살아서도 안 되며 그의 가까이에 가서도 안 되고 그가 쓴 책을 봐서도 안 된다."

이를 계기로 그는 유대식 이름인 '바뤼흐'를 '베네딕트'로 바꾸었다. 이후 스피노자는 운명에 굴하지 않고 어떤 명예와 부, 권위에도 굴하지 않고 더 치열하게 살면서 오로지 철학적 진리를 구현하는 길로 나선다.

스피노자의 무덤_네덜란드 헤이그의 스피노자 무덤으로, 인근에 이준 열사가 자결한 곳이 있다.
◀**스피노자의 초상(300쪽 그림)**_평생 은거하다시피 살면서 철학을 탐구했지만 여기저기서 오는 편지는
잘 받고 답장을 해주었다고 한다.

> "음악은 우울증 환자에게는 약이고
> 고통 받는 사람에겐 좋지 않다.
> 그러나 귀머거리에게는 약도 독도 아니다."

유대인사회에서 추방되면서부터 그는 사회로부터 고립되고 가족도 없었지만 그렇다고 사회적으로 완전히 유폐된 삶을 산 것은 아니었다. 그에게는 여전히 여러 친한 친구들이 있었고, 스피노자 연구 모임이 있을 정도로 사상적인 팬들도 있었다. 하숙집 주인 가족과도 좋은 관계를 유지했다고 하며 온화한 철학자로서 주변 사람들의 존경을 받았다. 다만 그의 철학은 상대적으로 관용적이었던 네덜란드에서조차 위험했기 때문에 그의 책이 떳떳하게 출판되어 베스트셀러가 되는 일은 일어날 수 없었다. 《신학정치론》은 익명으로 출간되었으나 큰 논란을 일으켰고, 그의 대표 저서인 《에티카》는 출간을 시도하다 포기하여 사후에 출판되었다.

그가 44세의 젊은 나이에 폐병으로 사망한 것을 두고 렌즈를 가공하면서 생기는 유리가루를 많이 마셨던 것이 원인일 것이라고 추측하기도 하고, 아버지와 형도 폐질환으로 사망한 것을 토대로 가족력일 것이라고 추측하기도 한다. 죽는 날에도 닭고기 수프를 맛있게 먹고 친구인 의사와 하숙집 주인과 잡담을 나누기도 하다가 저녁 때 보니 죽어 있었다고 한다.

파스칼의 《팡세》

활동시기: 1623년~1662년. 프랑스의 사상가 · 수학자 · 물리학자.

현대 실존주의의 선구자로, 예수회의 이단 심문(異端審問)을 비판하다
'원뿔 곡선론', '확률론' 발표, '파스칼의 원리'로 근대수학의 원리를 밝히다

"인간은 생각하는 갈대이다."

근대 프랑스의 수학자이자 철학자이며 종교가인 블레즈 파스칼의 저서인 《팡세》에서 나오는 말로 원문은 이렇다.

"인간은 자연 가운데서 가장 약한
하나의 갈대에 불과하다.
하지만 그것은 생각하는 갈대이다."

《팡세》는 한 권의 책으로서 기획된 것이 아니라 파스칼이 그때그때 기억나는 사건과 연관된 단상들을 기독교적 신앙을 바탕 삼아 쓴 것이다. 팡세의 초판은 파스칼이 죽은 지 7년 만인 1669년에 발행되었다.

파스칼이 《팡세》를 집필한 직접적인 동기는 '성형(그리스도가 썼던 가시 면류관의 유물이라 일컬어짐)의 기적' 때문이라고 전해진다. 파스칼의 누나인 질베르트 페리에 부인이 《블레즈 파스칼의 생애》에서 파스칼이 《팡세》를 집필했던 동기를 밝혔다.

"1656년 3월 24일 내 딸 마르그리트 페리에(파스칼의 조카)에게 기적이 일어난 거예요. 3년 반 동안이나 앓아 오던 누낭염(눈물샘 염증)이 더욱 악화되어 실명의 위기에까지 갔고, 눈뿐만이 아니라 코와 입에서까지 고름

이 나올 정도였습니다. 그 눈병은 지독한 악성 질환으로 파리의 일류 외과의사와 그 밖의 어느 누구도 치료를 해내지 못했습니다. 그러던 어느 날 그 아이의 눈이 성형에 닿는 순간 말끔히 나아 버린 거예요. 이 기적은 세상 사람들이 시인하는 바이며, 프랑스의 유명한 의사들이 입증하는 것으로 교회들도 엄숙히 인정했습니다. 동생(파스칼)은 그 기적을 목격한 순간 그리스도의 권능에 숙연해졌습니다."

《팡세》는 전체 2부로 돼 있고. 1부에서는 〈신 없는 인간의 비참〉, 2부에서는 〈신과 함께하는 인간의 지복(至福)〉을 다룬다.

《팡세》_《팡세》를 읽어본다면 교부철학이나 기독교 이론, 믿음 자체에 정면도전을 하는 파스칼의 당시로는 꽤나 파격적인 사상의 면모를 읽을 수 있다. 그러나 기독교를 부정하는 내용은 아니다. 기독교의 일부 분파나 인물을 비판하는 내용이 있어서 초판에서는 교회의 명령으로 이런 부분이 빠졌다. 인간 본연의 구원과 해답에 대한 묵상 등 여러 가지를 담은 《팡세》는 한번 읽어볼 가치가 충분하다. 조르주 드 라 투르의 작품.

"클레오파트라, 그녀의 코가 조금만 낮았더라면
지구의 모든 표면은 변했을 것이다."

우리가 클레오파트라를 언급할 때면 늘 나오는 말로, 이 글은 파스칼의 《팡세》에 나오는 인간의 교만을 경고한 유명한 문장이다.

파스칼은 1623년 6월 19일 프랑스의 클레르몽페랑 지방에서 루앙의 회계사 에티엔 파스칼의 아들로 태어났다. 어렸을 때부터 수학의 신동이라는 이름이 아깝지 않을 정도로 특출한 재능을 드러냈다. 그가 12세 때 기하학을 배우지 못한 상태에서, 삼각형의 내각의 합이 180도라는 사실을 오직 자력으로 발견하여 아버지 및 주위 사람들을 놀라게 했다. 이를 계기로 아버지는 어린 파스칼에게 유클리드의 〈기하학 원론〉에 관한 책을 주고 본격적으로 기하학 공부를 계속하게 격려했다. 그리고 다음해인 13세 때에 그는 파스칼의 삼각형을 발견했다.

파스칼의 삼각형이란 자연수를 삼각형 모양으로 배열한 것으로, 원래 중국인에 의해 만들어졌으나 파스칼이 체계적인 이론을 세우고 그 속에서 흥미로운 성질을 발견했기 때문에 파스칼의 삼각형이라고 부른다. 16세 때에는 기하학을 정리한 〈파스칼의 정리〉를 증명했다. 또한 18세 때는 회계사 일로 고생하는 아버지를 위해 톱니바퀴를 이용한 최초의 기계식 계산기를 만들었다.

파스칼의 정리_평면 위에 있는 여섯 점이 같은 원뿔 곡선 위에 있으면, 이 여섯 점으로 이루어진 육각형의 대변을 연장한 교점은 같은 직선 위에 있으며, 그 역도 성립한다는 정리. 이 육각형을 파스칼의 육각형, 직선을 파스칼 선이라고 한다.

파스칼의 기계식 계산기_숫자판이 한 자리씩 띄엄띄엄 일렬로 있으며, 10갈래의 바큇살이 있는 바퀴가 숫자판의 자릿수만큼 일렬로 배치되어 있어서 바큇살을 돌리면 숫자판의 드럼이 돌아가는 것으로 계산을 수행하는 원리이다. 비록 이때는 덧셈/뺄셈만 가능했고 그나마도 덧셈과 뺄셈을 전환하려면 숫자판 가리개를 올렸다 내리는 식으로 해야 하는 불편함도 있었지만, 그래도 컴퓨터 발달사로 봤을 때는 매우 획기적인 물건이다.

"도박을 즐기는 모든 인간은,
불확실한 것을 얻기 위해서
확실한 것을 걸고 내기한다."

이 조숙한 천재는 루앙에 있을 때 얀선주의(네덜란드의 가톨릭 신학자 코르넬리스 얀세니우스가 주창한 교의)의 신앙혁신운동을 처음 접하며 최초의 회심을 경험하였다. 1647년 질병의 진단을 받기 위해 파리로 돌아와, 그 무렵 귀국 중에 있던 르네 데카르트의 방문으로 서로 만나게 되었다.

1651년 아버지가 죽은 후 여동생 자클린이 포르 루아얄 수도원으로 들어간 것과는 달리, 파스칼은 로아네스 공, 슈발리에 드 메레 등과 친교를 맺고 사교계에 뛰어들어 인생의 기쁨을 추구했다. 이 시기 도박꾼 슈발리에 드 메레가 어떤 게임에서 점수를 매기다가 중단된 경우 상금을 배분하는 문제를 해결하고자 파스칼에게 문의하였다.

블레즈 파스칼_유로화 이전 프랑스 500프랑의 화폐에 그려진 파스칼.

점수분배 문제는 일정한 점수를 따면 그 딴 쪽이 상금을 타는 경기에서 한 쪽이 이기고 있는데 부득이한 사정으로 경기가 중단됐을 때 상금을 배분하는 방법이다. 3년간 연구를 중단했던 파스칼은 이를 계기로 확률론을 창안하여,《수삼각형론》을 썼다.

**"이 무한한 우주 공간의 영원한 침묵이
나를 두렵게 한다."**

1654년 여름부터 파스칼은 사교계에 대한 혐오감이 점점 싹트게 되고, 다시 수학에 재능을 꽃피우려는 순간에 마차사고가 발생했다. 그는 사두마차를 타고 있었는데, 말의 고삐가 풀려 마차가 다리로 돌진했다. 다행히 생명에는 아무런 지장이 없었지만, 이런 행운은 지독한 신도였던 그가 자기 분석을 하도록 만들었다. 그리고 파스칼은 점점 더 신학에 집착하게 되어 포르 루아얄 수도원의 객원 연구원이 되었다.

"무엇이든지 풍부하다고 반드시 좋은 것은 아니다.
더 바랄 것 없이 풍족하다고 해서
그만큼 기쁨이 큰 것은 아니다.
모자라는 듯한 여백. 그 여백이 오히려 기쁨의 샘이다."

파스칼은 1658년에 두통에 시달리면서 정신적으로 엄청나게 고통을 받았다. 두통이 멈추지 않아 잠도 제대로 못 이룰 정도로 고통스럽게 4년을 지냈다. 비록 이 두통을 잊고자 사이클로이드를 연구하여 수학의 발전에 크게 기여하였지만, 1662년 6월, 자기 부정 행위로서 파스칼은 천연두에 걸린 가난한 가족에게 집을 내주고 누이의 집에 들어가 지냈고 같은 해 8월 19일 경련 발작으로 그의 찬란하면서도 고통스럽던 생애가 막을 내렸다. 사체를 해부한 결과, 그의 위장과 중요 기관들이 정상이 아니었고 뇌에도 심각한 외상이 있었다.

블레즈 파스칼의 데드 마스크
근대 최고의 수학자,
물리학자, 종교철학자인 파스칼
그는 여기 잠들었지만
팡세는 영원히 살아 있을 것이다.
-블레즈 파스칼의 묘비명

아이작 뉴턴의 만유인력

활동시기: 1643년~1727년. 영국의 자연철학자, 물리학자, 천문학자, 수학자.

▌과학혁명에 있어서 지대한 공헌을 하다
▌《자연철학의 수학적 원리》로 고전역학과 만유인력의 기본을 제시하다

**"내가 다른 사람보다 더 멀리 볼 수 있었던 것은
거인의 어깨 위에 서 있었기 때문이다."**

영국의 물리학자이자 수학자인 아이작 뉴턴이 만유인력의 법칙을 발견한 후 가슴 벅찬 발견의 기쁨을 피력한 말이다.

1655년 어느 가을 저녁, 뉴턴은 시골 앞마당의 사과나무에서 사과가 떨어지는 것을 유심히 살펴보다가 만유인력의 법칙에 관한 영감을 얻었다. 사과가 옆으로도, 어슷하게도 떨어지지 않고 늘 곧게 일직선으로 떨어지는 것을 보면서 지구 중심에서 사과를 끌어들이는 것과 같은 힘이 있고 또한 달을 끌어들이고 있다는 것을 깨달았다. 모든 사물의 움직임에 관심이 많았던 29세의 뉴턴이 만유인력의 법칙을 발견하는 계기가 된 일화이다. 그는 1687년에 발표한 논문 〈프린키피아(Principia)〉를 통해 만유인력의 법칙을 발표하였다.

뉴턴의 사과_ 떨어지는 사과에서 뉴턴은 만유인력을 발견했다.

고트프리트 빌헬름 라이프니츠_아이작 뉴턴과 어깨를 나란히 한 라이프니츠는 다양한 학문분야에서
업적을 남겼다. 그는 생각의 요소 및 이들의 결합 법칙을 알아내려고 했다. 수학의 미적분을 발견했고,
계산기 발명 등 다양한 장치들을 구상했다.

"인류 역사상 뉴턴이 살았던 시대까지의
　수학을 놓고 볼 때, 그가 이룩한 업적이 반 이상이다."
　─고트프리트 빌헬름 라이프니츠

　독일의 유명한 수학자이자 철학자인 라이프니츠는 뉴턴의 업적만큼
대단한 것도 없다는 식으로 뉴턴의 위대성을 극구 칭송하였다.

　뉴턴의 유년기는 불행했다. 갈릴레오 갈릴레이가 세상을 떠난 그 다음
해 크리스마스 이브와 크리스마스 사이 밤에 태어났으며, 아버지는 이미
죽어 유복자였고 1개월 일찍 태어난 미숙아라 몸이 양말에 들어갈 정도
로 작았다고 한다. 뉴턴이 태어났을 때 어머니는 재혼을 했고, 뉴턴은 외
할머니와 외삼촌 집에 남겨지게 되었다.

　새아버지는 뉴턴의 어머니보다 훨씬 나이가 많은 교구 목사였는데 의
붓아들인 뉴턴과 갈등이 심했다. 이러한 점이 뉴턴의 괴팍한 성격에 많
은 영향을 미쳤다고 한다.

"분발하라. 분발하면 약한 것이 강해지고
적은 것이 풍부해질 수 있다.
나의 소년 시절은 신체적으로나
정신적으로 허약하고 빈약하였다.
나는 가장 건강하고 공부 잘하는 아이를
이겨 보리라고 결심하고 분발한 결과
몸이 건강해졌을 뿐 아니라
학교 성적도 상당히 올라갔다."

어릴 적 뉴턴의 말처럼 그는 처음부터 공부에 두각을 나타내지는 않았다. 처음 초등학교에 입학하였을 때 뉴턴의 성적은 중하위권이었는데, 당시 뉴턴보다 조금 더 성적이 나았던 한 학우와의 다툼 후에 그에게 경쟁심을 가져 공부를 진지하게 시작하게 되었다. 그 학우를 따라잡는 데에는 얼마 걸리지 않았으나, 뉴턴의 공부에 대한 열정은 이를 계기로 비약적으로 커져 갔다.

아이작 뉴턴의 고향 울스도프의 집

뉴턴은 성장 시절 여러 모로 독특한 행동으로 주위를 놀라게 했다. 크롬웰이라는 폭풍이 영국을 강타해 큰 피해가 난 적이 있는데, 고향에 있던 뉴턴이 살던 곳에서도 폭풍우로 강한 회오리바람이 불었다. 그런데 뉴턴은 바람이 부는 바깥으로 나와 널뛰기를 하면서 바람의 강도를 측정하여 마을 사람들로부터 지탄을 받았다. 또 한 번은 밤하늘을 관측하려고 연에 등불을 달아 올렸다가 난데없이 밤중에 혜성이 떨어진다며 마을 사람들이 놀라 난리가 벌어지기도 했다.

"나의 능력은 평범하다.
오로지 실행력이 나를 성공으로 이끌었다."

1661년 6월 뉴턴은 선생님의 제안으로 영국 케임브리지 대학교 트리니티 칼리지에 입학하였다. 그 시절 대학의 가르침은 아리스토텔레스의 철학에 기반을 두고 있었는데, 뉴턴은 이를 르네 데카르트와 같은 현대철학자의 철학으로 바꾸고, 천문학 역시 갈릴레오 갈릴레이와 같은 천문학자의 이론으로 대신하였다.

1665년 그는 이항정리를 일반화하였고, 이는 훗날 미적분학의 기초가 되었다.

아이작 뉴턴_영국의 물리학자 · 천문학자 · 수학자 · 근대이론과학의 선구자. 수학에서는 미적분법을 창시했고, 물리학에서는 뉴턴 역학의 체계를 확립했다.

"진리는 복잡하거나 섞여 있는 것들에서가 아니라
단순함에서 발견됐다."

1665년 영국에서는 흑사병이 대대적으로 유행하게 되어, 이 기간 동안
케임브리지 대학교는 폐교하였다. 이 시기에 뉴턴은 2년 동안 고향에 내
려가 있었다. 그의 위대한 업적의 대부분은 이 시기, 즉 1665~1666년에
싹튼 것으로, 유명한 사과의 일화도 이 무렵의 일이다. 2년간의 한적한
시골생활은 과학과 철학에 대한 사색에 많은 시간을 할애할 수 있는 기
회를 주었으며, 이 시기에 수학, 광학, 천문학, 물리학의 중요한 발견들
을 해냈다. 이후 광학에 대한 연구를 통하여 망원경을 발명해낸 업적을
인정받아, 1669년에 신학에 투신하기로 뜻을 굳힌 그는 입학 후 약 10년
만에 케임브리지의 루카스 수학 석좌 교수직으로 올라섰다.

◀**아이작 뉴턴의 초상**(312쪽 그림)_뉴턴은 만유인력의 법
칙뿐만 아니라 운동의 세 가지 법칙을 만들었고, 반사
망원경을 제작하였을 뿐만 아니라, 수학적으로는 미적
분학을 발달시키는 등 수많은 업적을 남겼다.

뉴턴의 망원경_반사망원경의 한 종류로서, 대물 광학
계에는 오목거울을 쓰고, 오목거울의 초점 근처에 작은
평면거울을 비스듬히 두어 1차 상을 옆으로 빼낸 다음,
그것을 보거나 접안 광학계로 확대하여 본다.

뉴턴은 평생 독신으로 살았으며 여성과 경험이 없는 동정이었다. 뉴턴 자신도 동정이라는 사실을 자랑스럽게 여겼을 정도였다. 여성혐오증이 있었다고 하는데, 자기에게 여자를 소개해준 친구에게 절교하는 편지를 보냈을 정도였다. 그가 이렇게 된 원인은 모친 때문일 가능성이 크다.

뉴턴의 어머니는 뉴턴의 아버지가 죽은 뒤 뉴턴을 낳고 3살 무렵에 집을 나가 11살에 새아버지와 동생들을 데리고 집으로 돌아왔다. 이후 뉴턴은 이런 어머니를 멀리했고 새아버지와도 평생 사이가 소원했다고 전해진다. 다만 여자를 싫어했지만 자신의 여자 친척이 집안일과 빨래를 도와주는 건 흔쾌히 찬성했다.

이런 그의 성격은 짐작하는 대로 말년에 성질 괴팍한 노인네라고 불렸다고 한다. 그래도 전해오는 말로는 제자들이 스승 뉴턴의 업적을 추앙하자 피식 웃으면서 다음과 같이 말했다.

"난 겨우 꼬맹이에 지나지 않고,
내가 한 업적이라는 건
그 꼬마가 바다에서 주운 조개껍질 한 줌에 지나지 않는다네.
바다에는 더 많고 더 엄청난 업적이라는 게 많으니
자네들도 그 꼬마의 조개껍질을 덮는 엄청난 발견을 할지
누구도 모르는 일 아닌가?"

연구하는 뉴턴_영국의 신비주의 화가인 윌리엄 블레이크가 그린 뉴턴으로, 뉴턴의 역학을 나타내고 있다.

　뉴턴은《프린키피아》라는 책을 발간했는데, 책에는 두 물체 사이의 중력의 힘을 규정하는 수학적 공식을 숫자로 표시한 만유인력의 법칙과, 현대물리학의 기초가 된 '3가지 운동의 법칙'이 자세히 설명되어 있다. 이들 두 가지 위대한 법칙은 행성의 움직임을 설명함으로써 하늘을 이해시켰고, 밀물과 썰물의 움직임, 인간이 어떻게 지구에 머물 수 있는가 등의 궁금증을 단숨에 풀어냈다. 또한 역학의 기초를 세웠고 미적분학을 발표하여 경제학을 비롯한 다양한 분야에 절대적인 영향을 주었다. 근대 과학의 아버지로 칭송되는 뉴턴은 이외에도 자연철학자, 신학자, 또는 연금술사로서 커다란 업적을 쌓았다.

뉴턴은 1727년 3월 31일 84세의 나이로 평안하게 세상을 떠났다. 그의 유해는 웨스트민스터 사원에 안장되었다. 석관 위에는 그가 생전에 쓴 저서들에 팔꿈치를 올려놓고 몸을 기댄 모습이 조각되었으며, 연구에 사용했던 망원경과 프리즘 등의 기구가 묘사되었다. 또한 그를 추모하기 위해 당대 최고의 시인이었던 알렉산더 포프가 묘비명을 지었다.

"대자연과 자연의 법칙은 어둠에 감싸여 있었도다.
주께서 "뉴턴이 있으라!" 하시매 모든 것이 밝아졌도다."
─알렉산더 포프, 아이작 뉴턴의 묘비명으로 쓴 글

◀웨스트민스터 사원의 뉴턴의 묘(316쪽 그림)_함께 사원에 안장된 과학자로는 제임스 클러크 맥스웰, 찰스 다윈, 찰스 라이엘 등이 있다.
아이작 뉴턴의 임종을 지켜보는 리처드 미드_뉴턴의 학문적 스펙트럼은 굉장히 넓어서 과학, 신학뿐 아니라 철학에도 상당한 조예가 있었다고 한다. 뉴턴은 1727년 3월 20일(그레고리력 1727년 3월 31일에 해당)에 사망했으며 웨스트민스터 사원에 안장되었다. 무명 화가의 작품.

모차르트의 천재적 음악세계

활동시기: 1756년~ 1791년 오스트리아 출신의 천재음악가.

▋ 음악사상 가장 위대한 작곡가, 고전주의 음악의 시대를 열다

"천재를 만드는 것은 지성도 아니고 상상력도 아니다.
사랑, 사랑, 열렬한 사랑이 천재의 영혼을 만든다."

천재는 만들어지는 걸까? 아니면 타고나는 걸까? 여기 타고난 천재가 있다. 그는 세 살 때 피아노를 치기 시작했고, 여섯 살 때 피아노 용 미뉴에트를, 여덟 살 때 교향곡을 작곡했다. '신동'이라는 찬사로도 부족한 천재였던 그는 음악사상 가장 위대한 작곡가로 평가받고 있는 '볼프강 아마데우스 모차르트'이다.

모차르트는 어릴 때부터 연주 여행을 하며 여행지마다 새 지식과 작곡 기법을 습득하였다. 그리고 이탈리아적인 명랑함과 독일적인 건강한 화성을 익힘과 동시에 고전파시대의 중심이 될 만한 기량을 배웠다.

첫 번째 여행에서 마리아 테레지아 여왕의 딸이자 비운의 여인이 된 마리 앙투아네트를 만났다. 장난을 치다 넘어진 모차르트를 그보다 1살 많은 마리아 안토니아(후에 마리 앙투아네트) 공주가 일으켜 세워주었다. 이때 모차르트는 대담하게 공주에게 청혼을 했다고 한다.

어린 모차르트의 초상

오스트리아 빈 궁전의 어린 모차르트_어린 모차르트가 음악 여행 중 빈의 궁전에서 여왕 마리아 테레지아와 귀족들 앞에서 연주를 하는 장면이다. 미쉘 바르텔레미 올리비에의 작품.

"언어가 끝나는 곳에서 음악은 시작된다."

잘츠부르크에 돌아온 모차르트 가족은 큰 변화가 생겼다. 아버지 레오폴드는 대주교 궁의 궁정 음악가였다. 모차르트 가족이 오랜 동안 연주여행을 다닐 수 있었던 것은 대주교의 허락이 있었기 때문이다. 그런데 새로운 대주교가 된 콜로레도 공은 이들의 외유를 허락하지 않았다. 이미 중년에 접어든 레오폴드는 고향에서 궁중 음악가로서 살기로 결정하였다. 그리고 아들에게도 같은 삶을 권하였다.

모차르트의 가족 초상_가운데가 볼프강, 왼쪽에 마리아 난네를, 오른쪽에 레오폴트 모차르트, 벽에 걸려 있는 액자는 죽은 어머니의 초상화이다.

"다른 사람이 칭찬을 하든지
비난을 하든지 나는 개의치 않는다.
다만 내 감정을 충실히 따를 뿐이다."

이미 국제적인 무대에서 활동하던 모차르트가 20살도 되지 않은 청춘으로 잘츠부르크에만 머물기에는 무대가 너무 좁았다. 그는 아버지의 반대를 무릅쓰고 연주 여행을 계속하였다.

1777년에는 어머니와 함께 파리로 떠났다. 그곳에서 그는 처음으로 시련을 경험했다. 이제 더 이상 신동이 아닌 모차르트에게 열광하는 청중은 없었으며, 설상가상으로 파리의 하숙집에서 어머니의 죽음을 지켜보게 되었다. 어느 날 갑자기 찾아온 어른의 삶이 그를 억눌렀다.

"음악이 열정이 넘치더라도, 격렬하든 아니든,
혐오감의 원인으로 표현되지 않아야 한다.
그리고 음악은 가장 공포의 상황에서도
듣는 사람을 고통스럽게 하지 않아야 하며
사람들을 기쁘게 하고 매료시켜야 한다.
그래서 음악으로 항상 남아 있게 된다."

힘든 경험 후에 잠시 고향에서 교회 오르가니스트와 궁정 악단의 악장으로 있었던 그는 어느 날 대주교로부터 해고를 당하고, 빈에서 독립 음악가(프리랜서)의 삶을 시작하였다. 모차르트가 전업작곡가라는 당시로서는 새로운 '직종'의 창시자에 가깝다는 사실은 사회사(혹은 역사사회학) 및 예술사적으로 매우 의미 있는 일이다. 전업작곡가 이전의 음악가들이 거의 궁정악사, 악장이나 교회 전속 음악가로 직업이 협소하게 정해져 있었던 반면, 모차르트가 전업프리랜서가 되면서 당대의 계몽주의사상과 맞물려 음악의 패러다임이 바뀌기 시작한 현상이자 원인이 되었기 때문이다.

단적으로 모차르트의 전례가 없었다면, 베토벤의 활동이나 이후 슈베르트를 위시한 낭만파음악, 다시 현대음악의 시작인 쇤베르크 등으로 이어지는 음악의 시대사적 변화가 하나의 사회구조적인 현상으로 형성되기는 어려웠을 것이다.

모차르트의 황금 메달

"사람들은 내 음악이 쉽게 만들어진다고
생각하는 우(遇)를 범한다.
그 누구도 나만큼 작곡하는 데 시간을 보내고,
작곡에 대해 생각하지는 않았을 것이다.
내가 거듭 연구해보지 않았던 음악의 거장은 없다."

모차르트는 26살이 되던 해에 아버지가 반대하는 콘스탄체와 결혼을
했다. 어렸을 때는 한순간도 아버지의 품을 벗어나지 않는 자랑스러운
아들이었는데, 이제 아버지가 반대하는 일만 하는 고약한 아들이 되어
버렸다.

프리랜서가 된 모차르트는 뛰어난 피아니스트로 각광을 받았으며, 오
페라 〈피가로의 결혼〉은 오페라 역사에 큰 획을 그은 작품이다. 빈에서
도 큰 성공을 거두었지만 모차르트가 방문한 프라하에서는 더 폭발적인
인기를 얻었다.

▶모차르트와 콘스탄체 초상(323쪽 그림)
모차르트의 〈피가로의 결혼〉_1786년 5월 1일 빈의 부르그테아터에서 초연되었는데 당시 국왕이 앙
코르의 횟수를 제한하는 명령을 선포했을 정도로 대단한 성공을 거두었다. 〈피가로의 결혼〉 오페라
의 한 장면.

모차르트는 시대의 트렌드에 민감했다. 그는 바로 귀족 문제를 다루며 군주에게 어울리는 오페라를 작곡했다. 모차르트는 오페라 3부작이라 할 수 있는 〈세비야의 이발사〉, 〈어느 멋진 날 또는 피가로의 결혼〉, 〈죄 많은 어머니〉를 국왕 앞에 선보였다. 당시 조금이라도 정치적 뉘앙스를 풍기는 오페라는 상연이 금지되었다.

그럼에도 불구하고 다분히 정치적 색깔을 지닌 〈세비야의 이발사〉를 요제프 2세의 누이인 마리 앙투아네트가 트리아농 별장에서 상연하도록 했다. 그녀는 이 오페라에서 로지나 역까지 연기했다. 요제프 2세는 1785년 초 케르텐 구역 바깥에 있는 극장에 한해서 이 연극들의 상연을 금했다. 이 희곡은 그리하여 논란의 소지를 가지게 되었고 첨예하게 다루어졌다.

"오페라는 반드시 시가
음악에 종속되어야 한다.
아니, 가장 바람직한 것은 연극을 이해하고
무엇인가를 제시해 줄 수 있는
훌륭한 작곡가가 현명한 시인,
진정으로 뛰어난 인재를 만나는 것이다!"
—1781년 10월 13일 모차르트의 편지 중에서

모차르트의 밀랍

모차르트의 〈마술피리〉_ 이 오페라는 당시 외국어(이탈리아어)를 이해하지 못하는 서민들을 위해 만들어진 소박한 징슈필(연극처럼 중간에 대사가 들어있는 독일어 노래극)이었다. 〈마술피리〉가 초연된 빈의 극장 역시 '소시지 굽는 냄새가 진동하는 장터에 줄을 서서 입장권을 사야 하는' 서민적인 곳이었다. 그런데도 이 오페라는 공연 때마다 거의 티켓이 매진될 만큼 늘 인기가 좋았다.

모차르트는 그의 작품이 대중가요와 마찬가지로 개혁을 꿈꾸는 시민계급의 이상과 더불어 연주되었지만, 그와 똑같은 호의로 지체 높은 자들의 수요에도 응했다. 그는 아픈 몸을 돌볼 새도 없이 빈에서 자신의 마지막 오페라가 된 〈마술피리〉를 초연했다. 이 작품의 초연은 성공적이었으나 이와 별도로 그의 건강은 점점 나빠졌는데, 이런 상황에서도 쉬지 못하고 레퀴엠(진혼곡)의 작곡에 매달려야 했다.

이 레퀴엠은 당시 28살의 젊은 귀족이었던 프란츠 폰 발제그 백작이 거액을 주고 20살에 죽은 자기 아내를 애도하기 위한 목적으로 작곡을 의뢰한 것이다.

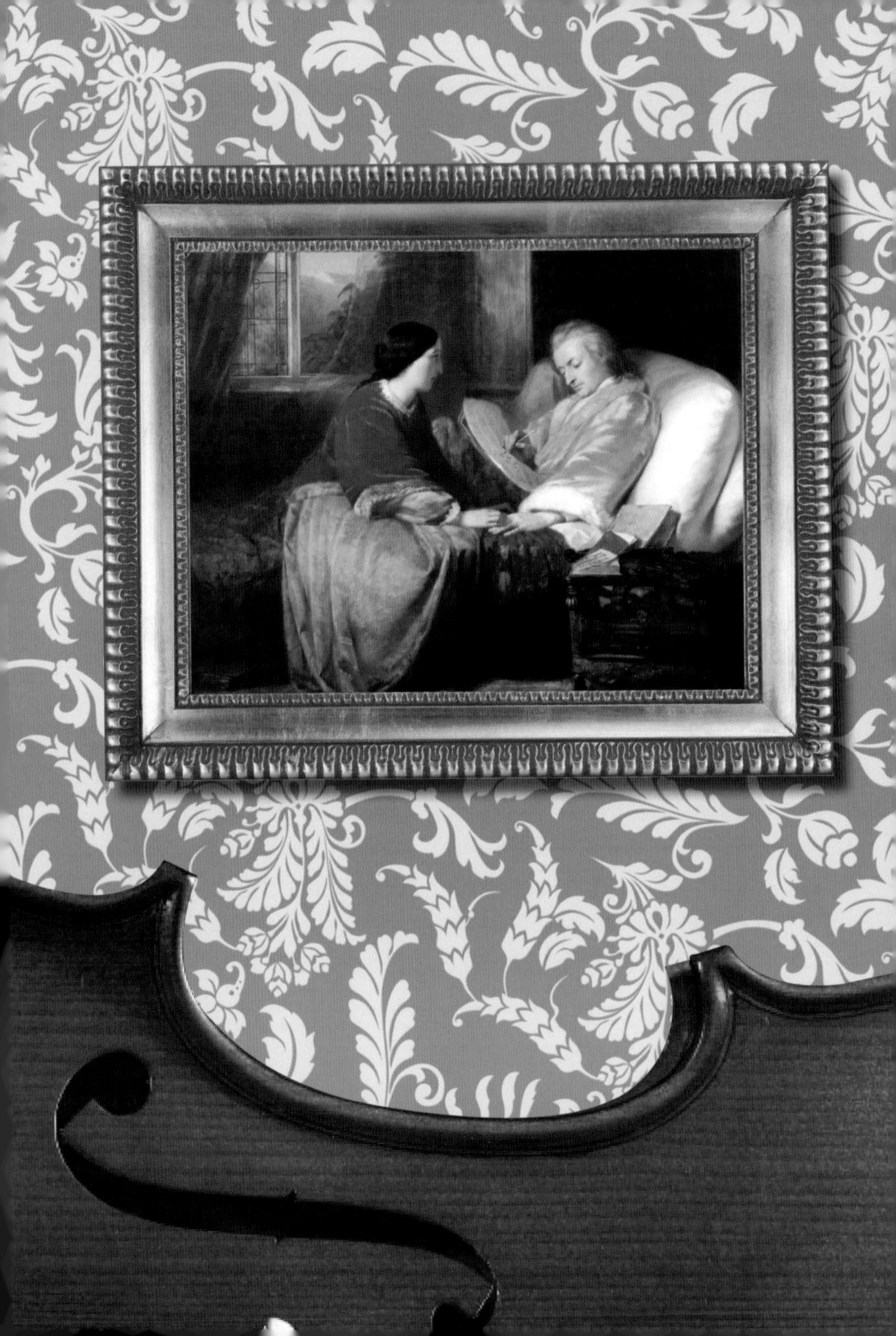

모차르트는 작곡료의 절반을 미리 받고 빠른 시일 내에 완성해 달라는 독촉을 받았는데 건강이 악화되는 바람에 작곡에 속도를 내기 힘들었다. 그리고 11월 20일에 고열과 부종에 시달리다가 급기야 구토를 하면서 쓰러졌다. 아내와 처제가 그를 간호하고 가족 주치의에게 치료를 맡겼으나 차도가 없었다. 결국 그는 1791년 12월 5일 레퀴엠의 완성을 보지 못하고 사망했다. 이 레퀴엠은 결국 자신을 위한 곡이 되어 버린 셈이다.

"모차르트여!
이 멋진 나은 세상의 모습을 당신이 주셨나이까?
가볍고, 밝고, 좋은 날들이 내 평생 동안 내게 머무를 것입니다.
멀리서와 마찬가지로 모차르트 음악의 마법의 음표는
여전히 우아한 방식으로 내게 떠오릅니다."
—프란츠 슈베르트

◀**레퀴엠을 구상하는 모차르트**(326쪽 그림)_아내 콘스탄체가 간호하는 가운데 레퀴엠의 악보를 쓰는 모차르트를 묘사한 그림으로 모차르트는 레퀴엠을 완성하지 못하고 눈을 감는다. 윌리엄 제임스 그랜트의 작품.
오스트리아 빈 호프부르크 왕궁의 모차르트 동상

마리 앙투아네트의 진실

활동시기: 1755년~1793년. 프랑스 루이 16세의 왕비.

▨ 재위 기간 중 프랑스 대혁명에 체포돼 1793년에 처형된 비운의 왕비

"빵이 없으면 케이크를 먹으면 된다."

이 말은 오늘날 현실 감각 없는 무능한 정부를 비난하며 많이 쓰이는 문장으로, 마리 앙투아네트가 당시 프랑스 민중들을 향해 내뱉은 망언이라며 혁명세력이 퍼뜨린 말이다. 1780년대 말 대흉작으로 빈곤이 극에 달했을 때 민중들은 빈곤과 굶주림에 허덕였으나 감히 왕을 탓할 생각은 하지 않았다. 그들에게는 내일 당장 살아남는 것이 더 큰 문제였기 때문이다. 하지만 혁명세력은 민중을 동요시키기 위한 프레임이 필요했다. 그들은 오스트리아 왕녀 출신인 마리 앙투아네트를 겨냥하여 각종 악의적 거짓 정보를 만들어 민중들의 분노를 자극시켰다.

마리 앙투아네트_마리 앙투아네트의 공주 시절의 초상이다. 그녀는 오스트리아의 마리아 테레지아와 로렌 공작 프랑수아 3세의 11년로 프랑스로 시집오기 전의 이름은 마리아 안토니아였다.

하지만 마리 앙투아네트는 이런 말을 한 적이 없다.

이 말은 장 자크 루소의 《참회록》에 등장하는 내용을 혁명세력들이 인용한 것이다.

'옛날에 어느 공주가 빵이 없다는 농부들에게
브리오 슈(밀가루로 만든 과자)를 먹게 하라고 했다.
그녀가 아는 빵의 이름이 브리오 슈뿐이었고,
이것은 자기가 먹을 빵을 나눠주겠다는 호의의 말이다.'

마리 앙투아네트는 혁명세력들이 폄하하고 왜곡시킨 이미지와는 달리 민중의 삶에 관심이 많았다고 한다. 1780년대 말 대흉작으로 빈곤이 극에 달했을 때 그녀는 빈민들을 돕기 위해 자선파티에 참석했다. 그리고 식량난에도 불구하고 감자를 악마의 작물이라 부르며 기피하는 국민들에게 감자에 대한 인식을 바꾸기 위해 모자에 감자 꽃을 꽂고 등장하기도 했다.

마리 앙투아네트 흉상_마리 앙투아네트는 14세 때 오스트리아와 프랑스의 우호를 증진시키기 위해, 루이 15세의 손자 루이 16세에게 시집와서 왕세자비가 되었다.

베르사유 궁전의 화려한 거울의 방

오스트리아 공주 마리 앙투아네트와 프랑스의 루이 오거스트와의 결혼은 강대국으로 부흥하고 있는 프로이센(독일 북부 국가)을 견제하기 위해서 프로이센에게 위협받는 오스트리아의 공주와 프랑스 왕의 정략적 결혼동맹이었다.

당시 프랑스 황실 재정은 루이 14세, 루이 15세 황실의 지나친 국고 낭비로 인해 새로운 왕이 된 루이 16세와 마리 앙투아네트에게 커다란 짐이 되었다.

루이 16세는 왕에 오르자마자 루이 15세가 퐁파두르 후작 부인을 위해 지은 '프티 트리아농'을 마리 앙투아네트에게 줬는데, 그녀가 '프티 트리아농'에서 가장 좋아한 곳이 소박한 '르 아모의 농가'였다. 그녀는 이곳에서 농사를 지으며 이곳에서 나온 수확으로 간단하게 음식을 해 먹기도 했다.

"자만은 항상 다른 사람의 감탄에 의해 강화된다."

앙투아네트는 자신이 말한 것을 실천하기 위해 오스트리아 왕녀로서 자만에 빠지지 않으려 늘 근신하고 노력했다.

그러던 와중에 앙투아네트를 곤경에 빠트린 사건이 발생하였다. 그 사건은 '목걸이 사건'이었다. 당시 이 목걸이의 첫 주인은 뒤바리 백작 부인이었다.

왕녀의 탄생을 축하하는 마리 앙투아네트와 루이 16세

프티 트리아농의 르 아모의 농가_ 프티 트리아농은 프랑스 국왕 루이 15세의 정부였던 퐁파두르 부인을 위해 건축가 자크-앙주 가브리엘이 1762년부터 1768년 사이에 세웠다. 특히 프티 트리아농의 농가(방앗간)인 르 아모의 농가는 마리 앙투아네트의 명령에 의해 만들어졌다. 그녀는 그곳에서 농사를 짓기도 했고 루이 15세를 위해 작은 음악회도 열었다고 한다.

루이 15세가 애첩인 뒤바리에게 주기 위해 특별 제작한 목걸이였는데 루이 15세가 갑자기 사망하면서 이 목걸이를 제작한 보석상은 망하기 일보 직전에 놓이게 되었다. 보석상은 루이 16세에게 이 목걸이를 보여주며 구매를 해달라고 부탁하였다. 루이 16세는 당시 첫 딸을 출산한 앙투아네트에게 딱 어울릴 만한 목걸이라며 앙투아네트에게 선물했는데 앙투아네트는 목걸이를 거절했다.

"이 목걸이를 살 돈으로 군함을 축조하는 게 옳다."

돌려보낸 목걸이는 앙투아네트와 친한 모트 부인이 왕비를 빙자해 사기를 쳤다. 하지만 사건의 전모는 곧 드러났다. 비록 앙투아네트는 왕실 재판에서 무고함이 밝혀졌지만 그때부터 앙투아네트에 대한 소문이 꼬리에 꼬리를 물기 시작하였다.

보석으로 파문을 일으킨 마리 앙투아네트는 1785년 루이 샤를을 낳았고 보석 파문도 이제는 시들해져 잊혀가는 사건이 되었다. 하지만 앙트와네트를 위험에 빠뜨릴 만큼 백성은 힘든 삶을 계속 유지해 나가야 했다.

프랑스는 당시 미국의 독립에 대한 투자를 놓고 영국과 대결하는 구도였는데 영국에 지기 싫었던 프랑스는 영국보다 더 많은 돈을 미국에 보냈고 결국 재정이 파탄이 났다. 이에 혁명세력들은 민중을 봉기하여 들고일어났다.

문제가 된 목걸이
▶**슈미즈 차림의 앙투아네트(333쪽 그림)**_당시 이 그림은 모슬린 드레스가 왕비의 품위에 맞지 않는다고 논란을 일으킨 초상화이다. 현대의 눈으로 볼 때 이러한 모습은 충분히 품위있고 절제되어 있다. 그러나 겉모양으로 드러나는 권력보다는 왕비의 여성적인 면과 인간적 품성을 표현하려 했던 화가의 의도는 물의를 일으키고 말았다. 관람자들은 이 초상화가 왕비답지 못하며 대단히 '부적절'하다고 생각했다. 이 불운한 초상화는 곧 떼어내 치워졌지만 이후에도 계속 두고두고 가십거리가 되었다. 엘리자베스 르 브룅의 작품.

루이 16세는 혁명군에게 둘러싸여 불안에 떨었지만 프랑스를 떠날 생각은 하지 않았다. 하지만 앙투아네트는 당장에 아이들과 함께 오스트리아로 망명을 떠날 준비를 하고 오스트리아로 떠나던 중 혁명군에 의해 붙잡혔다.

루이 16세가 혁명에 반대한다는 사실이 만천하에 공개되었고, 혁명군은 오히려 루이 16세가 오스트리아로 가게 되면 혁명에 참가한 모든 백성들은 다 죽임을 당할 것이라며 유언비어를 퍼트렸다.

루이 16세는 앙투아네트와 함께 오스트리아로 계속해 탈출을 시도했지만 번번이 계속 잡혔고 결국 1793년 1월 21일 혁명재판에서 루이 16세는 사형을 선고받고 단두대로 끌려갔다. 루이 16세는 그래도 군주답게 위엄 있고 용감한 태도로 죽음에 임했다.

"프랑스인들이여!
나는 아무 죄도 없이 죽노라.
그러나 나는 나의 적들을 모두 용서하노라.
신께 기도하노니,
너희들이 흘리게 될 피가
다시는 이 프랑스를
찾지 않기를 바라노라."

생드니 성당 앞의 루이 16세와
마리 앙투아네트 조각상

앙투아네트의 최고의 죄는 적국인 오스트리아 출신 여자라는 것밖에 없었고, 사치와 향락에 빠져 있는 창녀만도 못한 더러운 왕족이라는 죄가 덧붙여져 있었다.

결국, 마리 앙투아네트는 1793년 10월 16일 콩코드 광장에서 참수를 당하게 된다. 참수 당일, 앙투아네트는 인분을 담아 움직이는 짐수레에 실려 처형장에 도착했는데 단두대에 올라가던 중, 실수로 사형집행인의 발을 밟았다. 그녀는 담담하게 말을 하며 단두대에 올랐다.

"실례합니다, 무슈. 일부러 그런 건 아니에요."

형장으로 끌려가는 앙투아네트_ 대부분 단두대 처형이라면 얼굴이 바닥을 향하게 눕는 게 보통인데 앙투아네트의 경우 일부러 공포심을 극대화하기 위해 칼날이 떨어지는 장면을 직접 보게 하기 위해 얼굴을 칼날을 보며 눕게 했다고 한다. 윌리엄 해밀턴의 작품.

혁명군은 왕실 가족을 의도적으로 깎아내리기 시작했고 앙투아네트를 걸고 넘어지기 시작했다. 그녀가 '르 아모 농가에서 농사를 지었다'라는 이야기는 빼고는 '그곳에서 수십 명의 남자에게 몸을 바치며 창녀와 다름없었다'라는 유언비어만 흘러 내보냈다.

역대 프랑스 왕비들 중 가장 검소한 생활과 백성을 사랑했던 앙투아네트는 그런 오명을 받은 채 지금도 역사는 '루이 16세와 앙투아네트의 사치로 인한 프랑스의 재정 파탄이 원인이 되어 프랑스 혁명이 일어났다'라고 설명하고 있다.

> "사랑하는 아가씨, 이것이 당신에게 보내는 마지막 편지입니다. 나는 지금 선고를 받았어요. 그러나 그것은 범죄자들에게 가하는 치욕적인 죽음의 선고가 아니라 당신의 오빠를 다시 만나볼 수 있는 선고입니다. 그분은 결백합니다. 나도 최후의 순간에 그분과 마찬가지로 처신하기를 바라고 있어요. 양심에 거리낄 것이 없는 사람은 모두 그렇겠지만, 나는 극히 평온합니다. 불쌍한 아이들을 남기고 가는 것이 정말이지 마음에 걸리는군요……(중략).
> ―마리 앙투아네트가 처형 전날 밤 시누이인 엘리자베트에게 쓴 마지막 편지

◀**형장으로 끌려가는 앙투아네트**(336쪽 그림)_ 단두대로 끌려가는 마리 앙투아네트를 묘사한 그림으로, 죽음을 앞둔 그녀가 자세를 흐트러뜨리지 않고 당당하면서도 담대한 모습으로 죽음을 맞이하려는 모습이다. 프랑수아 플라망의 작품.

단두대에 처형되는 앙투아네트

제국의 황제가 된 나폴레옹

활동시기: 프랑스 제1공화국의 군인, 독재자, 프랑스 제1제국의 황제.

▌ 탁월한 군사적 재능으로 프랑스 제2제정 황제에 오르다
▌ 나폴레옹의 법치주의, 능력주의, 시민평등사상이 근대사회 형성에 큰 영향을 미치다

"불가능이란 말은 나의 사전에 없다."

프랑스 육군의 수장으로 전 유럽을 제압한 나폴레옹이 전투에 나서기 전 병사들의 사기를 진작시키기 위해 했던 유명한 말이다.

그는 탁월한 지략과 전략으로 나폴레옹 전쟁을 승리를 이끌며 프랑스 제1공화국의 군인으로서 독재자이자 제1제국의 황제가 된 입지전적인 삶을 산 인물이다.

1789년, 잦은 전쟁으로 재정이 파산 직전에 이른 프랑스에서 불만이 폭발한 민중들에 의해 혁명이 발생하였다. 바로 프랑스 대혁명이다. 유럽을 뒤덮은 혁명의 불길 속에서 혼란은 가중되었다.

1793년 9월, 프랑스 남부의 항구 도시 툴롱에서 혁명정부에 대항한 왕당파의 반란이 일어났다. 이때 혁명군 진영은 무능한 지휘관들이 대부분이어서 효과적으로 대처를 하지 못했다. 그때 24세의 나폴레옹은 포병 장교로 전투를 지휘하였다.

장교 시절의 나폴레옹

툴롱 포위전_ 프랑스 혁명 초기에 프랑스 남부 항구도시 툴롱에서 발발한 왕당파의 반란에 대해 공화파가 승리를 거둔 전투이다. 당시 핵심적인 해군기지였던 툴롱은 후드 총독이 지휘하는 영국 함대의 명령 아래 있었다. 항구를 포위하던 프랑스 혁명군의 한 장군이 24세의 포병 대위 나폴레옹을 불러들였다. 청년 나폴레옹 보나파르트는 천재적인 혜안으로 전략을 세워 영국군을 쫓아내는 승리를 거두었다. 이로써 나폴레옹 보나파르트는 처음 이름을 알렸다.

그는 효과적인 사격이 가능한 위치에 포대를 구축한 뒤 왕당파와 영국군을 몰아냈다. 그 공로로 그는 약관의 나이에 준장으로 진급하였고 더 나아가 프랑스 황제가 되었다.

"작전계획을 세우는 것은 누구나 할 수 있다.
그러나 전쟁을 할 수 있는 사람은 적다."

나폴레옹이 전쟁에 나서기 전 스스로에게 자신감을 불어넣기 위해 하던 말이다. 전투에 있어서의 그의 천재성이 돋보이는 건 전술보다 전략 및 작전술에서의 능력이다. 특히 그의 병참술은 혁명에 가까울 정도였다.

그는 과거로부터 이어지던 현지 징발의 방식으로 보급소와 분배소를 설치하고 수송수단을 도입하면서 상설보급이 가능하도록 했다. 나폴레옹의 천재적인 용병술은 부관이 보기에도 놀라운 전략으로 감탄을 자아내게 했다.

"장군께서는 항상 소수의 병력으로도
다수의 병력을 이기셨습니다."

"아니다. 나는 내가 싸우는 곳에서는
늘 다수의 병력으로 소수를 이겼다."

사실 나폴레옹의 프랑스군은 영국, 프로이센, 러시아, 오스트리아 등 연합군에 비해 처음부터 수적 우위를 차지한 적은 별로 없었다. 하지만 그의 병참술 능력으로 인해 직접적인 교전 상황에서만큼은 오히려 프랑스군이 '수적 우위'를 차지하게 만들었다.

전쟁터의 나폴레옹_ 나폴레옹은 뛰어난 수송수단을 이용하여 전투가 벌어지는 현장에서 늘 수적 우위를 지켜냈다.

"승리는 노력과 사랑에 의해서만 얻어진다.
승리는 가장 끈기 있게 노력하는 사람에게 간다.
어떤 고난의 한가운데 있더라도 노력으로 정복해야 한다.
그것뿐이다. 이것이 진정한 승리의 길이다."

나폴레옹은 전투에서 배치된 군을 시찰하면서 병사 및 하급 장교들을 만나면 신상명세를 확인해 주고 고충을 들어주기도 했다.

"여기서 만나다니 오랜만이네.
자네는 지난 원정 때 전투에서 용감하게 싸운 용사가 아닌가?
그런데도 훈장을 받지 못하다니 내 잘못이네.
당장 훈장을 수여해주겠네!"

그의 이러한 말은 장병들의 사기 및 충성도를 고양시켰다. 물론 나폴레옹이 처음부터 이런 내용들을 기억했을 리는 없고 사전에 장병들을 뒷조사했다. 그렇다고 해도 평소 장병들의 나폴레옹에 대한 인망이 높지 않았다면 나폴레옹의 이런 행사가 진정성을 얻긴 힘들었을 것이다.

나폴레옹 흉상_ 나폴레옹은 당대 최고의 군사 전략가로서 프랑스 육군의 모든 부분을 전반적으로 선진화시켜 세계 최강으로 자리매김하게 한 주역이었다.

나폴레옹은 그를 따르는 병사들에게 아버지와 같은 존재였다. 그의 친화적인 자세는 탁월한 전략과 함께 여러 원정에서 승리를 거두었다. 한번은 독일·폴란드 원정 중 폴란드에서 보급에서 징발까지 어느 것 하나 제대로 되지 않아 프랑스 병사들이 굶주리고 있었다. 그런데 병사 중 하나가 용감하게도, 대열 옆을 지나가던 나폴레옹을 향해 폴란드어로 말했다.

"아빠, 빵 좀요(Papa, kleba)!"

그 말에 나폴레옹도 폴란드어로 말했다.

"없어(Nie ma)!"

나폴레옹의 말에 병사들은 웃음이 터져 불만이 좀 수그러들었다고 한다.

나폴레옹 휘장이 새겨진 주화

◀**아르콜레 다리를 건너는 나폴레옹**(342쪽 그림)_ 아르콜레 다리 전투는 프랑스 혁명 전쟁의 전투 중 하나이다. 당시 오스트리아가 영향력을 끼치고 있던 북이탈리아의 베로나 근처 아르콜레 소택지 주변에서 나폴레옹 보나파르트가 이끄는 프랑스군이 오스트리아군을 격파했다. 프랑스군이 아르콜레 다리를 건널 때의 전투가 특히 부각되어 회화로도 그려졌으나, 이것은 드라마틱한 효과를 노린 결과였고, 실제 전투는 매우 복잡한 전투였다. 앙투안 장 그로의 작품.

나폴레옹의 군사적 지략은 아우스터리츠 전투에서 유감없이 발휘되었다. 승승장구하던 그는 프랑스의 황제의 자리에 올랐다. 그럼에도 그는 오스트리아-러시아 연합군을 맞아 직접 전선으로 나아갔다.

전투 개시 전날 밤, 나폴레옹은 밤에 자는 병사들이 깰까 봐 횃불 하나 없이 시찰을 돌고 있었다. 그런데 황제가 자신들의 텐트 옆을 지나가는 것을 본 일부 병사들이 볏짚으로 횃불을 만들어 나폴레옹을 보러 나왔다.

이 일로 병영이 잠시 어수선해지자 다른 부대원들도 횃불을 들고 황제의 모습을 보러 나오는 통에 나폴레옹의 주변은 수많은 병사에게 둘러싸였다. 그때 누군가가 외쳤다.

"오늘이 황제 폐하께서 즉위하신 지 1주년 되는 날이다!"

그의 외침에 병사들도 외쳤다.

"황제 폐하 만세!"

이 광경은 건너편 오스트리아-러시아 연합군 진영에서도 보였다고 기록되었다. 나폴레옹도 훗날 이 일화를 '내 일생 최고의 순간'이었다고 말할 정도로 감격스러워 했다.

그리고 12월 2일의 아침이 밝았다. 나폴레옹은 완벽한 전술을 구사하여 전쟁을 승리로 이끌었다. 이 전쟁은 제3차 대프랑스 동맹을 와해시킨 전투이며 동시에 나폴레옹 전쟁 기간 동안 나폴레옹이 보여준 최고수준의 전술적 재능이 빛난 전투였다.

▶**알프스를 넘는 나폴레옹(345쪽 그림)_** 나폴레옹이 1800년 5월 알프스의 생 베르나르 협곡을 넘는 모습을 영웅적으로 묘사하고 있다. 자크 루이 다비드의 작품.

나폴레옹 1세와 오스트리아 황제 프란츠 2세의 회담_ 프랑스제국에 대항해 결성된 3차 동맹을 해체시킨 나폴레옹의 빛나는 승리 중 하나를 주제로 한 그림이다. 장 앙투안 바토의 작품.

이 전쟁의 승리는 나폴레옹 본인이나 프랑스제국에게 있어 가장 영광스러운 순간이었으며, 그의 적들에게 도대체 어떻게 해야 나폴레옹을 이길 수 있냐는 절망을 안겨준 전투였다.

"그대들이
'나는 아우스터리츠의 전장에 있었다.'
고 말하기만 하면 프랑스의 민중들은
'보라, 여기 진정한 용사가 있다.'
라고 말하리라."
―나폴레옹의 힘찬 훈시

제1통령 모습의 나폴레옹

"가장 곤란한 기술은
인간을 선택하는 일이 아니라,
선택된 인간에게 그들이 지닐 수 있는
온갖 가치를 주는 일이다.
나는 2년 뒤를 생각해서
지금껏 살아온 일이 없다.
행복이란 그 사람의 희망과 재능에
꼭 알맞은 일이 있는 상태를 말한다.
불행이란 일할 에너지를
가지고 있으면서도
할 일이 없는 상태를 말한다.
사회는 재산의 불평등이 없이는
성립되지 않는다.
불가능이란 말은 나의 사전에 없다.
불가능이란 소심한 사람의 허깨비이며,
비겁한 사람의 도피처인 것이다."
-나폴레옹 보나파르트

애덤 스미스의 국부론

활동시기: 1723년~1790년. 스코틀랜드 출신의 영국의 정치경제학자, 윤리철학자.

▍ 자본주의와 자유무역에 관한 이론의 기초를 제공하다

"우리가 매일 식사를 마련할 수 있는 것은
푸줏간 주인과 양조장 주인,
그리고 빵집 주인의 자비심 때문이 아니라
그들 자신의 이익을 위한 그들의 고려 때문이다."
— 애덤 스미스, 《국부론》 중에서

자본주의와 자유무역에 대한 이론의 기초를 제공한 고전경제학의 대표적인 이론가인 애덤 스미스의 경제에 관한 핵심 문장이다.

애덤 스미스는 스코틀랜드 파이프 커콜디의 세무관리의 아들로 태어났다. 1723년 6월 5일 커콜디에서 세례를 받았다. 아버지는 애덤 스미스가 세례받기 약 6개월 전에 사망했다. 4살경에 어머니와 함께 스트라센리 성의 성주였던 외삼촌 집에 놀러갔다. 그런데 어느 날 스미스가 성 근처에서 놀다가 여자 집시에게 유괴된 적이 있었다. 만약 수색대가 그를 찾지 못했다면, 불후의 역작 《도덕감정론》과 《국부론》은 세상에 나오지 못했을 것이고, 어쩌면 '보이지 않는 손'이란 개념도 탄생하지 않았을 것이다.

애덤 스미스의 집_애덤 스미스가 어머니 집 근처인 커크칼디에 살았던 집이다.

"영국의 산업혁명은
와트의 발명만이 아니고
스미스사상의 표현이기도 하다."
—프리드리히 엥겔스

　마르크스와 공동집필한 《독일 이데올로기》에서 유물사관을 제시하여
마르크스주의의 철학적 기초를 확립한 독일의 사회주의자 엥겔스는 애
덤 스미스를 영국의 산업혁명의 실질적인 설계자로 추켜세웠다.

　애덤 스미스는 14살에 글래스고 대학에 입학하여 철학자 데이비드 흄
의 친구였던 프랜시스 허치슨으로부터 윤리철학을 공부했다. 1740년 옥
스퍼드 대학교에 장학생으로 입학하였으나 옥스퍼드의 생활은 그의 삶
에 큰 영향을 끼치지 못하였으며, 1746년에 자퇴했다.

　1748년에 케임스 경의 후원으로 에든버러에서 공개강의를 하게 되었
고, 강의에 대한 호평이 계기가 되어 1751년
글래스고 대학 논리학 강좌의 교수가 되었
고, 이듬해 도덕철학 교수가 되었다.

애덤 스미스_정치경제학과 경제학 분야를 개척한 스코
틀랜드 철학자이다.

"인간이 아무리 이기적인 존재라 할지라도
기본 바탕에는 이와 반대되는 선한 본성도 있다.
그래서 인간은 다른 사람의 운명과
처지에도 관심을 갖는다.
또 자신에게 아무런 이득이 없을지라도
다른 사람의 행복을 진심으로 바라기도 한다."
―애덤 스미스의 《도덕 감정론》 중에서

애덤 스미스는 1759년 유럽에 자신의 도덕철학을 확실히 각인시킨 명저 《도덕 감정론》을 발표했다. 이 책은 도덕철학과 사회과학사에서의 고전으로, 사람의 양심에 대응하는 좀 더 객관적이고 이성적인 '공평한 주시자'라는 획기적인 개념을 새로운 도덕원리로서 전개하였다.

스미스는 명성을 얻자, 1764년부터 타운젠트 공작의 장남의 개인교사가 되기 위해 파격적인 조건을 받고 교수직을 사임하였다. 그의 개인교사로서의 임무는 이 소년과 여행을 같이 다니면서 견문을 넓혀주는 것이었다. 2년에 걸쳐 프랑스 등지를 여행하며 여러 나라의 행정 조직을 시찰하고 중농주의 사상가들과의 접촉을 통해 이들의 사상과 이론을 흡수했다. 이렇게 여행하는 동안 그는 심심풀이로 책을 쓰기 시작했고 여행을 끝내고 고향에 돌아와 1776년에 책을 한 권 냈으니 이것이 바로 《국부론》이다.

《도덕 감정론》_스미스가 말하는 도덕이라는 것은 오히려 사회적인 행위의 규준이라는 의미이며, 다시 말해서 시민사회에서의 질서의 원리였다. 스미스는 그것을 '공감'의 원리로서 전개시키고 있다. 즉 자기의 행동이 타인의 공감을 받을 수 있느냐 없느냐, 자기를 타인의 입장에서 보았을 때 자기 행동을 시인할 수 있느냐의 여부가 사회적인 행위의 규준이 된다고 스미스는 생각했다.

"인간은 거래를 하는 유일한 동물이다.
개는 다른 개와 뼈를 교환하지 않는다."

애덤 스미스의《국부론》에 나오는 경제적 동물로서의 인간에 대해 묘사한 유명한 문장이다.

《국부론》에서 그는 정부는 민간의 경제생활에 간섭해서는 안 된다는 입장을 표명했다.《국부론》이 발행될 당시, 각 개인의 경제적 자유는 지금처럼 중요하게 여겨지고 있지 않았다. 국가가 개인의 경제 활동을 통제하는 것은 자연스럽게 여겨졌고, 세금, 수출입 규제 등은 체계적인 이론적 바탕 없이 자의적으로 이뤄지고 있었다.

애덤 스미스는 각 개인이 자신의 이익을 추구하도록 내버려두면 '보이지 않는 손'이 작용하여 결과적으로 사회 전체의 복지를 증진시키고 국가의 경제 발전이 보다 더 나아질 수 있다고 주장했다. 한편 그는 국가의 기능을 최소한으로 축소시켜 정부의 역할을 소극적인 경찰관의 지위로까지 낮춘 야경 국가론을 펼쳤다.

보이지 않는 손_애덤 스미스가 사용한 말로서, 개개의 모든 이해는 궁극적·자연적으로 조화를 이룬다는 사상. 스미스는 인간의 더 큰 만족을 추구하는 공통적인 성향 및 교역 본능을 억압하기보다는, 본래 이기적인 인간이 자신이 원하는 것 대신 남들이 원하는 것을 생산하게끔 유도하는 시장을 통해 본능을 활용하도록 하는 것이 개인뿐 아니라 일반의 부를 추구하는 데 유리하다고 지적했다. 공익을 추구하려는 의도도 없고 자신이 공익에 얼마나 이바지하는지조차 모르면서 오직 자신의 이익만을 도모하는 자라도 시장의 '보이지 않는 손'에 이끌려 의도하지 않았던 공익에 이바지하게 된다는 주장도 여기서 나왔다.

ADAM
SMITH

"인간의 삶이 비참하고 혼란스러운 가장 큰 이유는
소유물이 곧 나 자신이라 착각하기 때문이다."

우리의 인생은 영혼이 없는 물건 따위에 비교할 수 없다. 소유물은 나와 다르다, 라는 뜻이 담긴 애덤 스미스의 명언이다. 그는 평소 낯가림이 다소 심하고, 작은 키에 말을 더듬었으며, 얼굴을 계속 흔드는 버릇이 있었는데, 반면 우스꽝스러운 장난도 잘 치곤 했다고 한다.

하루는 친구들과 궁궐을 지나는데, 위엄 있게 서 있는 근위병을 보고 갑자기 지팡이를 쳐들고 근위병 쪽으로 가더니, 총을 쳐들고 늠름하게 움직이는 근위병 뒤에 붙어서 지팡이를 들고 그 행동을 따라했다. 근위병은 짜증난다는 얼굴로 바라보긴 해도 뒤에서 막거나 한 게 아니고 스미스가 꽤 이름 있는 학자라서 그냥 가만히 있었다고 한다. 이러다 보니 그를 교수로 임명하던 것도 말이 많았다고 한다. 그래도 교수가 되면서 열심히 일했고 학장이 되기까지 연구를 끊임없이 거듭했기에 반대하던 이들도 결국 그의 능력을 인정했다. 그리고 말년에는 영국 수상과 고위급 정치인들마저 존경심을 표할 정도로 대가로 인정받았다.

◀ **애덤 스미스의 초상**(352쪽 그림)_그는 경제학의 방법과 용어를 만들었고, 독점 기업가에 반대하고 소비자의 이익을 옹호했으며, 소비자의 욕구, 생산, 시장 경쟁 그리고 노동 분업이 국가의 부를 창출하는 동력이라고 보았다.

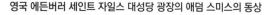

영국 에든버러 세인트 자일스 대성당 광장의 애덤 스미스의 동상

"유명한 사람이 되고 싶다면 자유와 편안함,
근심 걱정 없는 안전함은 영원히 포기해야 한다."

애덤 스미스의 말처럼 그의 인생은 자유와 편안함, 안전감과 거리가 멀었다. 그는 평생 독신으로 살았는데, 바로 여성공포증이 있었기 때문이었다. 그나마 거기에 해당되지 않는 게 어머니 마거릿이었는데, 그녀와 같이 살다가 어머니가 세상을 떠난 뒤론 홀로 살았다. 여성과는 평생 아무런 인연도 없을 것 같은 스미스는 뜻밖에도 세 여성과 인연이 있었다. 이들은 스미스가 흄과 함께 프랑스 사교클럽에서 교류하면서 만난 여인들인데, 세련된 매너에 풍부한 학식을 지닌 스미스에게 호감을 품었다는 것 같다.

애덤 스미스는 그가 죽기 전에 친구에게 요청하였다.

"미발표된 많은 글들을 태워 달라."

그래도 마음이 놓이지 않았던 스미스는 죽기 전에 친구에게 아무래도 안 되겠다며 내 눈앞에서 태워 달라고 요구해서 친구들은 할 수 없이 20권 분량이나 되는 글을 그 앞에서 모두 불태웠다고 한다.

애덤 스미스의 묘_ 그의 묘비에는 《도덕감정론》과 《국부론》의 저자 여기에 묻히다"라고 쓰여 있다.

"《국부론》은 아메리카 신대륙의 미국이
1776년의 독립선언의 해에 출판되었다.
이것은 영국의 중상주의적
식민지체제의 붕괴를 의미한다."

애덤 스미스는 평생 동안 세 번의 혁명을 경험했다. 하나는 미국의 혁명이고 다른 하나는 프랑스 대혁명, 그리고 자신을 세상에 알렸던 계기가 된 영국의 산업혁명이다.

미국 독립은 대영국제국의 식민지체제의 붕괴를 의미했고, 프랑스 혁명은 봉건제의 지양이 세계사적 필연임을 입증했다. 영국의 산업혁명은 바로《국부론》이 그 개막을 예고했을 뿐 아니라 영국은 그 높은 생산성을 배경으로 하여 자유무역정책을 추진하게 된다.

이 세 개의 혁명은《국부론》의 내용을 깊이 규정하고 있다. 10년에 걸쳐 완성한 이 저작에서 스미스는 부의 원천은 노동이며, 부의 증진은 노동생산력의 개선으로 이루어진다고 주장하고, 생산의 기초를 분업에 두었다. 그는 분업과 이에 수반하는 기계의 채용을 위해서는 자본의 축적이 필요하며, 자유경쟁에 의해서 자본 축적을 꾀하는 것이 국부 증진의 정도라고 역설하였다.

《국부론》_1776년에 발간한 주요 저서로서, 책에서 스미스는 부의 원천은 노동이며, 부의 증진은 노동생산력의 개선으로 이루어진다고 주장했다.

베토벤의 불후의 명곡

활동시기: 1770년~1827년. 독일을 대표하는 고전주의 음악가.

> 고전주의와 낭만주의 음악을 대표하는 음악의 성인
> 9개의 교향곡과 피아노 소나타 등 불후의 명작을 남기다

**"가슴에서 우러난 음악은
다른 사람들의 가슴 속에서도 알아서
길을 찾아 파고든다."**

'음악의 성인(聖人)' 또는 '악성(樂聖)'이라는 별칭으로 불리는 루트비히 판 베토벤이 불멸의 음악성에 대해서 평소에 지인들에게 한 말이다. 그는 고전주의와 낭만주의의 전환기에 활동한 음악의 거장으로 인류에 수없이 많은 주옥같은 명작을 남겼다. 9개의 교향곡, 피아노 소나타, 오페라 〈피델리오〉, 현악 4중주곡, 〈장엄미사〉 등 어느 것 하나 불멸의 명작이 아닌 것이 없다.

베토벤의 음악을 들으면, 하이든이나 모차르트와는 달리 대단히 중후한 멋을 느끼게 된다. 이것은 그리스의 건축물을 연상시키는 웅대함이다. 베토벤의 음악엔 폭풍우가 불어오더라도 또는 대지진이 일어나더라도 결코 무너지는 일 없이 장구한 세월을 견뎌내는 힘이 넘쳐흐른다. 베토벤의 선율은 어떤 운명에도 굴하지 않는 용맹성으로 충만해 있다. 그와 동시에 미의 극치라 할 수 있는 아름다움도 넘쳐흐른다.

"평범한 과정을 통해 얻어진 기쁨보다
고통을 겪고 난 후에 차지하는 기쁨이 훨씬 값지다."

베토벤의 첫 음악교사는 아버지 요한이었다. 요한은 지독한 아버지였
다. 그것이 베토벤에게 불행이었는지 행운이었는지는 아무도 모른다. 어
린 베토벤은 늘 건반악기 앞에 앉았으며 아버지로부터 가혹할 만큼 혹독
한 음악 교육을 받았다고 한다.

당시 모차르트의 명성을 알고 있던 베토벤의 아버지는 아들을 음악의
신동으로 만들어 돈을 벌려는 속셈이었다. 1778년 3월, 베토벤의 첫 대중
공연회 포스터에 요한은 거짓말로 아들이 6살이라고 주장하였지만 실제
로는 7살 4개월, 즉 8살이었다. 이처럼 어떻게든 아들의 천재성을 부각
시켜서라도 아들의 재능으로 덕을 보려던 대책 없는 아버지였다. 실제로
이렇게 아들의 코흘리개 재능으로 얻은 몇 푼어치 돈으로 아버지는 술을
사먹으며 흥청망청 썼다. 어린 베토벤으로는 힘든 어린 시절이었지만 그
의 음악은 고통을 기반으로 거장으로 승화되었다.

13세 때의 베토벤_베토벤의 삶은 시
작부터 잔인한 구석이 있었다. 루트
비히 판 베토벤은 두 번 태어났다.
1769년생 루트비히는 태어난 지 1
주일 만에 세상을 떠났다. 1년 뒤인
1770년에는 또 다른 아이가 태어났
다. 아버지는 죽은 아들의 이름을 거
둬 다시 붙인다. 우리가 아는 루트
비히 판 베토벤은 이 두 번째 루트
비히다.

"저 사내를 잘 지켜보게.
나보다 유명하게 될 존재가 나타났다네."
—볼프강 아마데우스 모차르트

17세의 베토벤은 오스트리아의 수도인 빈으로 음악 여행을 떠났다. 그 여행의 목적이 베토벤 자신은 당시 음악으로 유명세를 떨치고 있던 천재 모차르트를 만나기 위해서라고 단정 짓고 있지만, 꼭 그 때문만은 아니었다. 이때까지 접해보지 못했던 새로운 자연과 새로운 음악을 접하고 싶은 마음도 충분히 내재돼 있었을 것이다.

모차르트는 베토벤이 만나고 싶다는 청을 듣고 거절할 마음도 있었지만, 베토벤의 고향인 본에서 유명한 작곡가라는 말에 베토벤을 만나게 된다.

베토벤과 모차르트_ '인생은 짧고 예술은 길다.' 히포크라테스의 명언처럼 베토벤과 모차르트 두 사람의 인생은 짧았지만 그들의 예술은 오늘날과 미래에도 빛이 날 것이다.

모차르트 앞에서 피아노 연주를 하는 베토벤_베토벤의 첫 빈 여행에 관하여 확실하게 단정짓는 기록은 아무것도 없다. 그가 모차르트를 만났는지, 만났다면 어느 정도 대화를 나누었는지, 또는 모차르트에게서 레슨을 받았는지의 여부도 확인할 만한 자료는 없다. 베토벤이 모차르트를 만난 일화는 모차르트의 전기작가인 오토 얀에 의해 모차르트가 베토벤의 천재성에 감탄했다는 일화 정도가 전해지고 있다.

　모차르트의 요구에 의해 베토벤은 즉흥곡을 연주했는데, 모차르트는 베토벤의 즉흥곡이 그가 암기하고 치는 거라 여기고 별로라고 생각했다. 그러자 베토벤은 평상시에 가장 자신 있던 즉흥 실력을 모차르트에게 보여주기 위해 모차르트에게 즉흥곡의 테마 주제를 요청하였다. 베토벤은 흥이 일기만 하면 즉흥연주에 뛰어난 솜씨를 지니고 있었다. 즉석에서 이루어진 베토벤의 뛰어난 즉흥연주는 모차르트를 감탄시키기에 충분하였다. 그 즉흥곡을 듣고, 모차르트는 여러 친구들이 모여 있는 옆방으로 뛰어가 자신의 뒤를 이을 천재가 나타났다고 흥분을 감추지 못하며 말하였다.

"하이든에게서는 아무것도 배울 것이 없다."

베토벤은 요제프 하이든을 만나 그에게 가르침을 받았다. 하이든은 그에게 만족했지만, 베토벤은 실제로 가르침을 받다보니 이전의 위대한 우상이었던 거장 하이든에게 여러 가지로 실망을 느끼게 되었다. 특히 하이든이 고치고 돌려준 베토벤의 악보를 본 요한 셍크가 미처 하이든이 발견하지 못했던 많은 오류와 잘못을 지적해주자 하이든에 대한 불신감은 더욱 깊어졌다.

베토벤은 마침내 하이든에게 음악 수업을 받지 않겠다고 통보했다. 당시 하이든이 베토벤에게 아무것도 가르쳐주지 않았다고는 도저히 믿어지지 않지만 하이든의 느긋하고 여유 있는 성격을 생각해보면 누군가에게 가르친다는 일이 그의 적성에 맞지는 않았던 것 같다. 그런데다 가르치는 상대가 젊은 혈기에 급한 성격으로 알려진 베토벤이었으니 둘이 서로 물과 불처럼 잘 맞지 않는 스타일이었을 수 있다. 그 후 베토벤은 당시 빈에서 뛰어난 이론가로 통하던 요한 알브레히츠 베르거에게 가르침을 받고, 모차르트의 연적으로 알려진 안토니오 살리에리에게 성악곡 작곡을 배운다.

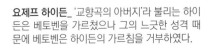

요제프 하이든_ '교향곡의 아버지'라 불리는 하이든은 베토벤을 가르쳤으나 그의 느긋한 성격 때문에 베토벤은 하이든의 가르침을 거부하였다.

"악보를 틀리게 연주하는 것은 넘어갈 수 있다.
열정 없이 연주하는 것은 변명의 여지가 없다."

베토벤이 오케스트라 단원들에게 연주의 자세에 관해 늘 하던 주문이
었다. 1796년 그는 모차르트의 연주 여행처럼 중부 유럽의 문화 중심지
를 순회하며 연주하였다. 리히노브스키 공(그는 모차르트의 연주 여행에도 동행하
였다)도 함께하였으며, 베토벤은 프라하, 드레스덴, 라이프치히, 베를린
을 방문하여 작곡과 공연 활동으로 환영받았다. 여행 중 그는 프라하에
서 가장 오래 머물렀는데, 리히노브스키 가문의 인맥 덕분에 그는 도시
에 오기도 전에 이미 명성이 높았다.

베를린에서는 첼로 소나타(Op.5)를 작곡하여 첼로를 연주하는 음악 애
호가인 프리드리히 빌헬름 2세 왕에 헌정하였다. 이 곡은 첼로와 피아노
의 서로 다른 성격을 잘 고려한 작품으로, 비르투오조 첼로와 피아노 파
트를 잘 결합한 작품으로 유명하다. 왕은 베토벤에게 금화가 가득 든 코
담뱃갑을 주었는데, 이 일화에서 보듯 베토벤이 연주 여행을 통해 얼마
나 많은 돈을 벌었는지를 여실히 알 수 있다.

베토벤의 음악성_ 그의 음악에서 고뇌와 인생 역
정의 분위기가 잘 드러난다. 또한 당시 독일 민족
의 열등감을 해소시킨 거인과 같은 존재이자 빈 청
중들의 자랑이었다.

1796년 7월 베토벤은 빈으로 돌아왔으며, 그해 11월에 다시 여행을 떠났는데, 북쪽이 아닌 동쪽으로 가서 프레스부르크(오늘날 브라티슬라바)와 페슈트로 갔다. 프레스부르크에서 그는 친구 안드레아스 슈트라이허가 보낸 피아노로 연주하였다. 이때 베토벤은 친구가 보낸 피아노를 유머 있게 평가했다.

"나에게는 너무 좋다.
왜냐하면 이 피아노는
나만의 음색을 낼 자유를 빼앗아가기 때문이다."

베토벤의 여인들_베토벤은 평생 독신으로 살았으나, 생전에 많은 여인들과 친구 이상의 관계를 맺었다. 그의 연애사는 자신의 음악에도 상당히 많은 영향을 미쳤으며, 그의 작품 상당수가 자신의 연인들에게 헌정되었다. 그리고 많은 연인들이 자신의 피아노 제자였는데, 피아노를 가르치다가 눈이 맞는 경우가 상당히 많았던 것이다. 베토벤의 〈엘리제를 위하여〉는 그가 사랑한 테레제 말파티 남작 부인을 위해 곡을 썼다고 전해진다.

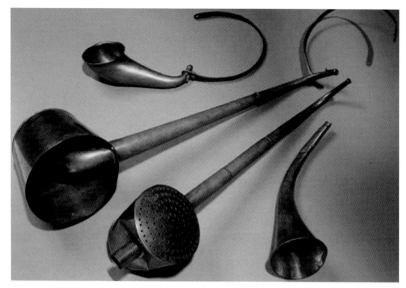

베토벤의 보청기

"오직 너의 예술을 위해서 살아라!
지금 너는 귀의 감각 때문에 큰 제약을 받고 있으나,
이것이 네가 살아가는 오직 하나의 길이다."

베토벤은 1797년에 거의 빈에서 체재하였다. 그에게는 여름과 가을마
다 심각한 질병(아마 티푸스)에 시달렸지만, 작곡과 연주를 계속하였다. 이
시기에 그는 처음으로 자신의 청력에 문제가 있음을 알게 되었다. 1798
년 다시 프라하로 여행할 때, 청력이 점차 약해지면서 결국 연주 여행 자
체를 포기하였다. 그는 심각한 귀울음(耳鳴) 증세를 보여 음악을 감지하기
어렵게 되었으며, 대화도 피하게 되었다.

베토벤은 의사의 조언에 따라 빈 외곽에 있는 작은 마을인 하일리겐
슈타트에서 1802년 4월부터 10월까지 지내며 자신의 증세에 적응하고
자 하였다. 여기서 하일리겐슈타트 유서를 쓰는데, 베토벤은 음악 활동
을 위하여 계속 살겠노라는 자신의 결심을 담았다. 시간이 지나면서 청
력 상실은 심해졌다.

"고귀함이야말로 왕을 만드는 것이기에
심지어 가난할 때에도 나는 왕으로 살았다."

베토벤의 자존감이 그대로 드러나는 말이 아닐 수 없다. 베토벤 이전까지의 음악가와 귀족간의 관계는 종속관계였다. 바흐, 헨델, 하이든, 모차르트 등의 작곡가들도 마찬가지였다. 하이든도 에스테르하지 가문 소속의 음악가였지만 에스테르하지 가문의 후계자가 워낙 음악에 관심이 없던 탓에 말년이 돼서야 그곳에서 벗어날 수 있었다. 모차르트도 귀족과의 종속관계를 벗어나기 위해 아르코 백작에게 발길질을 당하는 수모까지 겪은 끝에 결국 종속관계에서 벗어났다. 그 때문에 모차르트는 후원을 받지 못하여 가난한 말년을 보내게 된다. 모차르트의 말년 작품들이 더 성숙했던 이유는 귀족과의 종속관계에서 귀족의 요구대로 작곡했던 틀을 벗어나 좀 더 자신의 감정에 충실했던 것이 큰 이유였다.

하지만 베토벤은 귀족들로부터 동등한 위치에서 지원을 받았을 뿐만 아니라, 음악가로서의 가치를 높이 평가받아 나중에는 스스로도 귀족들의 존경과 인사를 받는 것을 당연시 하게 되었다.

1812년 베토벤과 그가 존중하는 시인인 괴테가 테플리츠 온천에서 처음으로 만나 같이 산책을 하던 중에 자신들의 앞으로 지나가는 왕후들의 행렬을 보고 괴테는 먼저 인사를 했지만, 베토벤은 그들이 먼저 인사를 하기를 기다렸으며 기어코 왕후들에게 먼저 인사를 받았다는 일화가 있다.

베토벤과 괴테_ 자존심이 강하기로 둘째가라면 서러울 괴테도 베토벤의 자존심 앞에서 고개를 숙일 정도로 베토벤은 자존감이 강했다고 한다.

베토벤과 괴테_ 어느 날 이 두 천재는 점심을 하면서 대화를 나누고 있었다. 그때 괴테는 오스트리아 황후는 예술에 대하여 훌륭한 생각을 지니고 있으므로 존경한다는 자신의 뜻을 밝혔다. 이에 베토벤은 조금 격한 말투로 귀족 따위가 당신이나 나의 귀한 예술을 왈가왈부 한다는 것은 참을 수 없는 일이라고 응수했다. 이후 두 예술가는 가히 넓지 않은 거리를 산책했는데, 그때 마침 방금 화제로 삼은 황후가 신분 높은 귀족들에 싸여 저편에서 오고 있었다. 그것을 본 베토벤은 귀족들도 우리에게 경의를 표하기 위해 길을 양보할 것이니 계속 걷자고 했으나 괴테는 길가로 비켜 모자를 벗고 경의를 표했다. 그러나 베토벤은 혼자 무표정하게 걸어갔다. 그러자 황후와 귀족들은 그를 위해 길을 사양하고 베토벤에게 인사를 하게 되었다. 그 후 베토벤은 괴테에게 "어떻소 내 말이 맞았지요, 당신도 이제부터는 저런 사람에게 경의를 표하지 말고 저런 사람들이 경의를 표하게 만드시오"라고 말했다.

　　이 일화로 인하여 괴테와 베토벤은 친분을 깊게 쌓지 못했다고 한다. 그렇지만 베토벤의 이런 사고방식은 후대 음악가 및 예술가들의 인식을 바꿔놓는 데 큰 기여를 한다. 베토벤의 영향으로 베토벤 사후에 여러 음악가들은 귀족과 종속관계가 아닌 음악가로서 인정을 받아 당당하게 예술가로서 위치를 차지하게 되었다. 후대 음악가들이 베토벤을 다른 음악가보다 훨씬 더 존경했던 또 다른 이유가 여기에 있다.

◀**베토벤의 초상**(366쪽 그림)_베토벤의 죽음은 빈에서 장례식이 거행되었는데 무려 2만 명이나 되는 시민이 장례식에 참석했다고 한다. 베토벤의 운구는 여러 음악가가 선발돼 참여했는데 그중에는 프란츠 슈베르트도 있었다. 요제프 칼 슈틸러의 작품.
베토벤의 무덤_빈의 중앙묘지에 안장되어 있는 베토벤(왼쪽)과 슈베르트의 무덤(오른쪽).

베토벤은 훗날 '가곡의 왕'으로 불리는 프란츠 슈베르트와 만난 적이 있었다. 베토벤은 슈베르트로부터 받은 그의 악보를 보고 감탄을 금치 못했으며 이렇게 늦게 만난 것에 대해 후회를 했고 그에게 다음과 같이 말한다.

"자네를 조금만 더 일찍 만났으면 좋았을 것을……
내 명은 이제 다 되었네.
슈베르트, 자네는 분명 세상에 빛날 수 있는
훌륭한 음악가가 될 것이네. 그러니 부디 용기를 잃지 말게."

베토벤이 죽기 일주일 전의 일이었고 이것이 슈베르트와의 처음이자 마지막 만남이었다.

"유감인걸. 너무 늦었어."

베토벤의 마지막 유언이다. 베토벤이 죽기 전에 쇼트 음악출판사의 출판업자에게서 베토벤이 즐겨 마시던 라임 와인 12병이 선물로 들어온 걸 알려주자 품 안에 있던 베토벤이 허공을 향해 주먹을 쥐며 한 말이다. 이 말을 끝으로 베토벤은 혼수상태에 빠졌고, 결국 와인은 베토벤이 세상을 떠난 뒤에야 도착했다.

괴테의 고전주의 문학세계

활동시기: 1749년~1832년. 독일의 작가이자 극작가, 철학자, 과학자, 시인. 바이마르 공국 재상.

독일 문학을 세계적 수준으로 끌어올린 위대한 작가
《젊은 베르테르의 슬픔》과 《파우스트》 같은 명작을 남기며 독일 고전주의 문학을
선도하다

"눈물 젖은 빵을 먹어 보지 않고,
근심에 찬 밤을 울면서 지새워 보지 않고는
인생의 참맛을 모른다."

세계 문학사에서 가장 위대한 문학인 중 한 명으로 꼽히는 요한 볼프강 폰 괴테가 한 유명한 말이다. 그는 독일 문학을 세계적 수준으로 끌어올렸으며 《젊은 베르테르의 슬픔》 같은 베스트셀러에서 《파우스트》 같은 대작에 이르기까지 다양하고도 폭넓은 작품을 세상에 내놓았다. 1808년 나폴레옹이 괴테를 만나 다음과 같은 묘한 말을 남겼다.

"여기도 사람이 있군."

나폴레옹이 괴테를 자신에 버금가는 인물로
인정하여 남긴 최상의 찬사였다.

괴테의 흉상_독일의 작가이자 극작가, 연극감독, 철학자, 과학자, 시인이며 한때에는 바이마르 공국의 재상이었다.

괴테는 1749년 8월 28일 독일 프랑크푸르트 암마인에서 태어났다. 왕실고문관인 아버지 요한 카스파르 괴테와 프랑크푸르트 암마인 시장의 딸인 어머니 카타리네 엘리자베트 텍스토르 사이에서 태어났다.

"아버지를 존경하지만
너무나도 엄격하고 까다로운 면이 많아
어린 나에겐 언제나 엄하고 무서운 분이었다.
그래도 아버지는 책임감이 강하고 약속을 꼭 지키던
정말 멋진 분이었다.
어머니는 가정적으로 너무나도 훌륭하시고
나에게 자상함을 일깨워주신 분이었다."

괴테는 자신의 부모님을 이렇게 회고했다. 괴테의 아버지는 문학에 대하여 무척 흥미를 가져서 아들인 요한이 글을 잘 썼으면 했다. 아버지가 바라는 대로 어릴 적에 요한은 글쓰기에 무척 흥미를 보여 작문학교에서 교사에게 높은 점수를 받았고 아버지는 이를 무척 기뻐하며 그때마다 용돈을 후하게 주며 칭찬해줬다고 한다.

괴테의 아버지 요한 카스파르 괴테의 초상

"배는 항구에 정박해 있을 때 가장 안전하다.
그러나 그것이 배의 존재의 이유는 아니다."

풍족한 환경에서 자란 괴테는 자신의 꿈을 위한 노력을 게을리 하지 않았다. 프랑스와 전쟁 와중에 프랑스군이 프로이센이던 당시 독일 일부를 지배할 때, 괴테의 집에 프랑스군 점령군 사령관인 토랑 백작이 머문 적이 있었다. 아버지는 그를 무척 싫어했지만, 10대인 괴테는 문학을 위해서라면 프랑스가 수준이 높기에 프랑스어를 배우고 싶다고 어머니와 같이 아버지를 설득했다.

아버지는 그런 아들을 위해서 프랑스군 사령관인 백작을 극진히 대접해 친하게 지냈고, 백작은 이런 대접에 고마워하며 어린 괴테에게 독일어를 잘하는 프랑스군 부하장교를 시켜 프랑스어를 가르치게 해줬다. 그리고 나중에 프랑스로 유학 온 괴테를 토랑 백작은 반갑게 맞이하여 머물 숙소를 알선해 주기도 하며 괴테가 유럽에서 이름을 떨칠 때 서로 편지도 보내고 친하게 지내게 된다.

괴테의 하우스_괴테 하우스는 독일 프랑크푸르트 암마인에 있는 괴테의 생가다. 1733년 그의 할머니가 구입한 저택으로, 이 집은 괴테 가족이 실제 살았고, 특히 괴테 자신이 1795년까지 사용한 저택이었다.

"아는 것만으로는 충분하지 않다.
이를 적용해야 한다. 의지만으로는 충분하지 않다.
이를 실천에 옮겨야 한다."

괴테는 2년 동안 열심히 프랑스어를 배우면서도 16살 나이에 라이프치히 대학교에 입학하여 법학과를 졸업해 22살 때 변호사 사무소를 열기도 했다. 하지만 법학보다는 글쓰길 좋아하여 24세 때 문학에 발을 내밀고 다음해인 1774년에《젊은 베르테르의 슬픔》하나로 유럽에 유명세를 떨쳤다. 하지만 작품 자체로는 큰돈을 벌지 못했다. 출판사가 애송이 작가이던 그에게 인세를 조금 줬고 유럽 곳곳에 해적판이 나돌았기 때문이다.

《젊은 베르테르의 슬픔》을 읽고 감탄한 바이마르공국 고위귀족인 칼 폰 아우구스트 공작이 그를 초청해 한때 공무원으로도 활동하였지만 문학과 거리가 먼 공무원 생활에 지친 그는 이탈리아로 여행을 하였다.

《젊은 베르테르의 슬픔》_괴테의 첫 소설 《젊은 베르테르의 슬픔》은 1774년 출간되자마자 젊은 세대에게 큰 공감을 불러일으키며 세계적인 베스트셀러가 되었다. 평소 괴테는 '나를 언제나 젊은 베르테르의 슬픔 작가로만 기억한다'고 불만을 가질 정도로 엄청난 인기를 모았다.

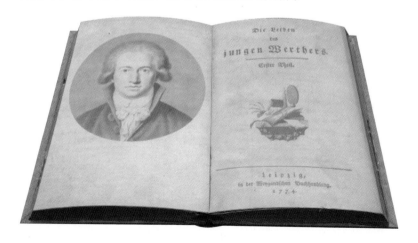

"하늘에는 별이 있어 아름답고,
대지에는 꽃이 피어 아름답지만
인간에게는 사랑이 있어 아름답다."

자기 앞에 무지개처럼 펼쳐진 인생을 주도적으로 살던 괴테는 무수한 여인들과 사귀면서 사랑에 대한 많은 글을 남겼다. 다양한 여인들과 교제했던 괴테는 작품 속에 그들과의 관계를 반영했기 때문에 그를 연구하는 학자들은 그와 사귀었던 여인들도 같이 연구해야 괴테를 제대로 알 수 있다고 할 정도였다.

괴테는 자신이 사귀었던 연인을 자신의 작품에 등장시키는 것으로도 유명한데, 그 대표주자가 《파우스트》의 그레트헨과 《젊은 베르테르의 슬픔》의 샤를 롯테였다. 그레트헨은 괴테가 십대 때 첫 눈에 반한 첫사랑의 대상이었고, 샤를 롯테는 괴테의 친구 아내였다.

이탈리아 여행 중인 괴테_요한 하인리히 빌헬름 티슈바인 작품이다. 괴테는 이탈리아 여행 중에 티슈바인을 만나 함께 나폴리에 다녀오기도 했다.

> **"결혼생활은 참다운 뜻에서
> 또 다른 연애의 시작이다."**

괴테는 첫 결혼을 16살 연하인 크리스티아네 폰 불피우스와 했으며 그녀에게서 아들인 아우구스트 폰 괴테를 얻었다. 그런데 괴테는 그녀와 동거한 지 18년이나 지난 1806년에서야 결혼했고, 결혼 9년 만에 크리스티아네는 병으로 죽었다.

괴테는 아내가 죽은 뒤에도 여러 여자들과 사귀었는데 1823년에는 무려 55살이나 연하인 울리케 폰 레베초프라는 여인에게 청혼했다. 울리케와는 2년 전부터 알고 지내던 사이이긴 했지만 이런 청혼에 친구이던 칼 폰 아우구스트 공작은 미치도록 웃으면서 놀려댔다. 하지만 괴테는 진심이라 의사까지 찾아가 이 나이에 결혼해도 되겠냐고 진단까지 받았다. 의사는 매우 건강하니 걱정 말라는 답변을 했다고 한다. 그러자 그를 놀리던 아우구스트 공작도 괴테의 마음이 진심이라는 걸 깨닫고 괴테의 부탁을 승낙하여 레베초프 부인을 찾아가 괴테를 소개하고 그가 부인의 딸을 좋아한다는 이야기를 해줬다. 그러나 결국 괴테의 아들인 아우구스트가 결사반대하는 통에 이 결혼은 이뤄지지 못했다. 그래도 괴테는 이 사랑을 두고 이런 말을 했다.

> **"여기에서 나는 사랑을 하고,
> 그리하여 사랑을 받으며 행복했노라."**

괴테의 어린 연인 울리케

"서두르지도 말고, 쉬지도 말아라."

1794년 괴테는 프리드리히 실러와 상봉하였다. 그들의 만남은 독일 문학사상 중요한 사건이었다. 직관적인 괴테와 이념적, 분석적인 실러는 상호 이해하며 실러가 별세하는 1805년까지 친교를 이어갔다. 두 사람 사이에 교환된 서한은 독일 고전주의 문학의 가장 귀중한 자료로 남아 있다. 괴테가 실러와 사귀는 동안 저술한 주요작품에는 교양소설 《빌헬름 마이스터의 수업시대》와 서사시 《헤르만과 도로테아》가 있다. 또한 두 사람이 교유했던 10년 남짓한 시기에 괴테는 실러의 깊은 이해에 용기를 얻어 오랫동안 중단되었던 《파우스트》를 재착수하였다.

《파우스트》는 2부작으로 이루어진 괴테의 희곡이다. 1부에서는 게르만적인 요소를 바탕으로 하여 파우스트 박사가 악마인 메피스토펠레스에게 영혼을 팔아 여러 가지 일들을 겪는 과정들이 담겼고, 2부에서는 서구문명 전통의 그리스적인 요소들을 이용하여 인간의 구원의 문제를 폭넓게 탐구하였다. 이 작품은 괴테가 60년에 걸쳐 완성한 필생의 대작이자 세계 문학 사상 최대 걸작 중 하나이다.

▶**괴테와 실러의 동상**(375쪽 사진)_프리드리히 실러는 독일의 국민시인으로서 괴테와 더불어 독일 고전주의 문학의 2대 거성으로 추앙받는다.

프리드리히 실러_실러는 사관학교를 졸업한 뒤 군의관으로 복무하면서 재학 중에 쓰기 시작한 《군도(群盜)》를 극장에서 상연함으로써 큰 호응을 얻었고, 이는 독일적인 개성 해방의 문학운동인 '슈투름 운트 드랑'의 대표작으로 손꼽힌다.

"괴로움을 남기고 간 것을 맛보라!
고난도 지나고 나면 감미롭다."

괴테는 만 82살까지 장수했지만 아들과 아내 모두를 먼저 여의었기에 이를 늘 서글퍼했다. 10살 아래인 후배 실러와도 친구처럼 지냈는데 1805년 실러도 46살 나이에 병으로 죽고 말았다. 이때의 일화로 1805년 실러에게 새해 연하장을 쓰던 괴테는 실수로 새로운 해를 마지막 해라고 잘못 써서 기겁하고 다시 연하장을 썼다. 하지만 괴테는 뭔가 느낌이 안 좋다며 실러를 걱정했고 예상대로 실러는 그해에 사망했다. 괴테는 실러가 죽었단 소식을 들었다.

"그래? 어쩐지 예감이 안 좋았어."

괴테는 슬피 말하고는 조용히 서재로 들어가 홀로 울며 실러의 명복을 빌었다. 1832년 3월 22일, 괴테는 자신의 안락의자에서 눈을 감았다. 임종 당시 그의 곁을 지킨 식구는 과부가 된 며느리인 옷틸리에 폰 괴테와 손주들이었다. 괴테는 재산을 그녀에게 모두 물려주고는 마지막 유언을 남겼다.

"좀 더 빛을…… 좀 더 빛을……"

◀ **괴테의 초상(376쪽 사진)**_요셉 칼 슈틸러가 그린 초상으로 왼손에는 악보를 오른손에는 연필을 들고 눈동자는 약간 위를 응시한 채 악상에 골몰하고 있는 말년의 모습을 묘사하였다.

조지 워싱턴의 독립 전쟁

활동시기: 1732년~1799년. 미국의 초대 대통령.

▌ 미국 독립 전쟁에서 대륙군 총사령관으로 활동하다
▌ 미국의 독립운동과 프론티어즘을 주도한 명예정치인으로 미국사에 큰 영향을 끼치다

"어려울 때 우리는 가장 많이 성장한다는 것을 기억하라."

미국의 초대 대통령 조지 워싱턴이 미국 독립 전쟁을 치르면서 전장에서 한 말이다. 조지 워싱턴은 미국 건국의 아버지들 중 한 명으로 건국 이전 영국과 치른 독립 전쟁을 승리로 이끈 장군이기도 하다.

조지 워싱턴이 활약할 당시 미국은 유럽의 식민지로, 영국과 프랑스가 각축전을 벌였다. 유럽에서 최초의 세계대전이라 할 수 있는 7년 전쟁이 벌어지자 아메리카 신대륙에도 그 영향이 미쳐 프랑스-인디언 전쟁이 발발하였다.

조지 워싱턴은 다른 영국계 식민지 유지들과 함께 영국군을 지원하는 식민지 의용군에 가담하여 나름의 공로를 세웠다. 전쟁에서 승리한 영국 정부는 식민지 전쟁에 많은 예산과 국력을 소모하자 이 적자를 보충하기 위해 식민지에 세금을 늘리고, 새로 편입된 식민지의 원주민을 다독이려는 정책으로 식민지인의 구 프랑스 식민지 지역으로의 개척을 금지시켰다. 이러한 불만들이 쌓여 영국과의 독립 전쟁이 발발하였다.

"미국인들은 자유인이 될 것인가, 아니면 노예가 될 것인가를 결정해야 할 때가 온 것 같다. 지금은 우리 미국인들이 자신들의 재산을 지켜야 할 것인가, 말 것인가를 결정해야 할 시기이다.(중략) 앞으로 태어날 수백만의 미국인의 운명이 하나님의 보호 아래 우리 부대의 용기와 행동에 달려 있다.(중략) 우리는 이 상황을 극복할 것인가, 아니면 굴복하여 죽을 것인가를 선택해야 한다."

—독립 전쟁 때, 롱아일랜드 전투에 앞서 워싱턴이 부대원들에게 한 연설 중에서

마운트버넌의 농장에서 조용히 지내던 워싱턴은 미국의 독립 전쟁이 시작되자 식민지군 사령관으로 취임하였다. 그는 명석한 판단력과 탁월한 지도력으로 남을 이끌어가는 데에 훌륭한 장점을 가진 성격을 이용해 온갖 악조건과 싸우면서 끝내 승리를 거두어 미국의 독립을 쟁취하였다.

조지 워싱턴 흉상_미국 독립 전쟁에서 군대를 지휘하는 총사령관을 맡아 전쟁을 승리로 이끌었다.

하지만 독립 전쟁의 승리는 순탄치 않았다. 독립 전쟁의 막바지인 1783년 3월, 대륙회의의 처사에 불만을 품은 장교와 사병들이 전문을 돌려 의회로 쳐들어갈 것을 선동했다. 워싱턴은 이 소식을 듣자 바로 달려 나가 장교들에게 민간 정부에 도전하는 것은 스스로의 자유를 버리려는 행위와 같다고 역설하면서 즉각 중지할 것을 호소했다. 하지만 이들의 불만은 누그러지지 않았다. 3월 15일, 수백 명의 장교와 사병들이 모였다. 워싱턴은 위험을 무릅쓰고 그 자리에 직접 찾아가서 장문의 연설을 하며 이 반란의 부당함을 역설했다. 하지만 군사들은 귀를 기울이려 하지 않았다. 무기력함을 느낀 워싱턴은 주머니에 손을 넣어서, 한 의원이 반란의 부당함을 지적하려고 워싱턴에게 보낸 편지를 읽으려 했다. 편지를 읽기에 앞서 늙은 워싱턴은 말했다.

"여러분, 제가 안경을 좀 써야겠습니다.
조국을 위하여 전쟁을 하다 보니 이제 머리는 백발이 되었고,
눈은 장님이 될 정도로 침침해졌습니다."

이 말에 그곳에 모여 있던 수백 명의 장교와 사병들은 모두 숙연해졌다. 물론 군인들의 쿠데타는 실현되지 않았다. 후일 토머스 제퍼슨은 이 일을 언급하며 워싱턴이 아니었으면 미국의 자유는 수호되지 못했을 것이라고 술회하였다.

토머스 제퍼슨_자유와 평등으로 건국의 이상이 되었던 1776년 7월 4일 독립선언문의 기초위원이었다. 1800년 제3대 대통령에 당선되었고 1804년 재선되었다. 철학·자연과학·건축학·농학·언어학 등으로 많은 사람들에게 영향을 주어 '몬티첼로의 성인'으로 불리었다.

트렌턴 전투의 조지 워싱턴_워싱턴의 원래 행군 당시에는 수많은 보트들이 2400명의 군인과 200마리의 말, 18대의 대포를 운반해 강을 건넜다. 이후 워싱턴 부대는 강을 따라 하류로 8마일을 행군해 트렌턴 시가지에서 헤센 용병부대와 전투를 벌였다. 엠마누엘 루츠의 작품.

"전쟁에 대비하는 것이
  평화를 유지하는 가장 효과적인 방법이다."

조지 워싱턴은 1787년에 버지니아 주 대표가 되고, 약 2년 후에 치러진 초대 대통령 선거에 출마하여 미국 역사상 유일하게 만장일치로 당선되어 취임된다. 이 선거에서 일반인 투표에서 1위를 한 워싱턴이 대통령에 당선될 것은 기정사실이었다. 대통령 지명권을 가진 선거인단 투표에서, 13개 주 중 연방제 반대의견으로 선거인단을 지명하지 못했던 뉴욕 주를 제외한 12개 주로부터 선출된 69명의 선거인단은 각각 2표씩 행사할 수 있었는데, 그들은 모두 한 표씩 조지 워싱턴에게 투표하였다.

조지 워싱턴 가족_워싱턴은 아내 마사와 아이가 없으므로 양자를 두었다. 에드워드 새비지의 작품.
▶**조지 워싱턴 초상**(383쪽 그림)_이 그림이 미국의 달러화에 그려져 오늘날까지 유통되고 있다. 길버트 스튜어트의 작품.

　이로써 조지 워싱턴은 미국 역사상 처음이자 유일하게 만장일치로 미국의 초대 대통령에 선출되었다. 선거인단들의 다른 표는 다른 11명의 후보들에게 갈렸는데, 그 중 가장 많이 득표한 존 애덤스는 두 번째로 많이 득표한 후보가 부통령이 되는 당시의 헌법에 따라 미국의 초대 부통령으로 당선되었다.

　미국이 탄생되고 그가 초대 대통령으로 취임하였지만, 대부분의 국민들은 아직도 대통령이란 자리가 무엇인지 이해를 하지 못하고 있었을 뿐더러, 그가 선출된 국왕이라고 생각했다. 대통령인 자신도 국민들에 의해 선출된 국왕이라고 생각하여 국왕처럼 행동하였다.

　　"공동의 합의에 의해 정의된 법이
　　절대 개인에 의해 짓밟혀서는 안 된다."

　조지 워싱턴이 대통령에 취임한 1789년 이후 약 10년간은 강력한 중앙정부를 만들려는 알렉산더 해밀턴이 이끄는 연방주의자와 주의 독립과 자유를 지키려는 토머스 제퍼슨이 이끄는 반연방주의자의 대결로 미국 역사상 가장 치열한 분열과 정쟁으로 점철되던 때였다.

워싱턴의 고별사_워싱턴의 고별사는 오늘날까지도 미국인의 신념에 신성한 사료로 살아있다.

　그때 워싱턴은 내각에 두 파의 인물들을 고르게 등용하여 균형을 잡았다. 자칫하면 유혈충돌로 번질 수 있는 사태를 조정했는가 하면 수천 명의 농민들이 납세거부운동으로 일으킨 위스키 반란을 단호하게 무력을 사용하여 진압해 정부의 위신을 세웠다. 그렇게 억압과 조정을 정교하게 배합하여 지도자로서 뛰어난 면모를 보여주었다.

> "……타국에 대해 습관적 증오나
> 혹은 습관적 호의를 품은 국민은
> 자신들의 증오심이나 애착심의 노예이다……."
> ― 조지 워싱턴의 고별사 중에서

　1797년 두 번에 걸친 임기가 끝나자 모든 사람들은 그가 사망할 때까지 종신 대통령직에 머물러 줄 것을 간청했지만, 그는 단호히 거절했다. 그는 자신이 3번이나 임기를 맡는다면 장기집권을 위한 무서운 권력투쟁이 벌어질 것을 염려해 2번의 임기만을 수행하기로 결심한 것이다. 워싱턴은 대통령직을 떠나면서 유명한 '고별사'를 발표하였고, 이는 오늘날까지도 미국인의 신념에 신성한 정신의 지표로 살아있다. 이 고별사에서 미국 국민들에게 대내적으로는 정당 및 지역 간의 대립을 경계하고, 대외적으로는 외국의 분쟁에의 개입을 경고하며, 경제적 확립을 위하여 국가의 재정적 신용을 높일 것을 당부했다.

"정계를 떠나고자 하는
내 선택이 주의와 분별의 잣대에 비추어 바람직할 뿐 아니라
애국심의 잣대에 비추어서도 그릇되지 아니한 선택이라 믿는다."

권력을 잡았다가 놓기란 정말 쉽지 않다. 미국 법 어디에도 대통령직은
2번까지만이라는 말이 없었지만, 워싱턴이 2번만 하고 물러난 뒤로 워싱
턴 이후의 미국 대통령들도 2번 넘게 대통령직을 하지 않고 1선과 2선에
한해서만 대통령 임기를 마쳤다. 그러다가 프랭클린 D. 루즈벨트가 4회
연임을 한 뒤에 1951년에야 법으로 4년 중임제가 명시되었다.

위원회를 임명하는 조지 위싱턴_1783년 12월 23일 아나폴리스에 있는 메릴랜드 주 의회에서 그 당시
만났던 의회의 총사령관으로서의 조지 워싱턴의 사임을 묘사하고 있다. 워싱턴 부인과 그녀의 세 손
자들은 실제로 그 행사에 참석하지는 않았지만 갤러리에서 지켜보고 있는 모습을 보여준다. 존 트럼
볼의 작품.

조지 워싱턴은 2번의 임기 후에도 미국에서 인기가 많았고, 더군다나 당시 시대적 상황을 봐도 세계 최초의 대통령이었기에 전례도 없는 대통령직(사실상 봉건국가의 왕과 비슷한 것이 아닌가 하는 인식이 강했다) 수행에 아무런 문제가 없었다. 하지만 그는 본인이 2번 넘게 집권하게 되면 왕권이 된다는 생각에 주저하지 않고 대통령직에서 내려왔고, 시작을 정말 잘 한 워싱턴의 결단이 오늘의 미국의 민주주의와 대통령제가 문제없이 돌아가는 이유라고 볼 수도 있다.

워싱턴은 독재자가 될 수 있는 모든 조건을 갖추고 있었다. 상기했듯 민중의 지지도 있었고, 정부 권력을 확고히 쥐고 있었으며, 미약하긴 해도 군대마저 그의 통솔 하에 있었다. 본인이 군인이기도 했다. 더군다나 대통령의 개념이 잡히지 않았을 시기라 마음만 먹었다면 종신집권까지도 가능했을 것이다. 그러나 다행히도 그는 그 모든 권력욕과 유혹을 이겨냈다. 그 때문인지 아직까지도 미국에서 최고의 대통령을 꼽으라고 하면 톱 5위 안에 반드시 들 정도로 많은 미국인들로부터 사랑을 받고 있다.

큰바위 얼굴_러시모어산 국립기념지의 조지 워싱턴과 토머스 제퍼슨, 테오도어 루스벨트, 링컨 대통령이 조각되어 있다.

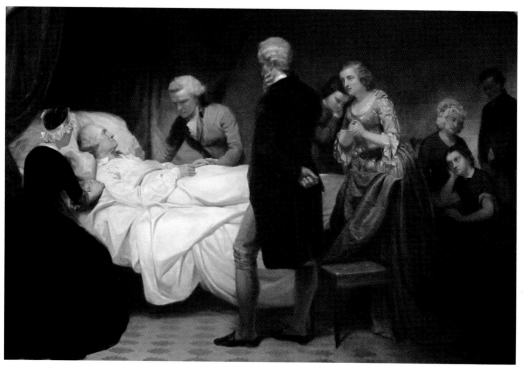

조지 워싱턴의 임종_조지 워싱턴은 1799년 가족과 친구들에게 둘러싸여 마지막 눈을 감았다. 그의 유언장에는 "개인 시중을 든 윌리엄을 노예 신분에서 즉각 해방하고 그에게 연금 30달러를 줄 것이며, 아내가 죽으면 나머지 노예들도 해방시켜 달라"는 항목이 포함되어 있었다. 클로드 레그니의 작품.

"모든 것이 잘 되었다.
이제 나는 죽는다.
나는 죽는 것이 두렵지 않다."
―조지 워싱턴의 고별사 중에서

워싱턴은 대통령직에서 물러난 지 2년 후인 1799년 12월 14일에 사망했다. 워싱턴의 공식 사인은 '무리한 과다출혈'이다. 워싱턴은 눈 내리는 날 무리하게 말을 타고 산책하다가 폐렴에 걸렸고, 치료를 하기 위해 무리하다고 생각될 만큼 많은 피를 뽑았다. 결국 5파인트(약 2.35리터)나 되는 피를 뽑은 워싱턴은 폐렴에 걸린 지 3일 만에 과다출혈로 사망했다.

찰스 다윈의 진화론

활동시기: 1809년~1882년. 영국의 생물학자이자 지질학자.

생물의 모든 종이 공통 조상으로부터 이어졌다는 진화론으로 자연생태학의
큰 획을 그었다

> "살아남는 종(種)은 강한 종이 아니고,
> 또 영리한 종도 아니다. 변화에 적응하는 종이다."

진화론으로 19세기 이후 생물학에 커다란 변화를 가져오게 한 영국의
생물학자인 찰스 다윈이 자연도태설을 주장하며 한 말이다. 그의 이론
은 유전학 관련 부분만 빼면 대부분 현재 생물학계에서도 모두 받아들
여지고 있다.

찰스 다윈은 슈루스베리의 의사 로버트 다윈의 아들로 태어났다. 1825
년 에든버러 대학에 입학하여 의학을 배웠으나 성격에 맞지 않아 중퇴하
였다. 1828년 케임브리지 대학으로 전학하여 신학을 공부하였다. 다윈은
어릴 때부터 동식물에 관심을 가졌고, 케임브리지 대학의 식물학 교수
헨슬로와 친교를 맺어 그 분야의 지도를 받았다.

당시 영국 해군은 세계 각지에 여러 탐험선을 파견해서 측량과 과학
연구를 시키고 있었는데, 로버트 피츠로이의 함선 비글호는 그중 하나였
다. 비글호는 사냥개 비글에서 유래했다. 1820년 5월 11일 템즈 강의 울
위치 조선소에서 진수되었다.

"거리낌 없이 한 시간을 낭비하는 사람은
아직 삶의 가치를 발견하지 못한 사람이다."

찰스 다윈는 새로운 세계의 대자연에 도전하고 싶었다. 비글호의 함장인 로버트 피츠로이는 젊은 의사나 과학자를 태워 교류하기를 원하여 케임브리지 대학의 헨슬로에게 그런 사람을 찾는 편지를 보냈다. 헨슬로는 곧바로 찰스 다윈을 추천하여, 22살의 찰스 다윈은 비글호에 승선할 수 있게 되었다. 다윈의 자리는 무보수였지만, 헨슬로 교수는 항해 끝에 수집해온 진귀한 물건을 팔면 돈이 될 거라고 다윈을 설득했다. 당시 영국의 의사 박사들이 모두 고개를 저었던 이 자리를 다윈은 순전히 학구적인 욕심만으로 승선을 결정한 것이다.

비글호의 항해_ 다윈은 에딘버러 대학의 은사인 존 스티븐스 헨슬로의 간곡한 설득과 아버지 로버트의 허락으로 비글호에 승선해 세계 항해에 나선다. 이는 훗날 그의 생애는 물론 생물학계에도 큰 족적을 남기게 되는 비글호 항해가 되었다.

"자신감 있는 표정을 지으면 자신감이 생긴다."

1831년 12월 27일 시작한 비글호의 항해는 피츠로이가 의도한 대로 거의 5년이나 지속되었고, 다윈은 그 시간 대부분을 육지에서 지질학을 조사하고 자연사 수집물을 수집하면서 보냈다. 그동안 비글호는 해안을 탐사하고 지도를 그렸다.

그는 관찰한 것들을 이론적 토대에 맞춰 꼼꼼히 기록했고, 가끔씩 견본들을 편지와 잡지 사본을 케임브리지로 보냈다. 그는 지질학, 딱정벌레 수집, 해양 무척추동물에 전문성을 가지게 되었지만, 다른 영역에서는 초보였고, 전문가들의 평가를 위해 열심히 견본을 수집했다. 항해를 하는 동안 겪게 되는 반복적인 뱃멀미로 오는 고통에도 불구하고, 대부분의 동물학 노트는 조용한 휴식기간에 수집한 플랑크톤으로부터 해양 무척추동물에 관한 것이었다.

특히 갈라파고스 군도의 각 섬, 그리고 섬의 해변과 대지에 사는 거북과 새들이 동일한 과에 속하는 종임에도 환경에 따라 약간씩의 차이점을 보이는 것이 그를 깊이 매료시켰다.

갈라파고스 군도의 이구아나_육지에서 살며, 지상에 둥지 구멍을 파고 생활한다. 식성은 초식으로 주로 선인장의 잎, 꽃, 과일을 먹는다.

갈라파고스의 코끼리 거북_핀치새와 더불어 갈라파고스 코끼리거북은 다윈의 연구대상이었으며, 그 몸무게는 약 400kg 정도까지 자라고 세계 다른 나라에서는 찾아볼 수 없는 멸종위기종이다.

"잘못을 고치는 것은 그 자체로 위대한 진화이다."

다윈이 승선한 비글호는 영국 플리머스 항에서 출항 → 브라질 사우바도르 항 → 리우데자네이루 → 우루과이 몬테비데오 → 포클랜드 섬 → 남아메리카 남단을 돌아서 → 칠레 발파라이소 → 에콰도르 갈라파고스 제도 → 태평양 횡단 → 뉴질랜드 → 오스트레일리아 시드니 → 아프리카 남단을 돌아서 → 대서양의 어센션 섬 → 다시 브라질 사우바도르 항 → 영국 콘월의 팰머스 항으로 도착하였다.

5년간의 기나긴 탐험을 마치고 돌아왔을 때에는 이미 다윈은 엄청난 유명인사가 되어 있었다. 그가 탐험하며 기록한 것들을 전보를 통해 영국에 지속적으로 보내왔기 때문이다. 지질학, 광물학, 생물학에 걸친 자세하고 다양한 새로운 지식에 사람들은 어느새 다윈이 보내오는 다음 전보를 기다리게 되었다.

집에 돌아온 다윈은 세계 일주 탐험에서 수집한 많은 자료들을 정리하면서, 결과 보고서 작성에 심혈을 기울였다. 1837년 다윈은 이른바 '적색 메모장'에 최초로 종의 변화에 관한 착상을 기록하였다.

> "하나 혹은 적은 수의 생명체에 처음으로 생명이 깃들고
> 이 행성이 중력의 법칙에 따라 도는 동안
> 너무나도 간단한 기원으로부터 끝없는 생명들이
> 가장 아름답고, 가장 놀랍도록
> 존재해 왔고 존재하고 있으며 진화해 왔다.
> 이러한 생명관에는 장엄함이 있다."
> ─《종의 기원》 마지막 부분

귀국 직후 《종의 기원》을 저술하기 시작했지만 세상에 미칠 파장을 염려했던 다윈은 더 확실한 증거를 모으기 위해 20년이 넘는 세월을 기다렸다. 다윈은 종의 진화 개념 이전에의 과학의 거부반응을 극복하고 1859년에 저술한 《종의 기원》에 강력한 증거로 진화론을 발표했다.

▶**젊은 시절의 찰스 다윈의 초상**(393쪽 그림)_조지 리치몬드의 작품.

다윈의 진화론_생물학의 뉴턴으로 불리는 찰스 다윈은 1831년에 비글호를 타고 5년간 세계 일주를 할 때 라이엘의 지질학 원론을 탐독하였다. 그는 아메리카 대륙을 남하함에 따라 극히 가까운 종들이 조금씩 바뀌어 가는 것을 보았다. 생물체가 진화한다는 것은 탈레스 시대에도 제기되었고, 라마르크가 이에 대한 견해를 책으로 발표하기도 하였으나, 성서에 동물과 식물이 변화했다는 기록이 없기 때문에 이런 견해는 별로 큰 지지를 받지 못하고 있었다. 이 항해에서 다윈은 또한 생물 종이 기후가 아닌 지리적 격리에 의해서도 달라진다는 확신을 갖게 되어 진화론을 발표하게 된다.

《종의 기원》은 생물의 진화론을 내세워 코페르니쿠스의 지동설만큼이나 세상을 놀라게 했다. 당시 지배적이었던 창조설, 즉 지구상의 모든 생명체는 신의 뜻에 의해 창조되고 지배된다는 신중심주의 학설을 뒤집고 새로운 시대를 열어, 인류의 자연 및 정신문명에 커다란 발전을 가져오게 했다.

"인간과 원숭이는 공통 조상을 갖는다."

다윈의 발언이다. 이 발언은 당시 유럽사회를 뒤흔드는 커다란 충격을 주었다. 《종의 기원》은 그 당시 진화론과 창조설 간의 논쟁에 본격적으로 불을 붙였다. 진화가 관찰되는 현대와 진화의 명백한 증거들이 관찰되었던 과거에도 과학계에서는 다윈의 주장을 받아들였으나 과학을 제대로 이해하지 못하는 창조설자들에 의해 다윈의 주장을 비판하여 논쟁은 심화되었다.

1870년대에 과학계와 많은 대중이 진화를 사실로 받아들였다. 많은 설명을 할 수 있어 자연선택이 진화의 기본 메커니즘이라는 것에 1930년대에서 1950년대에까지 폭 넓은 공감대가 형성된 이후 현대 진화론에 이르기까지 경쟁 이론은 나오지 않았다. 수정된 내용에서는, 다윈의 과학적 발견은 생명과학의 통합 이론으로 생명의 다양성을 설명하였다.

《종의 기원》_ 다윈의 진화론을 다룬 책으로, 그는 이 저서에서 우리에게 단순함이 어떻게 복잡함으로 바뀔 수 있는지, 어떻게 무질서한 원자들이 서로 결합해 더욱 복잡한 형태로 바뀌고 결국은 인간까지 만들어내게 되었는지를 비교적 만족스럽게 설명해 주고 있다.

다윈의 풍자화_ 보수적 언론들은 다윈을 원숭이에 묘사하여 그를 비난하였다.

> "가장 오래 산 사람은 나이가 많은 사람이 아니고
> 많은 경험을 한 사람이다."

다윈은 흔히 진화론의 이론을 정리한 생물학자로만 알려져 있어서 당시 일부 보수 언론들은 다윈을 원숭이에 빗대는 풍자만화를 그릴 정도였다. 하지만 그는 남아메리카 여행 당시 백인들의 흑인 노예제도에 격분하여, 노예제도를 반대하기도 했다. 실제로 그는 남아메리카 여행 당시 비글호 선장과 노예제도 문제로 논쟁을 벌인 적이 있다. 그때 다윈이 선장에게 노예들이 행복하냐고 묻자 선장이 모두 그렇다고 대답한다고 하자, 다윈은 이에 대해서 만약 주인이 없는 곳에서도 그런 말을 하겠느냐고 응수했다는 일화가 유명하다. 백인 주인들이 노예들을 고문하는 노예제도를 반대했다.

한편 그의 《종의 기원》 발표와 '인간이 원숭이와 한 종'이라는 문제의 발언이 나오기 직전인 1856년 독일의 라인란트 주 뒤셀도르프에서 원시적인 형태의 인류인 네안데르탈인의 화석이 발견되면서 논쟁에 불을 지피기도 했다.

다윈은 죽기 전에 한 친구의 방문을 받았으며, 다윈이 친구에게 히브리 성서의 창조설을 진리로 인정하고 예수 그리스도에 대한 신앙을 회복했다는 소문이 존재하나 이는 거짓이다.

**"나는 죽음 앞에서
일말의 두려움도 갖고 있지 않다."**

다윈은 마지막으로 이 말을 남기고 1882년 4월 19일, 73세의 나이로 세상을 떠났다. 잉글랜드 성공회 성당인 웨스트민스터 사원에 묻혔다.

◀**찰스 다윈의 초상**(396쪽 그림)_존 콜리어의 작품.
찰스 다윈_생물진화론을 정하여 뜻을 세운 영국의 생물학자이다. 해군 측량선 비글호에 박물학자로서 승선하여 남아메리카 · 남태평양의 여러 섬과 오스트레일리아 등을 항해 · 탐사했고 그 관찰기록을 《비글호 항해기》로 출판하여 진화론의 기초를 확립하였다.

링컨의 노예 해방

활동시기: 1809년~1865년. 미국의 제16대 대통령.

▌ 1862년 민주주의의 전통과 연방제를 지키고 1863년 노예 해방을 선언하다

> "국민의, 국민에 의한, 국민을 위한 정부는
> 이 세상에서 영원히 사라지지 않으리라는 것을
> 다짐해야 합니다."

미국 남북 전쟁을 승리로 이끌고 흑인 노예를 해방시킨 미국 대통령 에이브러햄 링컨의 명연설이다. 이 연설은 미국 남북 전쟁이 진행되던 1863년 11월 19일, 격전지였던 펜실베이니아 주의 게티즈버그에서 죽은 장병들을 위한 추도식에서 행한 연설로, 링컨은 전몰한 병사들의 영혼을 위로하기 위해 살아남은 자들의 가슴을 울리는 이 연설을 남겼다.

링컨은 남북 전쟁 당시 전쟁이 어떻게 돌아가고 있는지 보기 위해서 자주 전투가 벌어지고 있는 곳을 방문해 군인들과 밤새 이야기하기를 좋아했다고 한다.

전쟁이 거의 끝나갈 무렵, 링컨은 당시 남부연합 해군의 가장 강력한 철갑군함이었던 메리맥 함이 버려져 있던 한 해군기지를 공략하는 군대를 시찰 갔다. 북군은 수심의 깊이를 알 수 없어 공격을 멈추고 있었다. 이 모습을 본 링컨은 흔쾌히 말했다.

"그럼 여기 나하고,
육군 장관하고 재무부장관하고 가서 확인하고 오겠네."

장병들의 극구 만류에도 불구하고 미국의 최고 권력자 세 명이 적지의
바닷가로 가서 수심을 확인하고 아침에 멀쩡히 돌아왔다.

"내가 성공을 했다면,
오직 천사와 같은 어머니의 덕이다."

링컨은 어린 시절 정규 교육을 제대로 받은 적이 없었다. 그런 링컨을
교육시킨 사람은 다름 아닌 어머니 낸시 링컨(혼전 이름은 낸시 행크스)이었다.
어머니는 링컨에게 성경을 읽어주고 쓰는 법을 가르쳤다.
하지만 링컨의 어머니는 독초를
먹은 소에서 짠 우유가 매개체
인 우유병 혹은 우유 중독으로
34세의 나이로 삶을 마감했다.

링컨의 가족 청동상_링컨의 아버지 토머
스 링컨과 어머니 낸시 링컨이 있고, 누나
인 사라 링컨과 아기인 링컨이 있다. 링컨
은 10살 때 어머니를 잃고, 20살 때 누이를
잃고, 27살 때 약혼녀를 잃고, 42살 때 둘째
아들 에드워드, 53살 때 셋째 아들 윌리엄
을 먼저 보내는 슬픔을 겪었다. 게다가 평
생의 훼방꾼(더글러스)이 따라붙어 곤욕을 치
르기까지 했다.

에이브러햄 링컨의 생가 에이브러햄 링컨 출생지 국립공원에 있는 상징적인 통나무 오두막집. 링컨은 21세가 될 때까지 자신이 바깥에 나가 일해서 번 돈을 아버지에게 모두 드리는 당시의 관습에 동의하여 가족들을 부양하였다.

　링컨의 부친 토머스는 배움은 없었지만 말을 재미있게 하는 재주가 있는 훌륭한 이야기꾼이었으므로, 아버지가 들려주는 이야기를 들으며 링컨은 연설을 배웠다. 링컨은 자신의 아버지가 배우지 않은 것이 유감스러웠고, 개척지에서 살면서 해야 하는 힘든 노동을 좋아하지 않았다. 그럼에도 그는 스스로 집안에 있는 남성으로서 해야 하는 잡일들을 감당하였고, 그 결과 가로장 울타리를 짓는 데 능숙한 나무꾼이 되어야 했다. 링컨은 역경을 딛고 닥치는 대로 독서를 했다. 나중에 변호사가 되었을 때도 오직 독학으로 책을 읽어 합격을 하였다.

"나는 천천히 걸어가는 사람입니다.
그러나 뒤로는 가지 않습니다."

링컨은 자신에게 주어진 환경에서 최선을 다해 앞으로 나아갔지만 평생에 걸쳐 실패와 마주쳐야 했다. 그는 무려 8번이나 선거에서 패배했고, 두 번이나 사업에 실패했다. 링컨은 돈을 벌 겸 독립하려는 생각으로 집을 나와 미시시피 강을 따라 루이지애나로 간 뒤 그 후 우체국장, 뱃사공, 측량기사, 프로레슬러 등을 전전하다가 사업에 실패하고 1832년 치른 일리노이 주 의원 선거에서도 13명 중 8위로 낙선했다. 이듬해 그는 또 사업에 실패해, 이 두 번의 사업 실패의 빚을 갚는 데만도 17년이 걸렸다고 한다.

그러나 독학으로 간신히 변호사 자격증을 따고 1834년 일리노이 주 의원 선거에 다시 출마해 당선하며 서서히 정치생활을 시작하였다. 하지만 그의 불운은 또다시 고개를 들면서 일리노이 주 의원 의장에 낙선하고 1840년 대통령 선거인단으로도 낙선하였으며 1844년에는 연방 하원의원 공천에서도 탈락했다. 1846년에야 간신히 하원의원에 당선되니 그의 나이 37세로 벌써 인생의 중반전에 접어들고 있었다.

에이브러햄 링컨_남북 전쟁에서 북군을 지도하여 점진적인 노예 해방을 이루었다. 대통령에 재선되었으나 이듬해 암살당하였다. 게티즈버그에서 한 연설 중 유명한 '국민에 의한 국민을 위한 국민의 정부'라는 불멸의 말을 남겼다.

"내가 걷는 길은 험하고 미끄러웠다.
그래서 나는 자꾸만 미끄러져 길바닥 위에 넘어지곤 했다.
그러나 나는 곧 기운을 차리고 내 자신에게 말했다.
'괜찮아. 길이 약간 미끄럽긴 하지만 낭떠러지는 아니야.'"

링컨은 굽히지 않고 선거에 출마했지만 1855년 연방상원의원에 낙선하였고, 1856년 부통령 후보 경선에서도 1/3정도의 지지만 받으며 윌리엄 데이튼에게 낙선하였다. 1858년엔 상원의원 선거에 출마해 당시 유명 정치인이던 스티븐 더글러스와 경쟁을 벌였다. 이 선거에서도 링컨은 낙선했지만, 노예 문제에 대해 단호히 반대 입장을 밝혀 노예제 반대 입장을 대표하는 정치인으로서 우뚝 서게 되었다.

결국 1860년, 흑인 노예제 문제로 첨예한 갈등을 빚고 있던 상황에서 링컨은 대통령으로 당선되었다. 민주당의 대통령 후보인 더글러스는 유권자 선거에서는 100만 표 넘게 받았지만 선거인단은 12명밖에 못 얻는 충격적인 결과를 보여주었다.

"악어와 흑인이 함께 있다면 나는 흑인을
도울 것이다. 하지만 백인과 흑인이 함께
있다면 백인을 돕겠다."
— 대선 연설에서 스티븐 더글러스가 한 말

▶에이브러햄 링컨의 초상(403쪽 그림)_로버트 시볼드의 작품.
스티븐 더글러스 동상_미국 민주당의 정치가로 공화당의 링컨과 경쟁하였다. 그는 1858년 여름부터 가을까지 노예제의 가부에 관한 링컨과의 7회에 걸친 토론으로도 유명하다. 1860년 대통령 선거에 독자적으로 출마하여 링컨에게 패하였다. 남북 전쟁 직전에는 남북의 화해에 힘썼고, 전쟁이 시작된 후에는 링컨의 연방통일론을 지지하였다.

Robert H. Sibold

"노예정책이 잘못된 것이 아니라면
이 세상에서 잘못된 것은 아무것도 없다."

노예제도의 부당함을 역설하며 노예 해방을 부르짖던 링컨은 대통령에 당선되자 남부에서는 '노예제 반대론자'가 대통령이 된 것에 대해 위기감을 공공연하게 드러냈다. 이에 링컨의 대통령 당선 직후 남부는 연방 탈퇴를 선언하고 제퍼슨 데이비스를 남부연합의 대통령으로 선출했다.

"어느 주도 미연방에서 탈퇴하지 못한다."

링컨 대통령은 남부연합을 인정하지 않았다. 그의 강력한 선언에 남부연합이 불복하며 결국 남북 전쟁이 발발하고 말았다. 전쟁 중이던 1864년 링컨은 어렵사리 재선에 성공하였다. 그리고 1865년에 남북 전쟁은 남부의 항복으로 끝났다. 하지만 종전 11일 후 링컨은 극장에서 극렬한 남부 지지자였던 배우 존 윌크스 부스에게 암살되고 말았다.

암살당하는 링컨_1865년 4월 14일, 워싱턴의 포드극장에서 연극관람 중 남부인 배우 J.부스에게 피격, 이튿날 아침 사망하였다.

링컨 기념관의 동상_미국의 제16대 대통령 에이브러햄 링컨을 기리기 위한 대통령 기념관으로 1922년 5월 30일 지정되었다. 마틴 루터 킹 등 유명인사들이 연설을 했던 곳이기도 하다.

'이 성전에는 미합중국 국민들의 마음을 담아
미국을 구원한 에이브러햄 링컨에 대한
기억들이 영원히 간직될 것이다'
—링컨 기념관에 새겨진 헌사

링컨은 지금도 미국인들에게 가장 존경받는 대통령이다. 그의 일생이 영웅적이고 인도주의적인 행보와 거룩한 희생으로 끝맺어졌다는 이유도 있지만, 무엇보다 한 나라로서의 미국을 완성했기 때문이다. 링컨 이전의 미국은 어디까지나 각 주(州)의 연합체였을 뿐 한 나라라는 의식은 희박했다. 조지 워싱턴이 물려준 미국이 주끼리의 이해관계가 맞지 않으면 언제든지 해체할 수 있는 연맹이었다면, 링컨이 물려준 미국은 하나의 나라이자 운명을 같이하는, 그야말로 진정한 '미합중국(The United States)'이었던 것이다.

칼 마르크스의 자본론

활동시기: 독일 출신의 철학자, 역사학자, 사회학자, 경제학자, 언론인.

▎사회주의와 공산주의의 창시자이며 사회주의 혁명을 촉발한 사상가이다

"만국의 노동자여, 단결하라!"

공산주의 투쟁을 주창한 칼 마르크스와 엥겔스가 공동집필한 과학적 공산주의의 선동적 슬로건이다. 칼 마르크스는 수많은 학문에 지대한 영향을 끼쳤으며, 현대 논문에서 가장 많이 인용된 학자이기도 하다. 특히 《자본론》과 《공산당 선언》 등을 저술하였으며 19세기 중반부터 20세기 말까지 그의 사상은 인류 전체의 사상과 철학, 사회, 문화, 외교, 정치 등의 방향성에 대해 지대한 영향을 끼친 현대사를 대표하는 중요한 사상가이다.

마르크스는 1818년 5월 5일 독일(당시엔 프로이센) 트리어 브뤼켄에서 태어났다. 아버지인 하인리히 마르크스는 유대인 집안 사람으로, 당시 프로이센 내 유대인 차별 때문에 그가 태어나기 전에 루터회로 개종한 이력이 있는 변호사였으며 자유주의 성향을 가지고 있었다. 그래서 마르크스는 어렸을 때부터 아버지로부터 자유주의적 사고를 많이 물려받았고, 특히 아버지가 17~18세기 프랑스의 계몽주의사상(루소, 볼테르)에 관심이 많아서 그 영향도 크게 받았다.

"우리는 우리가 소명을 받았다고
믿는 자리를 반드시 얻지는 못한다.
사회에서 우리의 관계들은 우리가
그 관계들을 규정할 위치에 이르기 전에
이미 어느 정도 확립되어 있기 때문이다."

　열일곱 살의 마르크스가 김나지움 졸업 논문으로 제출한 《직업 선택을 앞둔 한 젊은이의 고찰》에 실려 있는 글이다.

　마르크스는 1830~1835년 트리어 김나지움(인문계 고등학교)에서 공부한 다음, 1835년 본 대학에 입학하여 인문계 수업을 받았다. 1년 후 본을 떠나 1836년 베를린 대학에 입학하였다. 베를린 대학은 헤겔이 오랫동안 교수로 재직했던 곳이라 헤겔주의가 성행했다. 비록 마르크스가 다니던 시절은 헤겔이 사망한 후였으나 헤겔의 제자들이 아직 베를린 대학교에 남아 왕성한 활동을 하고 있었기 때문이었다. 당시 헤겔의 제자들은 헤겔 우파와 헤겔 좌파로 나뉘어 있었는데 마르크스는 헤겔 좌파들과 주로 어울리며 많은 영향을 받았다.

게오르크 헤겔_칸트철학을 계승한 독일 관념론의 대성자이다. 18세기의 합리주의적 계몽사상의 한계를 통찰하고 '역사'가 지니는 의미에 눈을 돌린 데 의미가 있다.

G.W.F.HEGEL.

"철학자들은 단지 지금껏 세계를 해석해왔다.
하지만 이제는 세계를 변화시켜야 할 때이다."

마르크스가 헤겔 좌파들과 어울리면서 한 말로 그의 진보적 성향이 잘
드러나 있다. 베를린 대학 졸업 뒤 마르크스는 박사 학위를 받아 대학에
서 강연을 하며 살려고 했지만 이는 곧 좌절됐다. 당시 대학에서는 프로
이센 정부의 압력으로 헤겔 좌파에 대한 숙청이 진행되고 있었기 때문
이었다.

사실 마르크스는 결코 얌전한 학생이 아니었고 '청년헤겔주의자당 사
건'에 연루되는 등, 당대 자유주의운동에 깊이 공감하여 매우 적극적인
정치운동을 벌인 청년운동가였다. 말하자면 당대의 '학생 운동권'에 속
했으니 어쩌면 이는 당연한 일이었는지도 모른다.

"종교는 모든 인민들의 아편이다."

마르크스의 《헤겔 법철학 비판》의 서문에 실려 있는 글이다. 인민에
게 환각적 행복인 종교를 버리고 현실의 행복을 지향하라는 의미이다.
마르크스가 주장한 종교에 대한 비판은 곧 종교라는 후광을 업은 속세
에 대한 맹아적인 비판을 의미했다. 이후 레닌이 마르크스의 표현을 인
용하기에 이르면서 '인민의 아편'이라는 표현은 반종교의 대표적인 상징
어로 쓰이게 되었다.

마르크스는 1842년 1월 새로 창간된 급진적 반정부신문인 〈라인 신문〉
에 기고를 시작하여 그해 10월에 신문의 편집장이 되었으나, 여러 현실
문제를 취급하는 과정에서 경제학 연구의 필요성을 느꼈다.

1843년 관헌에 의하여 〈라인 신문〉이 폐간되자 프로이센 귀족의 딸로

4살 연상인 예니와 결혼하여 파리로 옮겨가 경제학을 연구하는 한편 프랑스의 사회주의를 연구하였다. 1842년에 처음 만났던 엥겔스와 파리에서 재회하였으며, 엥겔스의 조언에 의하여 경제학 연구에서의 영국의 중요성을 깨닫게 되었다.

마르크스와 레닌 흉상_마르크스의 사회주의 사상은 레닌에 의해 러시아에서 실현되었다. 하지만 마르크스는 사회주의를 어떻게 운영할지에 관한 그림을 선명하게 그리지 않고 추상적으로만 묘사했는데, 이 점 역시 혁명가가 제멋대로 마르크스 이론을 해석하고 변형하면서 정치적 야욕을 정당화하는 데 쓰이기도 했다.
아래 그림은 왼쪽으로부터 마르크스, 엥겔스, 레닌으로 소련 공산당은 레닌과 함께 마르크스와 엥겔스를 사회주의 이념의 선봉자로 추종하였다.

"모든 혁명은 낡은 사회를 해체시킨다.
그런 점에서 혁명은 사회적이다.
모든 혁명은 낡은 권력을 전복시킨다.
그런 점에서 혁명은 정치적이다."

파리에서 마르크스는 많은 철학자, 혁명가, 사상가들을 만나 교류하면서 점차 자유주의자에서 사회주의자로 변모하게 되었다. 또한 '의인동맹(1836년 조직된 단체로서 독일계 이민자 기술공들이 주축이었다)'이라는 독일의 혁명적 클럽과도 관계를 맺었고, 문학가들과도 접촉하면서 이들의 문학에 혁명성을 띄게끔 하는 데 큰 영향을 미쳤다.

1848년 2월 파리에서 시작된 혁명이 이탈리아 · 오스트리아 등 주변 제국으로 확산되자 마르크스는 브뤼셀 · 파리 · 쾰른 등지로 가서 혁명에 참가하였으나, 각국의 혁명은 좌절되고 그에게는 잇달아 추방령이 내려졌다. 마르크스는 마침내 런던으로 망명하여 수년간 고립생활을 하게 되었다. 1850~1864년까지 그는 정신적 고통과 물질적인 빈곤 속에서 지냈다. 대영박물관 도서관에 다니면서 경제학을 연구하는 한편, 1851년부터 미국의 〈뉴욕 트리뷴〉지(紙)의 유럽 통신원이 되었다. 이때 맨체스터에서 아버지의 방적공장에 근무하고 있던 엥겔스가 마르크스에게 재정적 원조를 계속하여 경제적 곤란을 덜었다.

▶**칼 마르크스 초상**(411쪽 그림)
엥겔스 흉상_마르크스와 함께 마르크스주의, 과학적 공산주의 이론, 변증법 및 사적 유물론의 창시자이며, 국제 노동자 계급운동의 지도자였다.

"《자본론》은 비록 미완성이지만
수많은 책들을 낳을 것이다."

　1859년 경제학 이론에 대한 최초의 저서《경제학비판》이 간행되었는
데, 이 책의 서언(序言)에 유명한 유물사관 공식이 실려 있다. 1864년 제1
인터내셔널이 창설되자 마르크스는 이에 참여하여 활동하는 한편, 1862
년부터 구상 중이던《자본론》제1권을 1867년 함부르크에서 출판하였다.
당시 유럽에 퍼진 산업혁명으로 인해 경제적 환경은 급격한 변화를 맞
이하였다. 마르크스는 경제적인 어려움에도 불구하고 영국의 정치, 경
제적 현실을 끊임없이 연구한 끝에 1867년《자본론》을 내놔 이후 100년
도 넘는 오랜 시간 부르주아와 프롤레타리아의 투쟁을 화두로 던졌다.

　그가 죽자 마르크스를 비방했던 〈펠멜가제트〉지(紙)는 "《자본론》은
비록 미완성이지만 수많은 책들을 낳을 것이며, 사회적 문제에
대해 진지하게 생각하는 모든 계급의 사람들에게 점점 더 큰
영향을 미치게 될지도 모른다"고 보도했다.

마르크스와 엥겔스_마르크스와 엥겔
스는 동지이자 절친이다. 《자본론》은
마르크스에 의해서 쓰여진 총 3권으로
구성된 방대한 경제학 저서이다. 그 중
에서 제 1권은 마르크스에 의해 출판
되었으며, 제 2권과 제 3권은 마르크
스가 사망한 후에 엥겔스에 의해서 출
판되었다.

칼 마르크스 묘_영국 런던 하이게이트 공동묘지에 있는 칼 마르크스 무덤의 조각상이다.

"저리 꺼져! 유언 따위는 살아있을 때
말을 다 못한 얼간이들이나 하는 말이라고!"

마르크스가 죽기 전에 가정부에게 남긴 마지막 말이다. 마르크스의 마지막 10년은 만성적인 정신적 침체에 빠져 있었으며, 최후의 수 년 동안은 많은 시간을 휴양지에서 보냈다. 1881년 말 마르크스는 늑막염에 시달리며 병석에 누웠고 아내는 사경을 헤매기 시작했다. 12월 2일 아내가 세상을 떠났을 때 마르크스는 병세가 심해 장례식에 참석하지 못했다.

1883년 2월 마르크스는 폐에 고름집이 생겼다는 진단을 받았다. 3월 14일 오후 2시 30분, 엥겔스가 마르크스의 집을 방문했을 때, 가정부는 마르크스가 2층 난롯가 의자에서 잠들어 있다고 말했다. 얼마 후 그들이 올라갔을 때 마르크스는 세상을 떠난 상태였다.

망치를 든 철학자 니체

활동시기: 1844년~1900년. 독일의 철학자 · 시인.

실존철학의 선구자
기독교적 윤리를 대체하는 강자의 군주도덕을 찬미한 초인사상을 주창하다

"신은 죽었다."

프리드리히 니체의 이 한마디로 유럽은 19세기를 허무주의의 시대로 보냈다. 허무주의를 대표하는 이 말의 의미는 신을 포함해 사람들이 신처럼 떠받들던 일체의 가치가 그 본질적 의미를 잃고 허무해짐을 의미한다. 달리 말해 최고가치의 상실로 인한 허무주의의 도래를 뜻하는 말로, 니체는 신의 죽음을 최고 가치의 상실로 이해하고 이로 인해 유럽에 허무주의가 도래할 것이라 경고했던 것이다.

니체는 특유의 급진적인 사상으로 대륙철학, 실존주의, 포스트모더니즘에 가장 많은 영향을 끼쳤으며, 현대철학의 근간을 마련했다. 그는 서구의 오랜 전통을 깨고 새로운 가치를 세우고자 했기 때문에 '망치를 든 철학자'라는 별명이 붙었다. 그는 그리스도교 도덕과 합리주의의 기원을 밝히는 작업에 깊이 매진하였고, 이성적인 것들은 실제로는 비이성과 광기로부터 기원했다고 주장했다.

프리드리히 니체 초상

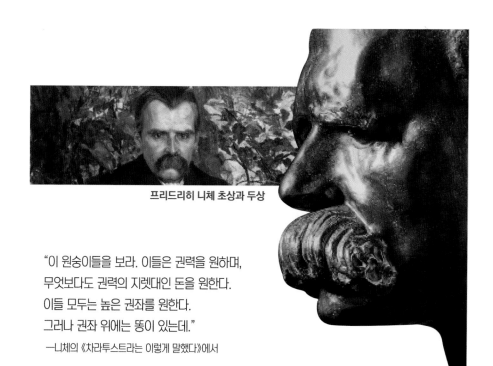

프리드리히 니체 초상과 두상

"이 원숭이들을 보라. 이들은 권력을 원하며,
무엇보다도 권력의 지렛대인 돈을 원한다.
이들 모두는 높은 권좌를 원한다.
그러나 권좌 위에는 똥이 있는데."
—니체의 《차라투스트라는 이렇게 말했다》에서

　관념론과 기독교는 세계를 두 개로 구분 짓는다. 이를테면 기독교는 이승 이외에도 하늘나라가 있다고 가르친다. 또한 플라톤은 세계를 현상계와 이상계로 이분한다. 니체는 이러한 구분에 반대하며 '대지에서의 삶을 사랑할 것'을 주창하였다. 또한 현실에서의 삶을 비방하는 자들을 가리켜 퇴락한 인간이라 부르며 비판하였다. 이렇듯 '영원한 세계'나 '절대적 가치'를 인정하지 않는다는 점에서 니체는 관념론적 형이상학에 반대하였다. 즉, 기독교에서 말하는 '하나님의 왕국' 혹은 칸트가 말하는 '목적의 왕국' 등에 반대하는 것인데, 특이하게도 부르주아 민주주의를 기독교의 아류로 보고 비판하기도 했다.

　니체는 전체주의, 민족주의, 국가주의, 반유대주의 등을 비판했다. 그러나 인종주의자였던 동생이 니체의 책을 조작하여, 그의 사상이 파시스트들에게 왜곡되기도 했다. 진리의 가치를 묻는 그의 질문은 해석상의 문제를 제기했다.

"등산의 기쁨은 정상에 올랐을 때 가장 크다.
그러나 나의 최상의 기쁨은 험악한 산을 기어 올라가는 순간에 있다.
길이 험하면 험할수록 가슴이 된다.
인생에 있어서 모든 고난이 자취를 감췄을 때를 생각해 보라!
그 이상 삭막한 것이 없으리라."

니체는 1844년 10월 15일 프로이센 작센 지방의 작은 마을인 뢰켄에서 목사의 아들로 태어났다. 프로이센 국왕 프리드리히 빌헬름 4세와 생일이 똑같다는 이유로 '프리드리히 빌헬름'이란 이름을 갖게 되었다. 니체는 훗날 그의 이름에서 가운데에 있던 '빌헬름'을 빼버렸다.

니체의 가정사는 복잡했다. 목사였던 아버지와 역시 목사 집안 출신이었던 어머니, 여동생 엘리자베스, 어린 남동생 요제프, 할머니, 미혼인 두 고모와 함께 살았다. 집안 여자들은 걸핏하면 어머니를 구박하였으며 유약한 아버지는 어머니를 보호해주지 못했다. 아버지는 니체가 5살 때 뇌경색으로 죽었다. 2년 후 동생 요제프까지 병으로 사망하자 이후 니체는 여성들 틈에서 성장했다.

가부장의 권위가 없는 가운데 가족의 기대를 한몸에 받으며 성장했기에 니체는 정신적 부담에 시달렸다. 이러한 가정환경이 니체가 기독교적 환경에서 자랐음에도 불구하고 혹독하게 무신론을 내세운 이유로 지목되기도 한다. 실제로 그는 기독교를 가장 호되게 비판한 철학자였으며, 기독교적 개념들은 모두 미신이라 생각하여 믿지 않았다. 그에 따르면 기독교 도덕은 삶에 대한 범죄이며 인류를 망쳐버린 원흉이다.

▶**프리드리히 니체**(417쪽 그림)_독일의 시인 · 철학자. 주저는 《반시대적 고찰》, 《차라투스트라는 이렇게 말했다》 등이 있다. 에드바르트 뭉크의 작품.

"괴물과 싸우는 사람은
그 싸움 중 괴물이 되지 않도록 조심해야 한다.
네가 심연을 오랫동안 들여다본다면,
그 심연 또한 너를 들여다볼 것이기 때문이다."
— 니체의 《차라투스트라는 이렇게 말했다》에서

　　니체는 1864년에 본 대학교에 진학해 신학과 그리스 고전 문헌학을 배웠다. 그동안에 그는 살면서 처음으로, 조그만 시골 마을의 기독교적인 환경에서 이루어지는 가족의 삶으로부터 거리를 둘 수 있었다. 그가 바젤 대학의 교수가 되면서부터 인근에 거주하던 리하르트 바그너와 깊은 친분을 맺으며 그에게서 많은 영향을 받게 된다. 쇼펜하우어의 열렬한 추종자였던 바그너와 니체는 쇼펜하우어에 대한 토론으로 날을 지새우기도 했다. 바그너와의 교류는 그가 문헌학자에서 철학자로 전환하게 된 본격적인 계기가 되었다.

　　니체는 1870년부터 '디오니소스적 세계관'을 구상하기 시작하였으며 이를 발전시켜 1872년 《비극의 탄생》을 완성했다. 그는 《비극의 탄생》을 바그너에게 헌정하였다. 하지만 바그너가 점차 기독교적인 도덕주의 모티브를 많이 이용하고, 국수주의와 반유대주의에 빠지자 그와 결별했다.

《차라투스트라는 이렇게 말했다》_서양에서 성서 다음으로 많이 읽혀지는 고전으로 평가받고 있는 니체의 저서이다. 이 책은 상징과 비유와 같은 문학적 수사를 동원하며 BC 7세기에 페르시아에 살았던 종교지도자 차라투스트라의 일대기를 기록해 놓은 것으로, 우리로 하여금 실존적 고뇌를 담은 몸의 체험을 통해 읽기를 요구하고 있다.

"산다는 건 원래 이런 거야."

—니체의 《선악을 넘어서》에서

니체의 저서 《차라투스트라는 이렇게 말했다》에 나오는 구절로 원문은 이렇다.

"모든 사람이 서서히 죽어가면서
'산다는 건 원래 이런 거야'라고 말하는 곳.
그곳을 나는 국가라고 부른다."

니체는 1879년 이후 건강의 악화와 자유로운 철학의 정립을 위해 35세에 바젤 대학교에서 퇴직한 이후 강연도 그만두고, 병든 몸이 적응할 수 있는 곳을 찾아 유럽 각지를 돌아다니면서 집필생활에 몰두하였다.

1889년 1월 이탈리아 토리노에서 졸도한 후 정신병원에 입원하여 생애의 마지막 10년을 보냈다. 니체는 정신병 발작을 일으킨 후 완전히 정신상실자가 되었고, 이때부터 어머니와 함께 예나에서 거주했다. 어머니가 죽자 누이동생 엘리자베트가 니체를 바이마르로 옮겼고, 니체는 1900년 8월 25일 바이마르에서 독신의 몸으로 죽었다. 니체가 죽자 여동생은 그를 고향 뢰켄의 아버지 묘 옆에 안장했다.

뢰켄의 니체 무덤_니체의 말년에는 정신 발작으로 몸과 마음이 더 쇠약해져 10년 동안 부모님과 여동생의 보살핌 없이는 살 수 없었으며 식분증 증세까지 있었다고 한다. 그 뒤 병이 악화되어 1900년 바이마르에서 생을 마감하게 된다.

철혈 재상 비스마르크

활동시기: 1815년~1898년. 근세 독일의 정치가.

> 1862년에 프로이센의 수상으로 임명된 후, 강력한 부국강병책으로
> 독일 통일을 완성하다

"자기 앞에 어떠한 운명이 가로놓여 있는가를
생각하지 말고 앞으로 나아가라.
그리고 대담하게 자기의 운명에 도전하라.
이것은 옛말이지만
거기에는 인생의 풍파를 헤쳐 나가는 묘법이 있다.
운명을 두려워하는 사람은 운명에 먹히고
운명에 도전하는 사람은 운명이 길을 비킨다."

독일의 '철혈 재상'이라 불리는 오토 폰 비스마르크가
한 말이다. 그는 빌헬름 1세를 도와 프로이센(독일)-오스
트리아 전쟁, 보불 전쟁을 승리로 이끌고 독일제국 건국
을 이뤄낸 주역이다. 비스마르크가 '철혈 재상'이라는
별명을 얻은 것은 그의 재상 취임사에서 비롯
되었다.

비스마르크 흉상_독일 역사에서 비스마르크의 위상은 최초로 통
일을 이룩했던 정치가로, 독일을 진정한 강대국 대열에 올려놓았
다는 점에서 높은 평가를 받는다.

"언론이나 다수결이 아닌,
  철(무기)과 피(전쟁)만이 문제를 해결할 수 있다."

  비스마르크의 취임사를 오늘날의 관점으로 보면 국가를 준전시상황
으로 상정하여 정치적 반대파들의 입지를 없애고 헌법을 무시하는 방식
의 국가 운영을 이끌어 간 것으로 분명 비민주적인 정책이었다. 하지만
당시에는 유럽의 다른 나라들도 딱히 민주적이지는 않았다. 제국 정체가
유지되고 있던 러시아, 오스트리아는 말할 것도 없고 프랑스조차 나폴레
옹 3세가 독재를 하던 시절이었다.

비스마르크와 나폴레옹 3세_보불 전쟁에서 승리한 프로이센의 비스마르크 재상과 프랑스의 나폴레옹
3세가 회담을 하는 장면의 그림이다.

"우리는 강자의 망설임 때문에 강자가 약해지고
약자의 대담함 때문에 약자가 강해지는
놀라운 시대에 살고 있다."

비스마르크가 활동하던 시대에 그가 평소 갖고 있던 소신으로, 그가 태어날 시기에는 나폴레옹이 유럽을 전쟁으로 몰아넣어 포화 속에 시름하였고, 그가 장성하여 정치에 입문하였을 때의 독일은 영국이나 프랑스와 달리 19세기가 되어서도 중세적인 공국과 백작령 등이 난립한 채로 하나의 국민국가를 이루지 못하고 있었다.

하지만 18세기 말의 프랑스 대혁명과 나폴레옹 전쟁, 그리고 계몽주의 이념과 산업혁명의 영향은 독일 땅에도 적잖은 변화의 물결을 일으켰다. 직접적으로 나폴레옹의 군대가 독일을 유린하고 그 여파로 1806년에 이름만 남아 있던 신성로마제국이 공식적으로 소멸했으며, 다시 1813년에 프랑스로부터 독일을 해방하려는 전쟁이 벌어지면서 독일 민족주의와 자유주의가 고조되었다.

그러나 나폴레옹 전쟁 이후 유럽 국제질서를 정리한 1815년의 빈 회의의 결과, 독일 땅에는 35개의 공국과 4개의 자유시로 이루어진 '독일연방'이 탄생했으나 이는 중앙정부도 없고 각 공국의 주권도 그대로 유지되는 이름뿐인 연방이었다.

다만 프랑크프루트에 '연방의회'가 설치되었으나, 선거와는 무관하게 각 공국의 군주가 지명한 대표들로 의석이 채워졌다. 게다가 의장은 동맹 내 최대 세력인 오스트리아가 고정적으로 맡음으로써 프로이센 등은 불만이 많았다.

"슬기로운 자는 역사에서 배우고,
어리석은 자는 경험에서 배운다."

비스마르크의 당시 정치적 소신을 드러내는 말로, 그는 프로이센 재상 이전에 연방 회의에 프로이센 대표로 참석하였다.

연방의회의 회의에서 소위 '위신 투쟁'이라 불리는 사건이 벌어졌다. 당시 연방 회의에서 의장국인 오스트리아 대표만이 회의석상에서 담배를 피울 수 있었는데, 비스마르크가 의장에게 직접 불을 청해 담배를 피운 것이다. 이 일은 고작 담배 한 개피에 관한 사소한 일로 비칠 수도 있겠지만 당시 그의 행동은 국제사회에 큰 파장을 불러왔다.

연방의회의 비스마르크_비스마르크는 연방 회의에서 '위신 투쟁'을 벌여 오스트리아를 비난한다.

프랑크푸르트 연방의회_당시 프랑크푸르트 파울 교회에서 연방 회의가 벌어졌다.

　당황한 각국 대표들은 심지어 본국에 이를 보고하며 '담배를 피워도 될 것인가'를 묻기까지 했고, 결국 바이에른 대사 카를 폰 슈렌크를 시작으로 비흡연자를 제외한 거의 모든 대표들이 차례로 담배를 피워 물기 시작했다. 작센 대표는 내각의 허락을 받아내지 못했지만, 하노버 대사가 피우는 것을 보고 고심 끝에 그 다음 석상에서 결국 실행에 옮겼다. 본인 말로는 '칼집에서 칼을 뽑는' 기분이었다고 한다. 나중에는 담배를 피우지 않는 대사들까지 '조국을 위해 담배를 피우는 희생'을 하였고, 마지막까지 담배를 피우지 않고 남은 것은 단 한 명 헤센-다름슈타트 대표뿐이었다. 비스마르크는 프로이센이 더 이상 오스트리아의 아래가 아니라는 것을 담배 한 개피로 주장했던 것이다.

"역사란 인쇄된 종이조각에 불과한 것이다.
중요한 것은 역사를 만드는 일이지,
역사를 쓰는 일이 아니다."

프로이센의 재상으로 임명된 비스마르크의 초기 외교는 전쟁도 불사
하지 않는 강경한 외교였다. 오스트리아를 물리친 뒤 1870년 7월 13일 스
페인 왕위계승 문제에 대하여 프랑스와 프로이센의 관계가 악화되자, 프
랑스 대사 베네데티는 프로이센 왕 빌헬름 1세를 엠스로 방문하여 회담
하였다. 이 회담 내용은 베를린의 수상 비스마르크에게 전보로 알려졌
는데, 비스마르크는 프랑스에 대한 개전(開戰)을 위하여 이 전보의 전문을

독일제국 선포_보불 전쟁 승리 이후 베르사유 궁에서 독일제국 수립을 선포하는 그림. 원래 비스마르
크도 검은색 육군 예복을 입고 있었으나 빌헬름 1세 황제의 특별 지시로 그림에서 더욱 돋보이게 하기
위해 흰색 예복을 입은 것으로 그려졌다.

고쳐서 프랑스 대사가 프로이센 국왕을 모욕했다는 인상을 주는 내용으로 바꾸어 신문에 발표하였다. 이 신문 발표로 인해 프로이센의 국민 여론이 들고 일어나 프랑스에 대한 강경론으로 기울어졌다.

이 때문에 프랑스는 프로이센에 대해 선제 침공을 감행하였다. 이는 비스마르크가 유도한 프로이센-프랑스 전쟁이었다. 비스마르크는 독일 내에서는 물론 국제 여론도 우호적으로 돌려놓았다. 그 결과 프랑스의 제2제정은 패망하고, 베르사유 궁전에서 북독일 연방에 남부 독일 국가들이 결합하여 독일제국이 성립하여 중부 유럽 강대국이 탄생하였다.

비스마르크는 젊은 시절부터 사생활 및 사고방식이 꽤나 독특했다고 한다. 젊은 시절 늪에 친구가 빠졌는데 구해줄 자신이 없자 빠진 친구를 구해주지 않고 총을 친구에게 겨누었다.

"너를 구하진 못하겠고 차마 천천히 죽는 걸 볼 수도 없으니 고통 없이 죽여주겠다."

이 말에 기겁을 한 친구는 스스로 있는 힘을 다해 늪을 빠져나왔다. 잔뜩 화가 난 친구는 비스마르크에게 덤벼들었다. 그러자 비스마르크는 친구에게 사죄하며 말했다.

"구해주지는 못할망정 나더러 죽으란 거냐!"
"날 용서하게. 내가 겨눈 건 자네의 포기하는 마음이네."

비스마르크의 말을 들은 친구는 그제서야 화를 풀었다고 한다.

▶**비스마르크 초상(427쪽 그림)**_비스마르크는 의회가 아닌 황제에게만 행정적 책임을 졌기 때문에 황제와 더불어 국정을 실질적으로 운영해 나갈 수 있었다.

"사건을 일으켜서는 안 된다.
그것이 일어날 때까지 기다려야 한다."

평소의 비스마르크의 성격을 알 수 있는 말로, 그는 누구보다 통일 독
일의 안위를 걱정하였다. 1888년에 빌헬름 1세가 죽은 뒤부터 비스마르
크의 입지가 흔들리기 시작했다. 그는 독일 통일 후 사람이 바뀐 것 마냥
평화주의자로 돌변했다. 엄밀히 말하자면 그는 항상 보수적 현실주의자
였고 더 이상의 전쟁은 독일에 해롭다고 판단했기 때문이었다. 이 때문
에 새로 왕이 된 빌헬름 2세를 비롯한 팽창주의자들에게 밀려 재상의 자
리에서 물러나게 되었다.

"이런 식으로 가면
내가 떠나고 15년 후에는 파멸이 올 것이다."

비스마르크의 예언대로 15년 후 삼국 협상이 성립
되고 독일은 외교적으로 완전히 고립되어 양면 전
쟁의 위협에 처하게 되었다.

비스마르크 밀랍_비스마르크에 대해서는 '철혈
재상'이라는 인상이 일방적으로, 지나치리만큼 강
조돼 왔다. 그러나 이는 비스마르크의 반대파가
그를 깎아내리기 위해 사실을 대폭 과장한 것이
다. 비스마르크가 통일 과정에서 '철혈적인' 모습
을 보인 것은 사실이나, 막상 통일이 되자 그는 평
화주의적 정책으로 전환해 평화 유지에 힘썼다.

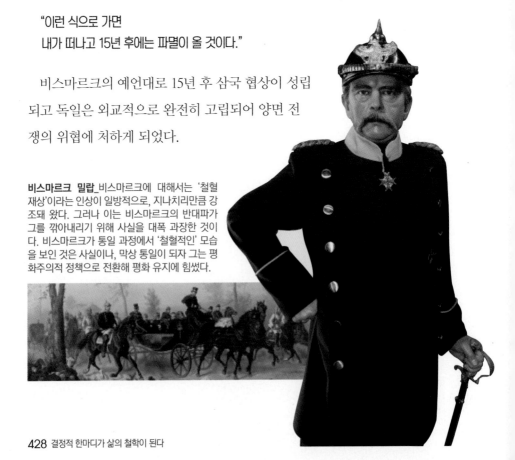

"청년에게 권하고 싶은 것은
다음 세 마디뿐이다.
즉 일하라. 더욱 더 일하라. 끝까지 일하라."

청년의 자세에 대한 비스마르크의 강력한 제언이다. 그는 철혈 재상이
라는 수식어 때문에 강한 인상을 지울 수 없으나 실상은 지극히 현실주
의적인 정치인이었다. 그는 자신의 사상과는 반대로 세계 최초로 1883년
의료보험, 1884년 산재보험, 1889년 연금보험 등을 실행하여 사회보장제
도의 기틀을 마련한 인물이다.

비스마르크가 이처럼 사회보장제도를 선도적으로 마련한 데는 당시
유럽에서 유행하던 사회주의세력을 견제하기 위한 선제적 조치였다는
견해가 꽤 많다. 더 큰 것을 요구하는 봉기가 일어나기 전에 미리 적절한
선을 그어버린 것이다. 사회주의 견제는 결과적으로 실패했지만 비스마
르크가 만들어낸 복지제도는 이후에도 지속적으로 유지, 발전되면서 독
일이 복지국가로 도약하는 기틀을 만들었다.

베를린의 비스마르크 동상

그림에 미친 영혼 고흐

활동시기: 1853년~1890년. 네덜란드의 후기 인상주의 화가.

◆

▌후기 인상주의를 대표하는 화가로 이후 인상파,
▌야수파에 지대한 영향을 미치다

　**"아무리 힘든 일이 있어도 나는 다시 일어날 것이다.
　깊은 절망 속에서 던져두었던 연필을 다시 쥐고 계속 그림을 그릴 것이다."**

　네덜란드의 후기 인상주의 화가인 빈센트 반 고흐가 절망의 순간에 스스로에게 다짐하며 한 말이다. 고흐는 살아생전엔 불운과 실패의 일생을 보냈지만 사후에 가장 빛나는 영예를 누린 화가였다. 고흐가 생전에 판매한 그림은 단 한 장, 〈붉은 포도밭〉이라는 작품뿐이었다. 그는 동생 테오에게 생활비를 받았으며 때때로 돈이 없어 물감을 먹기도 하였다.

　고흐는 그의 거의 전 작품(900여 점의 그림들과 1100여 점의 습작들)을 정신질환을 앓고 자살을 감행하기 전의 단지 10년 동안에 모두 만들어 냈다. 그는 생존기간 내내 성공을 거두지 못하다가 사후에 비로소 인정받았다. 특히 그가 죽은 지 11년 후인 1901년 3월 17일 파리에서 71점의 고흐의 그림이 전시된 후 그의 명성은 급속도로 올라갔다.

빈센트 반 고흐의 흉상

"시작은 그 무엇보다 어렵지만 계속해 나간다면
모든 것이 잘될 것이다."

고흐는 1853년 3월 30일 네덜란드 브라반트 북쪽에 위치한 그루트 준데르트라는 마을에서 출생하였다. 고흐는 준데르트 마을 학교에 입학했지만 내성적인 성격으로 기숙생활에 적응하지 못해 새로운 학교에 입학하기까지 3년간 그의 여동생 안나와 함께 가정교사로부터 교육을 받았다.

1864년 고흐는 부모와 떨어져 기숙학교에 다녔는데 가난으로 15세 때 학교를 그만두었고 16살 때 삼촌의 권유로 헤이그에 있는 구필 화랑에서 일하기 시작했다. 네 살 아래 동생이자 고흐가 평생의 우애로 아꼈던 테오도 나중에 그 회사에 들어왔다. 두 사람의 우애는 그들이 서로 주고 받았던 엄청난 편지 모음에 충분히 기록되어 있다. 테오는 형의 인생 전반에 걸쳐 경제적으로 지원하였다.

씨 뿌리는 농부_고흐의 초창기 작품으로 밀레의 씨 뿌리는 농부를 토대로 묘사하여 그렸다.

농부의 휴식_밀레의 원작을 토대로 고흐의 방식으로 묘사한 작품이다.

> "나는 내 그림을 그리는 꿈을 꿨고
> 그리고 나는 내 꿈을 그린다."

1876년에 구필 화랑은 직무 능력이 떨어진다는 이유로 고흐를 해고했다. 이는 고흐가 가게에서 영업 활동을 할 때, 손님들과 그림에 대한 관점 차이로 자주 언쟁을 벌였기 때문이었다. 실의에 빠진 고흐는 그동안 계속해 온 습작을 바탕으로 그림을 그리는 일에 몰두하며 화가가 되기로 결심한다.

고흐는 초반에 자신이 동경하던 화가들의 그림을 습작하며 그림 실력을 쌓았다. 고흐 자신이 경탄해 마지않았던 옛 화가들의 그림을 자세하게 살펴보고, 그 중의 몇 개의 작품들을 모사함으로써 미술에 대한 지식과 재주를 독학으로 익혔다.

드로잉에 관한 기초 지식이 부족했던 그는 라파르트라는 5살 아래의 미술학도에게서 드로잉을 배웠다. 이후 그의 외사촌이자 헤이그화파의 유명한 화가였던 안톤 모베의 화실에서 유화를 그리게 되면서 본격적인 미술 수업을 받았다. 하지만 고흐는 과격한 성격으로 자신을 향한 어떠한 비판도 받아들이지 않았고 작은 충고에도 심각한 상처를 입곤 했다.

"모든 것을 이해한다는 것은
모든 것을 용서한다는 뜻이다."

고흐는 크리스틴이라는 매춘부 출신의 여자와 동거를 하며 지냈는데 고흐의 가족과 동생 테오는 그녀와 헤어지기를 강요했다. 그는 그녀와 헤어지는 것을 괴로워했지만 그림에 전념하기 위해 그녀와 그녀의 어린 아이를 저버리게 되었다. 고흐는 이 때문에 양심의 가책을 받아 오랫동안 고통스런 나날을 보냈다.

어렵고 힘든 과정을 겪으며 마침내 고흐는 브뤼셀, 헤이그, 앙베르 등지에서 본격적으로 그림을 그렸다. 그는 언제나 노동자·농민 등 하층민의 생활과 풍경을 그렸는데 초기 걸작 〈감자 먹는 사람들〉은 이 무렵의 작품이다.

감자 먹는 사람들_고흐가 그린 초기 그림으로, 이 무렵 반 고흐는 밀레처럼 농촌의 애환을 그리는 '농민 화가'가 되고 싶어했다. 그래서 구차하고 조악한 농부들의 일상을 있는 그대로 표현함으로써 그림에 진실을 담으려 했다.

"평범한 길은 포장도로와 같다.
걷기엔 편할지 몰라도 꽃을 피우진 못한다."

1886년 화상 점원으로 일하고 있는 동생 테오를 찾아서 파리에 나온 고흐는 코르몽의 화실에서 베르나르와 툴루즈 로트렉을 알게 되었다. 그때쯤 그는 벨기에에 있는 안트베르펀의 미술 학교에 등록했다. 이 일은 고흐에게 실망만 안겨주었는데, 그가 몇 달 후에 시베르트 교수에 의해 퇴학당했기 때문이었다.

그러나 고흐는 그 기간 동안 일본화(우키요에 : 에도시대 중기에서 후기에 유행한 판화)를 접하고 관련 작품을 열심히 모으기 시작했다.

고흐는 일본화의 밝은 색채와 캔버스 공간의 활용, 그림에서 보인 선의 역할에 감탄했으며, 이러한 인상은 그에게 강한 인상을 남겨 일본풍으로 약간의 그림을 그리게 되었다. 또한 그가 그린 몇몇의 초상화도 일본화를 보여주는 배경을 설정해 놓고 그렸다.

해바라기_고흐의 작품으로 아를에서의 시기에 그려졌다. 해바라기는 태양처럼 뜨겁고 격정적인 자신의 감정을 대변하는 영혼의 꽃이라 할 수 있다.

"대단한 업적은 충동에 의해 이뤄지는 것이 아니라
작은 일들이 모여 점점 이뤄지는 것이다."

아를에서 화가들의 공동체를 꿈꾸었던 고흐는 아는 화가들에게 모두 편지를 써 보내서 화가 공동체를 만들자고 제안했다. 이런 고흐의 제안에 응했던 사람은 유일하게 폴 고갱 정도였다. 사실 고갱 입장에서는 이 제안이 나쁠 게 없었는데 고흐의 동생인 테오가 생활비를 대주는 식이었기 때문에 늘 경제적으로 궁핍했던 고갱에게도 공동생활은 나쁘지 않은 제안이었다. 그러나 두 사람의 성격 차이와 그림에 대한 관점 차이로 처음부터 이 생활은 실패할 운명이었다. 고흐는 밀레의 영향을 받아 자연을 있는 그대로 그리는 것을 좋아한 반면에 고갱은 기억에 의존해서 창의적으로 그려내는 방식을 선호했다. 이런 두 사람의 관점 차가 극명하게 드러난 것이 아를에서 고흐가 친하게 지낸 카페 여주인 지누의 초상화였다.

고흐가 그린 지누의 초상화는 인간 내면의 순간을 포착하려는 의도였던 반면, 고갱은 지누를 마치 남자를 유혹하는 창녀 같은 인상으로 그려냈다.

지누의 초상_고흐의 작품으로 고갱과 불화의 발단이 되었다.

해바라기를 그리는 고흐_고갱이 그린 작품으로, 그림 속 고흐의 모습을 흐리멍텅하게 표현함으로 고흐로부터 비난을 받았다.

▶**고흐의 귀에 붕대를 감은 자화상(437쪽 그림)**_고갱과의 불화로 고흐는 정신병 발작을 일으켰고 면도칼로 자신의 귀를 잘라버렸다.

"나는 침체와 고민에 빠진 절망이 아니라
희망과 열망이 담긴 우울을 택한 것이다."

리얼리즘 화풍을 견지했던 고흐는 이런 고갱의 그림 창작 스타일을 왜곡이라고 생각했으나 처음에는 그냥 넘겨버리려 했다. 그러나 두 사람의 갈등이 결정적으로 폭발한 그림은 바로 고갱이 그린 〈해바라기를 그리는 반 고흐〉였다. 고흐의 그림에서 인물들은 거의 대부분 뚜렷한 눈동자를 보여주지만, 고갱이 그린 고흐는 흐리멍텅한 모습으로 보였다. 고흐는 고갱이 자신을 제정신이 아니라고 조롱하기 위해서 그림을 그린 것이라고 생각했고 결국 고흐는 술집에서 고갱과 술을 마시다가 술잔을 집어던지며 자신의 분노를 표출했다. 결국 고갱이 온 지 두 달 만인 1888년 12월 23일, 고흐는 정신병 발작을 일으켰고 면도칼로 자신의 귀를 잘라버렸다.

고갱의 회고에 의하면 고흐가 면도칼을 들고 자신을 노려보며 나타나서 자신을 찌를 듯해 보였지만 노려보기만 하고서는 나가버렸다고 한다. 그 뒤 귀를 잘라버린 모습으로 나타난 고흐가 잘라낸 귀를 라셸이라는 창녀에게 건네주었고 그걸 보고 기겁한 라셸이 경찰에 신고했다고 한다.

"나는 삶에 어떠한 확신을 가지고 있지 않다.
하지만 별을 보는 것은 언제나 나를 꿈꾸게 한다."

1차적으로 아를 시립병원에 입원한 고흐는 이듬해인 1889년 1월 7일
에 퇴원했다. 아를 시립병원의 의사 레이는 고흐의 예술성을 긍정적으
로 보았는지 그림을 그리고 싶어서 퇴원하고 싶다는 고흐의 열망을 받
아들여주었다. 그러나 고흐는 물감이나 석유를 먹으려 드는 발작 증세
를 보였고 결국 아를 시민들이 고흐를 강제로 입원시키라고 민원을 넣
을 정도였다. 2월에 고흐는 다시 병원에 입원했다. 결국 테오는 형이 그
림을 그릴 만한 정신병원을 알아보았고 생레미의 생폴 요양원을 추천받
아 1889년 5월 8일, 고흐는 아를을 떠나 생레미로 가게 되었다. 생레미
시절 고흐의 후기 걸작으로 일컬어지는 작품들이 여러 점 나왔다. 저 유
명한 〈별이 빛나는 밤〉이라든지 〈사이프러스 나무〉를 소재로 한 작품 등
이 그것들이다.

고흐의 생레미 시절_생레미 시절에 고흐
의 후기 걸작으로 일컬어지는 작품들이
여러 점 나왔다. 저 유명한 〈별이 빛나는
밤〉이라든지 사이프러스 나무를 소재로
한 작품 등이 그것들이다.

별이 빛나는 밤

아를의 별이 빛나는 밤

"나는 내 심장과 영혼을 그림에 쏟아부었고, 그러면서 미쳐갔다."

〈별이 빛나는 밤〉의 경우는 미국의 시인 휘트먼의 영향을 받은 것으로 전해지는데, 이 시기 그림들에서 일부 연구자들은 고흐의 죽음에 대한 생각을 엿볼 수 있다고 한다. 특히 주목할 점은 별과 사이프러스 나무인데, 사이프러스 나무는 서양에서는 한번 자르면 다시는 뿌리가 나지 않는 탓에 죽음을 상징하는 나무로 여겨졌다.

고흐가 사이프러스 나무를 그린 건 아를 시절에 강렬한 색채의 해바라기를 그린 것과는 상반된 태도여서 이때부터 죽음을 생각했을 수 있다는 것이 연구자들의 견해이다. 또한 별은 영원을 상징하는 것으로 죽음을 은유한 것이라는 해석도 나오고 있다.

생레미의 요양원에서 퇴원할 날이 가까워지자 동생 테오는 형이 지낼 만한 좋은 장소를 물색하기 시작했다. 인상파의 선두주자인 화가 카미유 피사로에게 이 문제를 상의하자 피사로는 파리에서 가까운 작고 조용한 시골 마을인 오베르를 추천했다. 피사로의 추천을 받아들인 테오는 1890년 5월에 생레미의 요양원을 퇴원한 고흐를 오베르로 보내게 된다. 1890년 7월 27일, 고흐는 결국 쇠약해진 몸과 정신을 이겨내지 못하고 권총으로 자살하여 생을 마감하였다.

고흐의 무덤_오베르 쉬르 우아즈에 있는 고흐의 무덤으로, 오른쪽으로 동생인 테오의 무덤이 있다.

현대사의
결정적 한마디

윈스턴 처칠의 위기 극복

활동시기: 1874년~1965년. 영국의 총리.

> 세계 제2차대전 중에 루스벨트, 스탈린과 함께 전쟁을 승리로 이끌다
> 반소 진영의 선두에 섰으며 1946년 '철의 장막'이라는 신조어를 만들어내다

**"성공이 마지막이 아니며 실패 또한 치명적이 될 수 없다.
가장 중요한 것은 계속 끌고 갈 수 있는 용기이다."**

제2차 세계대전을 승리로 이끈 영국의 수상 윈스턴 처칠의 유명한 격언이다. 난세가 영웅을 낳는다고 하지만, 난세가 낳은 영웅이 시대의 진로에 커다란 영향을 미치기도 한다. 처칠이 그러했다. 그의 불굴의 용기와 리더십이 아니었다면, 오늘날 세상은 아마 다른 삶을 살고 있을지도 모를 일이다.

윈스턴 처칠은 1874년 11월 30일 옥스퍼드셔에서 출생하였다. 윈스턴 처칠의 아버지는 재무장관까지 지냈던 대정치가 랜돌프 처칠이고 어머니는 월가의 유명한 플레이어이자 금융인이었던 레너드 월터 제롬의 딸 제니 제롬이다. 명문가 출신이지만, 아무도 그를 귀족적 이미지로 기억하지 않았다.

처칠은 초등학생 때부터 고등학생 때까지 공부를 엄청나게 못했으며, 샌드허스트 육군사관학교도 3수 끝에 겨우 들어갔다. 사고뭉치인 처칠을 두고 그의 할머니이자 7대 말보로 공작부인은 질타했다.

"윈스턴 같이 막돼먹은 놈에게 공작위를 줄 수는 없어!"

할머니는 실제 처칠이 결혼하여 손자며느리인 클레멘타인 처칠이 아들을 낳을 때까지 그를 질타했다고 한다.

"나는 영국인이다.
라틴어나 그리스어를 못해도 조금도 부끄럽지 않다."

샌드허스트 육군사관학교를 들어갈 때 아버지는 병과를 보병으로 받길 원했으나, 처칠은 수학을 하지 않고 입학 커트라인이 낮은 기병을 원했다. 당시 기병은 발라클라바 전투 이후로 위상이 추락한 데다, 말 관리에 돈이 많이 드는 병과라서, 공부에는 담을 쌓은 돈 많은 자제들이나 가는 곳으로 여겨졌다. 그래도 처칠은 입학 후엔 기병에 대한 관심과 열정을 보여 열 손가락 안에 드는 우수한 성적으로 졸업했다. 이후 군인과 종군기자 신분으로 인도 토후국과의 전투나 옴두르만 전투 등 여러 전쟁에 참전했다.

샌드허스트 육군사관학교 시절의 처칠_처칠이 21살 때의 사진으로 이 사진만 보면 꽤 미남이지만, 처칠은 아주 젊어서부터 탈모가 시작되어서 20대 중반 때의 사진들에도 탈모가 진행되는 것이 보일 정도로 탈모가 심했다고 한다.

"바람이 불지 않으면 직접 노를 저어라."

1899년 처칠은 종군기자로 보어 전쟁에 참전하여 당시 처참한 전황 등을 생생히 본국에 전달했다. 원래는 민간인 신분으로 종군기자 역할만 했지만 몇몇 모험을 겪은 뒤 군인으로 동시에 복무하기도 하였다.

전쟁 도중 보어인 코만도(게릴라부대)에 붙잡혔으나 기지를 발휘해 탈출하였다. 그는 적군으로부터 추격을 따돌렸지만 남아공 지리를 몰라 당황했다. 처칠은 무작정 어느 집에 들어가 문을 두드려 도움을 청했다. 그런데 놀랍게도 그 집은 그 지역에서 유일한 영국인 이주자인 존 하워드란 사람이 살고 있었다. 하워드는 조용히 처칠을 안으로 들여보내 식사를 대접하고 처칠을 보어인처럼 위장시키고 말을 가르쳐주었다. 그리고 처칠에게 먹을 것이나 물을 싸준 다음에 길도 가르쳐줬다.

처칠은 이렇게 보어군인 척 위장하고 태연히 초소를 통과한 후 기차의 대차(바퀴축) 부분에 몸을 동여매고서 그곳을 탈출했고 중립지대인 포르투갈령 모잠비크까지 무려 480km를 걸어가서 완전히 탈출에 성공했다. 이후 영국으로 귀환한 처칠은 국민적 영웅이 되었다.

보어 전쟁 중의 처칠

처칠의 그림_처칠의 그림 솜씨는 매우 뛰어났는데 그는 '천국에 가서 첫 백만 년 동안은 그림만 그리고 싶다'고 했을 정도로 그림은 그의 우울증을 덜어주는 데 기여를 했다고 한다.

"겁먹지 말게. 전쟁은 웃으면서 하는 것이야."

처칠은 제1차 세계대전 당시 해군장관을 맡고 있었다. 처칠은 전쟁이 일어나기 전부터 군함의 연료를 석탄에서 석유로 바꾸어 속도를 빠르게 향상시키는 등의 국방개혁을 열정적으로 하고 있었으나, 독일이 잠수함을 개발하는 바람에 개혁은 실패하고 말았다. 갈리폴리 전투에서 오스만 제국(현재 터키공화국)의 무력을 약화시키기 위해서 영국군을 파병한 작전도 인명과 재산피해가 커서 사실상 실패한 작전이 되었다.

작전 실패에 대한 문책으로 장관직을 사퇴한 처칠은 처제의 권유로 우울증을 잊기 위해서 시골에서 수채화를 그렸다.

그후 처칠은 제1차 세계대전이 발발하자 중령으로 복귀하여 참전하였다. 당시 그는 유머를 활용하고 복지를 개선하여 군인들의 사기를 높였는데, 모든 장병들을 목욕을 하게 하여 만연해 있던 피부병을 치료하게 했으며 군인들의 정신적 고통을 진정시켰다.

"하늘에 나는 연은 순풍이 아니라
역풍에 가장 높이 날아오른다."

1918년 말의 제1차 세계대전 종전 이후 1919년 1월에는 영국의 육군 및 공군상이 되어 이전의 정치적 입지를 회복한다. 한편 그가 속해 있던 자유당이 몰락하고 노동당이 새롭게 떠오르자, 그는 다시금 보수당으로 복귀한다. 이 때문에 철새 소리를 들었지만, 그럼에도 살아남은 것은 당의 정책이 자신의 주장과 반대될 때만 당을 옮겼기 때문이다.

원스턴 처칠의 젊은 시절 초상_1906년 이후 자유당 내각의 통상장관 · 식민장관 · 해군장관 등을 역임하였는데, 제1차 세계대전 중 다르다넬스작전 실패의 책임을 지고 1915년 해군장관의 자리를 물러났다. 1917년 군수장관으로 다시 입각, 1919년 육군장관 겸 공군장관, 1921년 식민장관이 되었다. 그러나 당시의 자유당은 분열하여 쇠퇴의 길을 걸었고, 또 소련에 대한 강한 반감과 점점 열기를 더해가는 노동운동에 대한 의구심에서 보수당에 복귀하였다.

"비관론자는 수많은 모든 기회에서 어려움을 찾고,
낙관론자는 모든 어려움 속에서 기회를 찾아낸다."

처칠은 베르사유 조약에서 독일에 대해 부과한 천문학적인 전후배상금 징수를 반대하며, 이것이 새로운 전쟁을 불러올 것을 경고하기도 하였다. 실제로 제2차 세계대전의 원인 중 하나가 전후배상금으로 인해서 독일 경제가 피폐해진 것이다.

처칠은 아돌프 히틀러가 독일에서 집권하자 영국의 체임벌린 수상이 평화 무드를 유지하기 위해 유화정책을 펴고 있는 동안 히틀러의 야망을 경고하였다.

"나중에 독일과의 전쟁에 대비하기 위해
자체 의용대를 만들어야 한다."

그러나 처칠의 주장은 호전광 취급을 받으며 정치판에서 외면했다. 더군다나 인도의 독립을 인정하는 편으로 기울어지던 영국 의회에서 처칠은 결사적으로 인도의 독립을 반대하였기 때문에 영국의 나치라는 별명까지 붙었다.

체임벌린 수상_신흥 정치가문의 당주, 성공한 기업인, 유능한 재무관료 등으로 표현할 수 있지만, 역사에서는 대독 유화정책이라는 오판을 저지른 지도자로 기억되고 있다.

"우리의 잠재력을 끌어내는 열쇠는
결코 힘이나 지혜가 아니다.
바로 끊임없는 노력뿐이다."

나치 독일이 영국을 공격해오자 처칠의 견해가 옳다는 것이 입증되었다. 영국 정부는 처칠을 다시 해군장관에 임명하였다. 이후 평화주의자 체임벌린이 외교문제에 책임을 지고 사임하고, 조지 6세의 승인으로 처칠이 총리에 임명되었다.

이렇게 해서 그는 1차 대전과 2차 대전의 전시내각에 모두 참여한 영국 유일의 정치인이 되었다. 그런데 곧이어 벌어진 프랑스 전역에서도 프랑스군의 무능함과 독일군의 빠른 작전에 영국군도 대패하고, 덩케르크 철수작전 이후 사실상 영국은 유럽에서 고립된 채 독일과 홀로 맞서는 상황에 처하게 되었다. 그러나 이때 처칠은 국민의 사기를 고취시키고자 애를 썼다.

"만약 내가 죽는다면
독일군은 내 시체를 집무실 의자에서
끌어내려야 할 것이다."

처칠은 자신의 말대로 독일군의 공습이 가해져도 끝까지 런던에 머물렀다.

런던 대공습_제2차 세계대전 당시 1940년에서 1941년에 거쳐 독일 공군이 영국에 가한 일련의 폭격 및 공습을 영국 측에서 일컫는 말이다. 1940년 9월 7일에서 1941년 5월 21일 사이에 영국의 주요 도시 16곳에 고폭탄이 투하되었다.

"절대로 포기하지 마시오. 절대로 포기하지 마시오.
절대, 절대, 절대, 절대로!
엄청난 일이건 작은 일이건, 크건 하찮건 상관 말고,
명예로움과 분별에 대한 강한 확신이 있는 경우들이 아니라면,
절대 포기하지 마시오."

2차대전이 한창이던 1941년, 처칠은 영국의 2대 명문고등학교인 해로우 고교 졸업식 연설을 하기로 되어 있어 연설문을 준비해 왔으나, 전시인 상황이다 보니 갑자기 급한 사정이 생겨 금방 가야 하는 상황에 처해 연설할 시간이 없다는 보좌관들의 전언이 왔었다. 그러자 처칠은 연단에 올라 이 말만을 남기고 떠났다. 이는 후일 사람들에게, 처칠 자신이 2차대전의 승리를 절대 포기하지 않겠다는 의지로 비춰지기도 한다. 처음엔 학생들이 어리둥절했으나, 이내 그의 뜻을 이해한 청중들의 박수갈채와 함성이 쏟아지기 시작했고, 그가 떠난 뒤에도 그 소리가 멈추지 않았다고 한다.

처칠의 손가락 표시_윈스턴 처칠의 유명한 제스처로, 두 손가락의 V(브이)자 동작이다. 2차 세계대전 중 승리의 표시로 나타냈다.

"보시다시피 영국 수상은
미국 대통령 앞에서
숨길 것이라고는 아무것도 없습니다."

처칠이 미국의 원조를 받기 위해 미국 루즈벨트 대통령을 만나러 갔을 때 했던 말이다. 숙소에서 목욕을 마치고 수건만 두르고 있는 처칠 앞에 루즈벨트가 나타났다. 몸을 일으키던 순간 처칠의 허리에서 수건이 흘러내리고 만 것이다. 알몸이 된 처칠과 정장 차림의 루즈벨트. 서로 간에 얼굴이 뜨거워질 민망한 장면이다.

이때 처칠이 빙그레 웃으며 위와 같이 말했다. 처칠의 태연스런 유머에 박장대소한 루즈벨트 대통령이 마음속으로 그를 존경하게 되어 정상회담이 순조롭게 진행이 되었다.

처칠과 루즈벨트 청동상

"장비를 주면, 우리가 끝장내겠습니다."

1941년 2월 9일, 영국 BBC 라디오에서 흘러나온 처칠의 연설 일부다. 전쟁으로 피폐해진 영국은 전쟁 물자를 구입할 돈도, 운송할 여력도 없었다. 믿을 것은 미국이었다. 그러나 당시 미국의 무기수출법은 대금 선불과 구입자 운송을 원칙으로 하고 있었다.

처칠의 호소는 '무기를 그냥 달라. 뿐만 아니라 운송까지 책임져 달라'는 뜻이었다. 루즈벨트 대통령은 의회를 설득해 무기대여법을 통과시키고 1941년 3월 11일에 서명했다. 미국 방위에 필요하다고 인정되는 어떤 나라에도 무기를 대여할 수 있는 획기적 법안이었다. 이에 따라 영국은 310억 달러어치 무기를 공급받았다.

"그럼 우리가 이겼군."
—1941년, 미국의 참전 소식을 듣고

한편 미국의 참전이 확실해지자 처칠은 영국 국민들의 사기 진작이 필요하다고 느껴, 전후에 영국 국민들이 살아갈 국가의 미래를 계획하고자 하였다. 그래서 만들어진 게 '베버리지 보고서'다. 이 계획으로 인해 처칠은 사회복지사에 큰 족적을 남겼다. 이후 처칠은 영국 본토 항공전을 막아내고 연합국의 승리를 가져왔다. 제2차 세계대전 중 처칠시대에 지은 벙커는 현재도 영국 지하에 있다.

베버리지 보고서_영국에서 1941년 6월에 창설된 사회보험 및 관련 사업에 관한 보고서. 베버리지는, 현대사회에서 진보를 가로막고 있는 사회문제의 5대 악으로서 결핍·질병·나태·무지·불결을 들고, 이 가운데 사회보장의 궁극적인 목표는 궁핍 해소라고 하였다. 그는 궁핍의 원인으로서 실업·질병·노령·사망 등에 의한 소득의 중단을 들었다. 이에 대처하기 위해서 기본적 수요 충족을 위한 사회보장보험이 마련되어야 한다고 제안하였다.

발명왕 에디슨

활동시기: 1847년~1931년. 미국의 발명가. 제너럴 일렉트릭의 초대회장.

┃ 인쇄 전신기, 전화기, 측음기 등 1,300가지 특허를 얻은 발명왕
┃ 미국 현대산업의 혁신적인 공헌을 한 20세기 후기산업혁명의 대표주자

"실패는 성공의 어머니다."

우리에게 '에디슨' 하면 떠오르는 너무 유명한 에디슨의 좌우명이다. 미국 오하이오 주 출신의 사업가이며 제너럴 일렉트릭의 전신인 '에디슨 제너럴 일렉트릭'의 설립자인 에디슨은 백열전구, 축음기, 영화 촬영기 등 1,000여 종의 발명 특허를 냈다. 그는 근대사회에 관련된 물품으로 한정할 경우 세계에서 가장 많은 제품을 개발해 내놓았다.

그런데 실제 에디슨이 뭔가를 처음으로 발명해낸 것은 그리 많지 않다. 그래서 에디슨은 관련업계 사람들에게는 개량왕이라거나, 남이 개발했지만 생소했던 여러 발명품들을 실용화·상용화시킨 사업가라는 평가가 많이 났던 발명가였다. 하지만 문제가 많았던 기존의 시판된 상품들을 개선해 실용화시킨 것 또한 발명이라고 불리기 때문에, 뛰어난 발명가라는 말이 전혀 틀린 것은 아니다.

에디슨의 흉상

"나는 평생 하루도 일을 하지 않았다.
그것은 모두 재미있는 놀이였다."

에디슨은 하루도 쉬지 않고 일에 빠져 살았던 일 중독자였다. 그러나 그는 일을 즐겼기에 일이 곧 놀이나 다름이 없었다.

에디슨은 1847년 오하이오 주 밀란에서 태어나 미시간 주 포트 휴런에서 자랐다. 그는 어린 시절부터 만물에 대한 호기심이 많았다. 초등학교 시절 알을 품어 병아리를 부화시키려 하는 등 엉뚱한 기행을 많이 하여, 당시 주입식 교육에 적응하는 데 심한 어려움을 겪었다. 초등학교 선생은 이러한 에디슨을 더 이상 감당하지 못하고 초등학교 3개월 때 퇴학시켰다. 정규 교육을 받은 것은 3개월뿐이었으나, 결혼하기 전에는 교사로 일했던 어머니의 열성적인 교육 덕에 점차 재능을 발휘하게 되었다.

어린 시절의 에디슨_에디슨은 자신의 인쇄기로 신문을 만들어 팔기도 했으며 하늘을 날아보고 싶다는 친구에게 공중에 뜨게 해주겠다며 인체실험까지 했다가 부모에게 들통나 종아리에 매를 맞기도 했다.

"우리의 크나큰 약점은 포기하는 것이다.
성공에 이르는 가장 확실한 방법은
한 번만 더 도전하는 것이다."

에디슨은 소년 시절에 한쪽 귀가 잘 들리지 않게 되었다고 한다. 에디슨의 청력 상실 사건에 관해서는 유명한 이야기가 전해진다. 그는 12세때 철도에서 신문·과자 등을 팔면서, 시간을 절약하기 위하여 화물차 안으로 실험도구를 가져와 실험에 열중하였다. 그런데 너무 실험에 열중하다가 그만 실험물이 폭발하는 바람에 차장에게 귓등을 얻어맞아 청력을 잃었다는 것이다. 이에 대해 에디슨 자신이 설명하기로는 신문을 팔다가 타야 할 기차가 출발하는 바람에 다급하게 뛰어올랐다가 떨어져서 크게 다칠 뻔한 적이 있었는데, 이때 차장이 다급하게 자신을 잡아당겨서 귀가 이상해졌다고 했다. 그때 에디슨은 기차에서 떨어지지는 않았지만 하필 차장이 에디슨의 손을 잡는다는 게 그만 귀를 잡는 바람에 귀 근육이 크게 파손되고 이후로 그 귀는 잘 들리지 않게 되었다고 한다. 또한 그 차장은 그 이전이나 이후에도 에디슨에게 친절했으며 에디슨이 성인이 된 후에도 그 차장과는 종종 서로 방문하며 사이 좋게 지냈다고 한다.

**어린 시절 기차 승무원 복장을 한
에디슨**

"난 절대 실망하지 않는다.
잘못된 시도로 실패한 것은
성공으로 한 걸음 더 나아가는 밑거름이 될 것이다."

에디슨은 15세 때 역장 집 아이의 생명을 구해준 답례로 전신술을 배우게 되어 1869년까지 미국·캐나다의 여러 곳에서 전신수로서 일하였다. 그 무렵 보스턴에서 패러데이의 《전기학의 실험적 연구》라는 책을 읽고 감명을 받았다. 에디슨은 그 책에 나오는 실험을 연구하다가 1868년에 전기 투표기록기를 발명하여 최초의 특허를 받았다. 하지만 그 기계는 환영받지 못했다. 자신의 기계가 받아들여지지 않은 것을 안 에디슨은, 그 이후 자신의 모토를 세상에 필요한 발명을 한다는 것으로 삼았다. 또한 에디슨은 본인이 신제품을 만드는 발명가가 아니라 사업자로서 기존에 남이 개발한 발명품을 쓸 만하게 개선하여 상용화하고 보급하는 데 중점을 두기로 하였다.

에디슨의 전기 투표기록기_전기식 투표장치는 소모적인 의회의 투표방식을 개선하기 위해 제작한 것이었다. 하지만 원래 모든 대의민주주의 국가에서 의회는 빠른 의사결정보다는 소수당의 의사방해 같은 지루한 투쟁과 타협의 과정을 더 우선시하는 터라 그 기계는 환영받지 못했다.

"전구를 발명하기 위해
나는 9999번의 실험을 했었지만 잘 되지 않았다.
그러자 주위의 사람들은 1만 번째 실패를 할 셈이냐고 물었다.
그러나 나는 실패한 게 아니고,
다만 전구가 안 되는 이치를 발견해 냈던 것이다."

에디슨이 최초의 전구를 발명하지 않은 건 사실이나, 에디슨이 실용화가 가능한 전구를 개발한 것에 대해 평가 절하하는 것은 옳지 않다. 그보다는 그가 전구를 모두가 쓸 수 있도록 개량하고 상용화를 가능하게 하는 회사와 유통 시스템까지 정립했다는 점이 높이 살 만한 점이다. 그는 도시의 밤을 환하게 했다. 전구의 개발은 발전, 송배전 부문의 발전을 가져오게 했고 각 가정마다 전기가 들어가게 된 계기가 되었다.

우리가 쓰는 모든 기계나 물건은 절대로 한 사람의 머리에서만 나온 것이 아니다. 타인이나 전세대가 발달시킨 이론이나 아이디어, 기존의 발명품에 자신의 지식과 노력을 접목시키는 과정이 거듭되어 모두가 만족하는 실용화된 물건이 나오는 것이다.

에디슨의 축음기_에디슨이 처음 발명한 이 축음기는 전화를 연구하던 중 발상의 전환으로 탄생하였다.

"천재는 1%의 영감과
99%의 노력으로 이루어진다."

　우리에겐 에디슨의 비범한 능력을 상징하는 말로 알려진 이 한마디는 1929년 82세 때 백열전구 발명 50주년 기념식에 참석하여 한 기자회견에서 그가 한 말이다. 노력의 중요성을 강조하는 명언이지만, 그렇다고 마냥 노력만 찬양하는 말은 아니라 '가치가 있는 일에, 즉 정확한 동기나 목표, 지향점에 큰 노력을 기울이라'는 뜻이다.

　하지만 에디슨은 이 연설을 하고 난 뒤 병을 앓게 되었다. 에디슨은 이후 미국 뉴저지 주 웨스트 오렌지 자택에서 병상에 누워서 지내다가, 1931년 10월 18일에 총 1,033개의 발명품을 남기고 향년 84세의 나이로 세상을 떠났다.

에디슨의 무덤_"상상력, 큰 희망, 굳은 의지는 우리를 성공으로 이끌 것이다." 에디슨 묘비명이다.

발명왕 에디슨_축음기 · 전등 · 영사기 · 전신 등 1300여 가지를 발명하여 '발명왕'으로 불린다.

"자신감을 가져라.
나는 사업을 하면서 엄청난 고난을 겪었다.
오늘의 미국은 언제나 강함과 부유로부터 나왔다.
당신의 조상이 그랬던 것처럼 용감해져라.
그리고 신념을 갖고 전진하라!"

당시의 미국의 과학기술은 유럽에 비해 내세울 게 없었다. 특히 유럽의
물리학은 19세기 말에서 20세기 초까지 막스 플랑크, 닐스 보어, 퀴리 부
부, 아인슈타인, 하이젠베르크 등 천재적인 학자들이 서로 경쟁하며 비
약적으로 발전하고 있었으나 미국은 변방이었다. 비록 에디슨은 학자적
인 이론을 갖고 있지는 못했지만 실험과 호기심을 통한 발명으로 미국을
응용기술면에서 유럽을 압도할 수 있는 국가로 만들었다.

라이트 형제의 비행

활동시기: 1871년~1948년. 미국인 윌버 라이트와 오빌 라이트 형제를 일컬음.

▨ 항공계의 개척자. 1903년 세계 최초의 동력비행기를 제작하여 성공하다

**"꿈이 그만한 가치가 있다고 믿는다면,
꿈만 좇는 바보처럼 보여도 좋을 것이다."**

1903년 모든 비행기들의 조상인 세계 최초의 동력비행기를 제작하여 성공시킨 미국인 윌버 라이트와 오빌 라이트 형제가 한 말로 그들은 항공계의 개척자로 통하기도 한다. 라이트 형제가 없었어도 1906년 파리에서 '출발할 때 동력장치가 필요 없는 비행기'를 최초로 날린 브라질의 프랑스계 발명가 알베르토 산토스 뒤몽 같은 인물이 있었기 때문에 비행기가 어떻게든 개발되기는 했을 것이다. 그래도 라이트 형제가 비행기의 역사에 남긴 발자취는 뚜렷하며, 만일 이들이 없었다면 우리가 타는 비행기는 지금과는 상당히 달랐을 것이다.

연식비행선_연식비행선은 하나의 기낭으로만 이루어져 있고, 그 기낭 내부의 부양기체의 압력만으로 비행선의 형체가 유지된다. 최초의 연식비행선은 1898년 브라질계 프랑스 발명가 알베르토 산토스 뒤몽이 개발, 비행했다.

오토 릴리엔탈의 글라이더_새의 비상 관찰을 기초로 하여, 1877년 첫 글라이더를 시험제작, 1891년 처음으로 사람이 탈 수 있는 글라이더를 개발하였다. 그로 인해 활공비행이 이루어졌으며, 비행기 탄생의 길이 열렸다.

"아침이 어찌나 더디 오던지 도저히 기다릴 수 없었다!"

우리는 라이트 형제라고 하면 윌버와 오빌만 잘 알고 있지만, 실은 장남인 로이힐린 라이트, 차남인 로린 라이트, 누이동생인 막내 캐서린 라이트도 다섯째 윌버와 넷째 오빌을 도와서 비행기 제조에 실제적인 도움을 준 사람이다. 하지만 사람들은 실질적인 비행기 제조에 나선 이 두 사람의 이름만 기억하는 경향이 있다.

한때 다섯 남매는 지역신문사를 경영하면서 호황을 누리기도 했으나 메이저 대기업 신문사의 진출로 파산하여 자전거 가게를 하면서 겨우 생계를 유지하곤 했다. 당시 남매는 자전거 가게 외에도 기계완구 가게도 같이 하면서 작은 글라이더 놀이를 즐기면서 이걸 크게 만들면 어떨까 하는 호기심을 가지고 높은 꿈을 키우고 있었다. 그러다 독일의 오토 릴리엔탈이 글라이더로 하늘을 날았다는 소식에 자신들도 연구하면 비행기를 날릴 수 있겠다는 자신감이 생겨 그때부터 독자적으로 연구에 몰두하기 시작했다. 그러던 어느 날, 릴리엔탈이 글라이더 시험비행 중 돌풍에 의해 추락사한 사실을 알고 글라이더 말고 다른 비행체를 만들어서 비행을 할 수는 없을까 하여 오늘의 비행물체와 흡사한 비행기 연구를 시작했다.

"날 수 있다는 생각은 자유롭게 나는 새를 바라보았던
누군가에 의해 시작되었다."

이들은 독자적인 연구만으로는 도저히 어렵다고 판단하여 미국 스미소니언 재단 과학협회를 찾아가 전문적인 과학자들에게 여러 정보를 듣기도 하며 열심히 노력하였다. 결국 두 형제가 주로 비행기 연구 및 개발, 시험비행에 나서기로 하고 로런스와 토머스가 자전거 가게와 기계완구 가게를 맡고 캐서린은 초등학교 선생으로 돈을 벌면서 연구자금을 보태었다.

라이트 형제는 여러 연구를 진행하면서 동시에 바람의 크기 및 일정 속도의 바람이 부는 곳을 찾아 헤맨 끝에 노스캐롤라이나 주에 있던 당시 인구 100명도 안되는 작은 마을 키티호크로 찾아갔다. 그곳을 연구거점으로 삼아 3년에 걸친 온갖 시행착오 끝에 마침내 1903년 12월 17일 프랑스계 글라이더 조종사이자 비행기 연구가인 옥타브 샤뉘트를 포함한 5명이 보는 자리에서 라이트 형제를 태운 최초의 동력비행기 플라이어 1호는 하늘로 날아올랐고, 약 12초 동안의 짧은 비행에 성공했다. 바람이나 수소 같은 기체의 도움을 받지 않고 스스로의 힘으로 난 인류 최초의 비행 성공기록이었다. 마침내 인류는 숙원과도 같았던 스스로 하늘을 난다는 꿈을 이루어냈고 그 이후 모든 게 바뀌었다.

최초의 동력비행기 플라이어 1호의 모형

플라이어 2호를 타고 비행 중인 윌버. 1904년 11월 16일 사진이다.

"난 앵무새가 말을 하는 유일한 새라는 것을 알아요.
그런데 이 새는 그리 높이 날지 못해요."

동력비행에 성공했다는 소식에 미국 과학계는 축하보다는 분노와 시샘을 보냈다.

어처구니없게도 형제를 방해한 사람 중 한 명이 바로 라이트 형제가 직접 찾아가 가르침까지 구했던 새뮤얼 랭글리 박사였다. 그는 스미소니언 과학협회 간부이기까지 해서 당시에는 명망 있는 학자 중 하나였다.

글라이더 비행에 성공한 랭글리는 이미 1897년부터 동력비행기 개발에 힘을 기울여 왔는데 아마추어 형제들이 자신을 제쳐두고 비행에 성공했다는 소식에 분노했다. 게다가 1903년 12월 8일 겨우 아흐레 전, 랭글리 박사는 동력비행기 시험비행에 나섰다가 추락했기에 자신이 실패하고 라이트 형제가 성공했다는 것을 도저히 받아들일 수가 없었다.

"라이트 형제, 하늘을 날다!"

미국 언론이 라이트 형제와 랭글리의 비행기 시범 대결을 판정하여 쓴 기사 내용이다. 1904년 7월. 랭글리 대 라이트 형제의 대결이 벌어졌다. 둘이 동력비행기를 타고 2만 명이 넘는 사람들 앞에서 누가 더 잘 날아가나 시범비행을 했던 것이다. 결과는 라이트 형제의 완승이었다. 랭글리의 비행기는 힘없이 강물에 추락했지만, 라이트 형제가 탄 비행기는 15분씩이나 400미터 위를 날아갔기에 미국 언론은 이번이야말로 라이트 형제의 승리를 인정하였다.

결국 랭글리는 패배에 좌절하여 모든 활동을 멈추고 폐인처럼 지냈으며, 평생 라이트 형제를 원수로 여기고 오래 가지 못해 홧병으로 죽었다.

라이트 형제_미국의 비행기 제작자이자 항공계의 개척자 형제, 오빌 라이트와 윌버 라이트의 흉상.

라이트 형제가 최초로 비행을 한 키티호크

"똑같다면 왜 랭글리 박사의 비행기는 추락하고
두 형제가 만든 비행기는 잘 나는데?"

랭글리의 패배를 인정하지 못한 랭글리의 제자들이 주축이 된 스미소니언 과학협회는, 라이트 형제가 스승의 아이디어 및 여러 가지를 도용한 것이라고 주장하여 라이트 형제는 1년이 넘게 온갖 조사와 수사를 받아야 했다. 그러나 조사 결과 형제가 랭글리 박사의 아이디어를 도용했다는 증거는 어디에도 없었으며 무엇보다 라이트 형제의 비행기가 랭글리의 비행기를 앞선 결과가 이를 입증하여 무죄가 되었다.

라이트 형제는 계속하여 여러 단점을 고쳐나가면서 개량된 비행기를 만들어나갔다. 1905년에 이들이 만들어낸 '플라이어Ⅲ'은 선회·방향전환·원운동·8자비행이 가능했고, 30분 이상 날 수 있었다.

그러나 그럼에도 스미소니언 협회는 라이트 형제가 도용했다고 정계, 재계, 학계, 인맥에 라이트 형제에 대해 흑색선전을 계속했고 이런 여파로 인해 이들이 만든 비행기는 일절 팔리지 않았다. 하다못해 이들은 미 육군 측에 시험비행도 여러 번 제안했지만 육군은 별 관심을 보이지 않았고, 오히려 유럽이나 아르헨티나(당시에는 세계적인 경제부국이었다.), 심지어 일본에서까지 관심을 보이며 생산 공장을 자국 안에 만들자고 온갖 조건을 제시하며 유혹했다.

"창의적인 사람은 아이디어뿐만 아니라
　실패의 두려움을 이겨내고 다시 도전하는 사람이다."

　그런 가운데, 라이트 형제를 꾸준히 지지하던 옥타브 샤뉘트가 조국이었던 프랑스에 열심히 이들을 알렸고 동력비행기를 홍보한 끝에 결국 1908년 프랑스가 세계 최초로 동력비행기 공장을 만들게 되었다. 프랑스가 비행기 공장까지 만드는 사태까지 이르자 미 육군은 라이트 형제에게 미 육군이 제시하는 시험비행을 성공시키면 비행기를 구입하겠다는 조건을 제시하였다. 라이트 형제는 시험비행을 성공시켰지만 그럼에도 여러 조건이 안 맞는다면서 거부했다.

　결국 라이트 형제는 프랑스에서 생산에 주력하지만 그들의 제조기술이 프랑스 측에 유출되어 버렸다. 이 일로 프랑스는 독자적인 비행기 제작에 들어가고 더더욱 새로운 기술 등에 여러 모로 노력하면서 라이트 형제와의 관계는 끊어지게 되었다.

라이트 형제의 시범비행_1908년 9월에 오빌이 버지니아 주에서 미 육군에게 시범비행을 보여주는 장면이다.

라이트 형제의 비행_라이트 형제는 1903년 역사상 처음으로 동력비행기를 조종하여 지속적인 비행에 성공하였다. 비행기 개발에 대한 원조를 호소한 결과 1909년 프랑스에서 아메리칸 라이트 비행기 제작회사를 설립하게 되었다.

"고요 속에서 솟구치는 새는 없다."

이런 와중에 미국에선 글렌 커티스라는 후발주자가 라이트 형제의 비행기와 어느 정도 비슷한 기술로 뒤늦게 특허를 낸 후에 공장을 차렸고, 오히려 라이트 형제가 자신의 기술을 도용했다고 소송과 선동질을 하며 라이트 형제를 비난하고 몰아붙였다. 어처구니없게도 조국인 미국은 커티스의 주장에 동조하였고, 많은 사람들도 커티스가 라이트 형제를 향해 반박하는 논조에 따라주는 바람에 원조인 라이트 형제가 되레 온갖 고생을 해야 했으며, 기나긴 소송이 시작되었다.

"중요함으로 가득 찬 짧았던 삶.
실수 없는 지성. 동요하지 않는 열정.
크나큰 겸손과 자기 신뢰. 정의를 명확히 바라보고
그것을 꾸준히 추구하면서 살다 죽다."

―윌버 라이트 죽음에 대한 추도문

당시 기나긴 소송을 맡았던 건 형인 윌버였다. 그는 잦은 여행과 재판으로 인해 건강이 쇠약해져 갔다. 그러다 1912년 보스턴으로 사업차 여행을 다녀온 후에, 티푸스 열 진단을 받았고, 몇 주 동안 의식을 잃었다 회복하기를 반복하다가 끝내 45세라는 한창 나이에 눈을 감았다.

한 사람의 고귀한 희생자를 보내고 나서 1914년에 미국 상급 법원에서는 겨우겨우 라이트 형제가 무고하다고 판결을 내렸지만, 이번에는 언론과 사회에서 '라이트 형제가 기술 독점을 위해 커티스를 괴롭혔고, 재판을 유리하게 몰아 커티스의 기술도 빼앗아 탐욕을 부린다!'라고 기사화하여 맹비난을 퍼부었다. 커티스의 항의와 소송으로 고생해 온 라이트 형제에게 이제는 커티스를 괴롭힌 가해자라는 꼬리표가 붙게 된 것이다.

조국에서의 푸대접과 윌버 형의 죽음으로 슬픔과 절망에 빠진 오빌은 다른 형인 로런스와 같이 미국을 떠났다. 슬픔을 떨치고자 그는 비행기 생산에 전력을 다했고 더 나은 발전을 위하여 연구했으며 프랑스 및 독일, 영국, 네덜란드와 멀리 아르헨티나를 오고가면서 비행기 홍보에 열을 올렸다.

1928년 오랜만에 미국으로 돌아온 오빌은 오랫동안 자신들을 곤경에 빠뜨리던 커티스가 사업 실패로 부도에 빠지자 그간 모아온 돈으로 커티스의 생산공장을 인수하였다. 그래서 이름이 커티스-라이트가 된 것이다.

라이트 형제의 비행 기념비_현재 라이트 형제가 비행실험을 했던 킬데빌언덕 위에는 라이트 기념비가 세워져 있으며 최초의 동력비행을 했던 모래사장은 국립 라이트 기념 공원으로 지정하여 라이트 형제의 공적을 기리고 있다.

"영국과 프랑스, 독일, 그리고 네덜란드, 벨기에 등
유럽 각지에서 우리 형제에게 훈장과 표창장을 주고
명예 시민, 명예 교수, 명예 학자 자리를 주며 인정했지만,
조국 미국은 그래 본 적이 없다."

오빌은 미국이 자신들을 외면한 것을 잊지 않았다. 심지어 그는 1933년 키티호크에 세계 최초 동력비행 기념비를 세우고 30주년을 기념하는 자리도 주로 유럽 측 자금으로 지을 정도였으며 미국은 아예 무시해버렸다.

하지만 오빌은 자신이 만든 세계 최초 동력비행기인 플라이어 1이 영국자연사박물관에 전시되었을 때 조국인 미국에서 원한다면 언제라도 돌려준다는 조건을 달아서 언젠가 미국이 자신들을 알아줄 것이란 실낱같은 희망을 남겨두었다.

라이트 형제의 비행 조각상_노스캐롤라이나 주에 있는 작은 마을 키티호크의 모래사장에 설치되어 있는 조각군상이다. 멀리 라이트 형제의 기념비가 보인다.

라이트 형제의 플라이어 1호 모형_역사적인 플라이어 1호기는 현재 워싱턴에 있는 스미소니언 항공 박물관에 보존되고 있다.

"바람은 높아. 이제 날 수 있겠어."

오빌의 회상적 유언이다. 그는 심장마비로 1948년 1월 30일에 눈을 감았다. 오빌이 죽고 10년도 안돼 미국에선 라이트 형제 붐이 일어났다. 2차 대전 승리와 대영제국으로 알아주던 영국의 약화, 영국을 대신한 미국의 강세 속에 위대한 미국 붐이 일어나면서 미국이 자랑할 이야기들이 떠오르며 미국은 뒤늦게 라이트 형제를 찾아 나서게 되었다.

1955년에서야 라이트 형제의 위인전이 출판되었고 미국은 영국에 전시 중이던 플라이어 1호를 돌려달라는 요구를 했다. 이미 오빌은 영국 측에게 미국이 돌려달라면 언제라도 돌려줄 것을 조건으로 임대해준 것이었기에 플라이어 1호는 별일 없이 미국으로 돌아오게 되었다. 라이트 형제가 그토록 바랐던 미국의 자랑은 형제가 세상 밖으로 비행을 떠난 다음에야 미국의 품으로 돌아가 미국의 자랑으로 알려지게 되었다.

아인슈타인의 상대성 이론

활동시기: 1879년~1955년. 독일 태생의 미국 이론물리학자.

'특수 상대성 원리', '일반 상대성 원리' 등을 발표해 현대물리학의 혁명적인
발전이론을 이끌다

"나는 3차 세계대전에 어떤 무기가 동원될지 알 수 없다.
그러나 4차 세계대전에는 어떤 무기가 동원될지 단언할 수 있다.
그것은 바로 돌이다."

20세기 인류의 이론물리학 발달에 일대 충격이라고 할 만한 혁신적인
발견들을 이룬 알베르트 아인슈타인이 전쟁으로 치닫는 인류에 대한 경
고의 메시지로 한 말이다. 그의 대표적인 물리학 법칙인 상대성 이론은
시간과 공간이 상대적임을 밝힌 이론이라고 알려져 있다. 하지만 상대성
이론의 진정한 의미는 물리법칙이 언제, 어디서나 동일함을 확인한 이
론이라고 할 수 있다.

흔히 아이슈타인은 원자폭탄을 만든 사람으로 알려져 있으나 원자폭
탄은 그가 제작한 것이 아니다. 그가 이뤄낸 물리학 성과가 원자폭탄을
개발하는 데 도움이 된 것일 뿐, 실제로 맨해튼 계획(제2차 세계대전 당시 미국
정부에서 주도하고, 영국, 캐나다가 함께한 극비로 개발된 핵무기개발 프로젝트)에서 가장 큰
기여를 한 사람은 줄리어스 로버트 오펜하이머이다. 오히려 아이슈타인
은 위의 신념대로 반핵운동에 앞장섰다.

"나도 가끔씩 좋은 아이디어가 떠오른다는 점에서
나 역시 다른 사람들과 크게 다를 바 없다.
다만 운이 좋았다면 내 아이디어가 채택되었다는 것뿐이다."

아인슈타인의 연구들은 산업 전반(특히 전자공학과 반도체)과 병기공학, 광학, 군사전술, 원자력 발전과 같은 현대인의 삶과 밀접한 분야들의 핵심이 되었다. 또한 그의 이론으로 탄생한 핵무기를 포함한 다양한 발명품들은 국가 간의 외교 전략을 완전히 바꾸어 버렸으며 인류의 삶을 변화시켰다.

아인슈타인은 생애 동안 300개 이상의 과학 논문을 포함하여 다양한 업적과 활동으로 학문의 발전에 기여했으며, 현대에도 천재적 인물의 대명사로 잘 알려져 있다. 그는 물리학자나 연구원, 과학자뿐만 아니라 전 세계 일반인의 사고에도 큰 영향을 끼쳤다. 그의 헤어스타일, 표정, 얼굴 주름, 패션, 눈빛 등 개인의 이미지들이 천재의 상징, 대명사와도 같은 영향력을 가지게 되었기 때문이다.

아인슈타인 아이콘_아인슈타인의 이 사진은 자신이 반드시 유명해질 것이라면서 일부러 이 포즈를 취했다고 한다. 이후 그의 말대로 이 장면은 여러 그래픽으로 제작되어 그의 아이콘이 되었다.

아인슈타인 하우스_아인슈타인이 16세 때에 살았던 스위스 베른의 집.

"나에게는 특별한 재능이 없다.
단지 모든 것에 열렬한 호기심을 가질 뿐이다."

아인슈타인은 독일의 울름에서 전기회사 사장이었던 유대인 아버지와 독일인 어머니 사이에서 1남 1녀 중 장남으로 태어났다. 초등학교 시절 그는 유럽인들의 뿌리 깊은 반유대주의로 인해 상처를 받기도 했다.

아인슈타인은 어려서부터 일찍이 수학과 과학에 관심이 많았다. 그의 과학과 수학 성적은 매우 좋았으나 학교에서는 군대식 전체주의 교육에 대한 저항의식으로 반항적인 학생으로 행동했다.

1894년에는 부친의 사업 부진으로 가족 전체가 이탈리아 밀라노로 건너갔다. 그는 이후 홀로 독일의 김나지움에 진학했으나, 학생의 개성을 무시하는 군대식 학교생활에 잘 적응하지 못했다. 결국 신경쇠약으로 공부를 쉬어야 할 정도로 건강이 나빠지자, 17세의 아인슈타인은 학교를 떠났다.

이후 독학으로 공부하여 취리히 연방 공과대학교에 응시하였으나 낙방하였다. 그러나 그의 뛰어난 수학 성적을 눈여겨본 학장의 배려로 1년간 아라우에 있는 자유로운 분위기의 고등학교에서 공부하고 나서 결국 연방 공과대학교에 입학하였다.

아인슈타인과 밀레바_대학 동기인 밀레바와 결혼하였으나 결혼생활은 원만하지 못했다. 1919년 이혼을 한 후 같은 해 친척 누나인 엘자와 결혼했고 밀레바는 1948년 사망한다.

"제대로 집중하면 6시간 걸릴 일도
30분 만에 끝낼 수 있지만,
집중하지 않으면 30분이면 끝날 일도
6시간을 해도 끝내지 못한다."

대학교 시절 아인슈타인의 성적은 중상위권을 맴도는 수준으로 그리 뛰어난 학생은 아니었다. 그는 당시 연방 공과대학교 교수였던 저명한 수학자 헤르만 민코프스키와의 마찰 때문에 수학에 대한 흥미를 잃은 상태에서 물리학에 더욱 심취하여 출석도 잘 하지 않게 되었다고 전해진다. 그는 자신이 좋아하는 과목을 제외하고는 출석을 거의 하지 않았다. 시험이 다가오면 친구들의 노트를 빌려서 벼락치기를 하여 시험만 겨우 통과하는 식이었다. 이 시기 그는 대학 동기이자 후일 아내가 되는 밀레바 마리치의 도움을 받기도 했다. 그래도 학과 물리학 시험에서는 1등을 했으나 졸업 시험 때는 만점 6점에 평점 4.91점을 받아 전체 6명 중 4등을 했다.

"세상을 살아가는 방법에는 두 가지가 있다.
기적이란 없다고 믿고 사는 것과
어디에나 기적이 존재한다고 믿고 사는 것,
나는 후자의 삶을 선택하기로 했다."

아인슈타인은 대학전공과는 무관한 다소 엉뚱한 곳에서 첫 직장생활을 시작하게 된다. 왜냐하면 아인슈타인의 지도교수가 그의 자만심과 불성실한 자세를 싫어하여 추천서를 써주지 않아 전공인 물리학 쪽으로 마땅한 취직자리를 얻지 못했기 때문이었다. 또한 유대인이라는 데서 온 인종차별과 시민권 문제 등이 겹친 것으로 보인다. 결국 보험회사에 취직한 뒤, 월급만으론 생활이 어려워 과외 알바를 시작하였다.

아인슈타인의 과외 광고_ 1902년 봄. 아인슈타인은 베른 신문에 다음과 같은 광고문을 내었다.
개인 교습
☞ **수학과 물리학**
전 학년 학생 대상으로 철저한 지도.
알베르트 아인슈타인
스위스 연방 이공학 교사 자격증 소지.
게레히티크카이츠 가(街) 32번지, 1층.
시범 강의 무료.

아인슈타인 밀랍_아인슈타인이 상대성 이론을 강의하는 장면을 제작하였다.

"훌륭하고 영감이 깃든 모든 것은
자유로운 상태에서
열심히 노력하는 사람에 의해 창조된다."

아인슈타인은 다행히 스위스 시민권을 취득한 후, 대학 친구였던 수학자 그로스만의 아버지의 도움으로 베른에 있는 특허 사무소의 심사관으로 채용될 수 있었다. 특허 심사관으로 근무하던 1905년, 아인슈타인은 독일의 물리학 연보에 일련의 중요한 논문들을 연달아 발표하였다. 그의 논문들은 최초로 원자의 존재와 통계적 요동을 바탕으로 브라운운동을 설명하는 한편, 현대물리학에서 양자역학과 상대성 이론이라는 두 축을 등장시키게 되는 혁명적인 논문들이었다. 아인슈타인은 이것으로 취리히 대학교에서 박사학위를 받았다.

"같은 일을 반복하면서
다른 결과가 나오기를 기대하는 것은
정신병과 다름이 없다."

이후 특수 상대성 이론이 알려짐에 따라 아인슈타인은 유럽에서 점점 이름이 알려지게 되었다. 그는 상대성 이론을 비유클리드 기하학에 도입하여 중력을 포함한 이론으로 확장하는 노력을 계속하였다.

학계로 입성한 그는 스위스, 체코, 독일의 대학교에서 정교수로 재직하며 물리학계의 중요한 학자로 발전했으며, 1912년 겨울에 모교인 취리히 연방 공과대학교의 교수로 돌아왔다. 1914년에는 독일의 프로이센 과학 아카데미에 자리를 얻어 베를린에 머무르게 된다.

1914년에 드디어 일반 상대성 이론의 측지선 공식에 대한 최초의 형식화인 '일반 상대성 이론의 형식적 기초'를 발표하고 마침내 일반 상대성 이론의 완결된 장방정식을 최초로 구현해 내었다.

1919년 런던 왕립학회는 기니 만에 있는 프린시페 섬에서 있었던 관측에서 일식을 촬영하여 일반 상대성 이론에서의 예측이 검증되었다고 발표하였다. 이로써 아인슈타인은 뉴턴의 고전역학적 세계관을 마감한 인물로서 범세계적인 명성을 얻게 되었다. 그리고 1921년에는 노벨 물리학상을 수상하였다.

상대성 이론_아인슈타인은 1905년과 1916년에 각각 특수 상대성 이론과 일반 상대성 이론을 발표하였으며, 이 이론은 고전물리학의 토대를 송두리째 바꾸고 현대물리학의 새로운 토대를 마련했다는 평가를 받고 있다.

"권위에 대한 맹목적인 복종이 진실의 가장 큰 적이다."

아인슈타인이 미국으로 망명하면서 남긴 진리에 관한 유명한 촌철살인이다. 1930년대가 되자 독일은 아돌프 히틀러가 집권하면서 유태인 탄압이 시작되었다. 상대성 이론을 비롯한 그의 연구와 책들도 유태인의 연구라는 이유로 공개적으로 불태워지는 수모를 당했다.

아인슈타인은 1933년 5월 벨기에 안트베르펜에 있는 독일 영사관을 방문하여 독일 시민권을 완전히 포기하고 미국으로 망명하였다. 이미 그의 재산은 나치 독일에 의해 압류된 상태였으며, 시집간 그의 두 딸도 독일을 벗어나 인근 국가에서 살아야 했다.

1940년에는 미국 시민권을 취득하였고, 이후 프린스턴 고등연구소에서 교수로 지냈다. 미국에서 머무는 동안, 나치 독일에서 핵무기를 개발하는 것에 대응해 미국의 군사력을 키워서 전쟁을 막아야 한다는 여러 사람의 설득과 고심 끝에 루스벨트 대통령에게 원자 폭탄 제조의 필요성을 역설하는 편지를 보내기도 하였다.

아인슈타인 흉상_ 아인슈타인은 나치에 반대한 평화주의자였으며 사회주의자이자 유대인 국가 건립을 지지한 시온주의자였다.

아인슈타인 좌상_워싱턴에 있는 국립과학원 건물 밖에 있는 아인슈타인 기념관의 조각상.

"나는 내가 떠나고 싶을 때 떠나고 싶소.
인간의 기술로 삶을 늘리는 건 천박한 짓인 것 같소.
내 사명은 이제 끝났으니, 우아하게 갈 때라오."

아인슈타인은 1955년 4월 18일 프린스턴 대학교 자택 근처의 병원에서 76세의 나이로 세상을 떠났다. 그의 공식적인 사인은 복부 대동맥류 파열로 인한 내출혈이다. 이스라엘 건국 7주년 기념행사의 연설을 준비하다가 쓰러졌는데, 병원으로 실려 갔을 당시 위의 말을 남기고 수술을 거부하였다. 그리고 다음 날 아침까지 연구를 계속하다가 결국 사망했다.

마하트마 간디의 비폭력운동

활동시기: 1869년~1948년. 인도 민족해방운동의 지도자.

인도공화국의 국부(國父)로서, 인도의 영적, 정신적 지도자, 시대의 스승
영국으로부터 인도를 독립시키고 비폭력운동으로 현대사상사의 큰 획을 긋다

> "폭력으로 얻은 승리는 패배한 것과 같다.
> 왜냐하면 그것은 일시적이기 때문이다."

인도의 민족운동 지도자이자 인도 건국의 아버지라 일컫는 마하트마 간디의 비폭력주의에 관한 일성(一聲)이다. 간디는 위대한 정치가이자 사상가이며 비폭력 독립운동을 이끈 지도자로, 역사적으로 위대하고 평화적이며 경외심까지 불러일으키는 많은 업적을 남긴 인도의 살아있는 성자 같은 인물이었다. 생전에는 말할 것도 없고 세상을 떠난 뒤에도 살아있는 사람 이상으로 인도인들에게 존경을 받고 있는 영원한 지도자이다. 인도 사람들에게는 신의 영역으로까지 받아들여지고, 전 세계적으로는 위대한 성자로서 존경받고 있다.

간디는 영국의 식민통치에 반대하는 독립운동을 이끌었다. 그는 독특한 독립운동가였다. 총칼을 휘두르며 대항하는 독립운동이 아니라, 인도의 전통 복장인 베옷을 입고 염소젖을 마시며, 직접 물레를 돌려 실을 잣고 천을 짜면서 민중을 지도하는 독특한 모습으로 영국에 대한 비협조운동을 상징적으로 펼친 지도자였다. 그런 모습 때문에 세계사에서는 그 유례를 찾기 힘든 매우 독특한 사상의 실천가였다는 평가를 받았다.

"비폭력은 인류가 활용할 수 있는 가장 강력한 힘이다."

인도 독립운동의 지도자 간디의 사상과 실천철학은 영국의 식민통치에 반대한 불복종 · 비협력 · 비폭력의 무저항주의로 집약된다.

간디는 독특한 철학으로 사리의 옳고 그름을 판단하는 진리 파악의 '사티아그라하', 자기 스스로 정화하는 자기정화의 '브라흐마차랴', 상해를 입히지 않는 무상해의 '아힌사'의 3가지를 내세웠다. 여기에 제 일을 스스로 다스리는 자치의 '스와라지'를 더하여 비폭력 · 비협력의 불복종 독립운동을 전개했다. 이를 통틀어 '간디리즘'이라고 일컫는다.

힘을 앞세운 물리적인 방법으로 상대를 살상하지 않고, 부당한 법률을 지키지 않음으로써 법률 자체를 의미 없게 만들고, 시행자 자신이 곤경에 빠지도록 하여 정부의 정책을 바꾸도록 이끌어내는 운동을 줄기차게 이끌었다.

마하트마 간디_인도의 위대한 민족주의 지도자이자 사상가이며, 인도 건국의 아버지이다. 남아프리카에서의 인종 차별에 대한 투쟁으로 유명해졌다. 제1차 세계대전 이후 영국에 맞서 비폭력 저항운동을 전개하였다.

미국의 사상가이자 문학가였던 헨리 데이비드 소로는 미국의 노예제도와 멕시코 전쟁에 반대하여 6년간 인두세(人頭稅)를 지불하지 않음으로써 1846년 3월 체포되어 감옥에 갇혔다가 하루 만에 석방된 일이 있었다. 인두세는 군주국가 또는 장원 영주가 다스리는 모든 주민의 가장이나 특정한 신분의 예속된 사람(노예)에게 부과한 것이 그 시초이나, 11세기 이후 모든 사람들에게 일률적으로 부과하는 세금이다.

소로는 하루 동안 감옥생활을 한 체험을 통하여 이렇게 외쳤다.

"전혀 지배하지 않는 정부가 가장 좋은 최상의 정부이다.
부정하게 인간을 투옥하는 정부 아래에서는
감옥도 또한 의로운 사람이 있어야 할 진정한 장소이다."

소로는 개인의 양심에 바탕을 둔 불복종을 내세운 것이다. 그의 이러한 사상이 뒷날 간디에게 영향을 주었고, 간디의 사상은 미국의 흑인운동가 킹 목사 등에 영향을 주었다.

간디는 이 사상에 깊이 공명하여 비폭력 저항투쟁을 전개하여 영국으로부터 억압받는 인도 사람들에게 민족의식을 일으켜서 독립을 이룩하는 핵심세력으로 삼았던 것이다. 간디가 한 구체적인 영국 저항운동은 광범위한 시민의 불복종 운동이라는 형태로 나타났다.

헨리 데이비드 소로_헨리 데이비드 소로는 토마스 페인, 마하트마 간디와 더불어 뼛속까지 혁명적인 인물이다. 페인이 근대 혁명의 출발인 미국의 독립운동과 프랑스 혁명의 정신적인 토대를 지원했다면, 간디는 현대문명에 의존하지 않는 이상적인 공동체를 구축하고자 했고, 소로는 일과 명예와 돈과 통념의 노예로부터 벗어나고자 했다. 이들은 모두 부정한 현실을 그냥 보아 넘기지 못하는 주체할 수 없는 끓는 피를 소유하고 있었다.

"옳지 못한 법률, 부당한 법률은 그 자체가 일종의 폭력이다.
더구나 식민 통치를 위해
인도 국민들을 옭아매는 법률은 더욱 악법이다."

간디의 강력한 항의에 영국 정부는 골치를 앓았다. 간디는 목숨을 걸고 박애정신을 바탕으로 단식을 통해 11차례에 걸친 불복종 저항운동을 펼쳐나갔다. 간디를 비롯한 수많은 사람들이 감옥에 갇히고 피를 흘린 대가로 마침내 인도는 독립을 이루었다. 그것은 하나의 인도가 두 쪽으로 갈라지는 독립이었다. 간디는 갈라진 나라를 하나로 통일하기 위해 단식을 감행했으나 뜻을 이루지 못한 것이다.

그러나 간디에게도 인간인 이상 실수와 잘못이 따랐다. 대표적인 오점으로 드러난 것은 어떤 것일까? 간디의 아버지가 인도 포르반다르 지방에서 영국의 식민 통치 아래에서 총리를 지냈을 정도로 영국에 충성을 바쳤다. 간디가 젊은 시절에 영국을 모국처럼 생각하고 유학을 했다는 점, 더구나 영국의 보어 전쟁에 참여하기 위해 자진해서 입대하려 했으나, 신체검사에서 불합격하여 입대하지 못했지만 유학을 마치고 변호사 자격을 얻은 뒤 제2차 보어 전쟁 때 영국군의 의무 후송병으로 활동하고 훈장을 받았다는 점 등이 간디의 투쟁인생에서 옥의 티처럼 거론되는 실수들이다. 하지만 간디가 영국에 반기를 든 결정적인 계기는 인도인을 영장 없이 체포 처벌할 수 있는 '롤래트 법'이 통과된 일이었다.

롤래트 법_제1차 세계대전 중 영국은 식민지 인도에 전쟁에서의 승리 후 인도의 자치를 보장하겠다는 약속을 하며 인도의 지원을 받았고 전쟁은 승리했지만, 약속은 제대로 지켜지지 않았다. 이에 인도인들이 식민통치에 항거하자 이를 탄압하기 위해 식민지 정부에서 제정, 발호한 법률이다.

노상에서 처벌되는 인도인

또한 그는 노동자들의 노동쟁의권 자체를 부정하는 제도를 시도하였고, 노동자들의 권리를 약화시킬 수 있는 제도에도 몸소 찬성하였다. 성인과 같은 이미지에 걸맞지 않는 부적절한 사생활이 알려짐에 따라서 논란거리가 되기도 했다.

간디는 〈침묵과 소리와 노래〉라는 시에서 이렇게 읊었다.

물고기는 바다에 살며 침묵을 지키고
동물은 땅에 살며 소리 지르고
하늘을 날고 있는 새는 노래를 한다.
침묵은 바다에 속한 것이고
소리는 땅에 속한 것이며 노래는 하늘에 속한 것이다.
인간은 이 세 영역 모두에 다 몸담고 있다.
바다와 같은 깊이를 안고 있기에 침묵할 줄 알고
땅과 같은 무게를 짊어지고 있기에 소리칠 줄 알고
하늘과 같은 높이를 갖고 있기에 노래 부를 줄 안다.

"스스로가 인생의 교과서가 되도록 하라."

간디는 대중을 향해 이렇게 외쳤다. 인간의 힘은 신체적인 조건에서 나오지 않는다. 그것은 불굴의 의지에서 나오는 것이다. 인간은 자신의 참된 가치를 인식하고 그것에 대해 명상하며 그 덕을 따를 때 향상해 간다. 그러나 그것과 반대로 행동하면 점차 몰락의 길을 걷게 된다고 인도 사람들에게 각성을 촉구하였다.

"한 명의 인간에게 실망했다고 해서 인류 전체가 그렇다고 단정하지 말며, 한 명의 사람에게 실망했다고 해서 그 직업군 전체에 대해 그렇다고 단정하지 말아야 한다.
마찬가지로 한 여자에게 실망했다고 해서 모든 여자가 다 그렇다고 단정하지 말며, 한 남자에게 실망했다고 해서 모든 남자가 다 그렇다고 단정하면 안 된다."

간디는 사람은 살기 위해, 봉사하기 위해, 가끔 만족을 위해 먹기는 하지만, 결코 향락을 위해 먹지는 않는다고 했다. 추위를 피하거나 더위를 피하는 사람들은 차츰 춥고 더운 것에 대한 저항을 잃게 되고 그만큼 다른 면에 있어서도 약한 사람이 된다고 강조했다.

어떤 사람이건 추위와 더위, 배고픔과 목마름을 견디지 못하고 불쾌한 일을 참고 이겨내는 힘이 없다면, 그는 결코 인생에서의 승리자가 될 수 없고, 그런 사람은 결코 빛나는 명성을 얻을 수도 없으며, 그런 국민들에게는 평화와 행복을 누릴 수 없게 된다. 그래서 인내는 정신의 값진 보석이다. 그것을 활용하는 사람이 진정 지혜로운 사람이라는 것이다.

"우리는 비폭력 저항으로 독립운동을 계속해야 한다. 무력으로서는 영국을 당할 수가 없기 때문이다. 일을 선택할 때에는 자신의 소질과 사회의 수요를 함께 생각해 보아야 한다. 나의 잘못이나 결점을 알고자 하지 않으면서 남의 잘못을 보고도 눈감거나 즐거워하는 사람들에게는 미래가 없다. 바로 그런 습성 때문에 수많은 불행이 발생한다. 결과란 노력만으로 결정되는 것은 아니다. 아무리 간단한 일이라도 결코 쉽게 결단을 내리지 말라. 그러나 만일 깊이 생각하여 내린 결심이라면 그 결심을 굳게 지켜내도록 힘써야 한다."

간디는 인도 전통에서 인도의 갈 길을 찾았다. 양복을 벗고 반 벌거숭이 농민의 옷차림으로 바꾼 그는 채식을 실천하며 힌두의 삶으로 돌아갔다. 인도인은 인도 사람답게 살아갈 때 진정한 가치가 있다. 영국을 닮아보려고 발버둥쳐도 소용없다고 부르짖었다.

간디의 이상향은 '검은 사탄과 같은 방적공장'이 없는 농민들의 소박한 생활이었다. 나중에 식민제국 영국에 반항하는 운동에 포함된 '물레 돌리기'와 손으로 옷감을 짜는 카디운동은 영국의 산업사회를 비판하고 인도 전통의 아름다움을 강조하려고 고안해낸 간디만의 독특한 저항운동이었다.

물레를 돌리는 간디_영국의 모직산업을 비판하는 저항의 뜻이 담겨 있다.

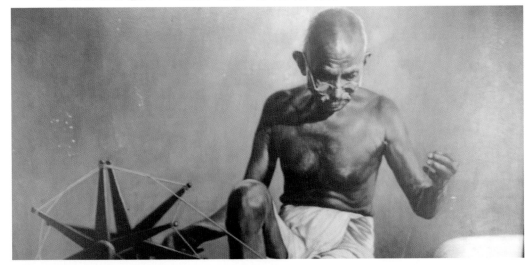

걷기운동을 펼치는 간디_영국의 소금법을 막으려 24일간 390㎞ 행진운동을 펼치는 조각군상이다.

"눈에는 눈이라는 서구의 논리라면 세상은 온통 장님만 남을 것."

간디는 영국의 서구적 논리에 맞서 나갔다. 그는 적을 공격하지 않고 스스로 고통을 감내하는 비폭력운동을 전개하여 폭력으로 인도를 제압하려는 영국에 대항하였다.

"폭력과 강압으로 지배하는 자는 비난을 받을 수밖에 없다."

간디는 비폭력 저항의 당위성과 정당성을 세계에 알리고 도덕적 우월성을 확보하면서 영국을 압박했다.

"진정한 영웅은 힘센 지도자가 아니라 영국을 모방하지 않고
자기 문화와 전통을 지키는 보통 사람들이다."

진리의 힘을 바탕으로 한 비폭력운동은 정글의 법칙에 반대함으로써 힘없는 사람들이 가슴을 펴도록 용기를 북돋아주는 활력소가 되어 활활 타올랐다. 수백만 명의 인도 사람들이 거리로 뛰쳐나와 항의 행진을 하고, 피켓을 들고 농성을 벌이며 불매운동을 평화롭게 전개하자 총칼을 앞세운 대영제국이 당황하게 되었다.

"간디를 말하지 않고 인도의 독립을 말할 수는 없다!"

그만큼 간디는 독립의지가 강한 탁월한 민족지도자였다. 그는 민족정신을 바탕으로 조국의 독립이라는 크나큰 일을 해내는 데 앞장서서 실천했다. 독립운동을 하는 과정에서 보여준 간디의 힘은 어떤 어려움과 압력에도 굴복함이 없고 또 흔들림 없이 헤쳐 나가는 강인함이었다.

독립을 향한 간디의 힘은 떠들썩한 것도 아니고 보여주기 위한 선전도 아니었다. 쉬지 않고 흘러내리는 강물처럼 줄기차게 이어졌고, 조용하고 꾸준하게 흘러내리면서 목이 말라 갈증을 느끼는 수많은 사람들의 목과 마음을 적셔주는 것이었다. 자신의 몸을 스스로 낮추고 전하려는 바를 묵묵히 실천하는 모습을 보여줌으로써 사람들의 의식을 깨우쳤다. 인도 사람들은 인도인의 방식으로 설득력 있는 독립운동을 펼치는 그를 따랐고 존경했다.

간디는 도시는 물론 농촌생활의 검소, 소박, 자연 속에서 진실과 비폭력이 실현될 때 인도의 독립을 이룩할 수 있다고 주장했다.

"네가 옳았다면 화낼 이유가 없고,
  네가 틀렸다는 것을 알았다면 화낼 자격이 없다."

간디는 독립운동을 이끌면서 세상은 생각하는 대로 되는 법이라고 예를 들면서 우리는 인류에 대해 신뢰하는 마음을 잃지 않아야 한다고 강조했다. 거짓이 이기는 것처럼 보일 때에도 그 거짓이 결코 진리를 이기지 못하며, 영원한 선은 결코 거짓이나 폭력으로부터 나오지 않는다는 믿음으로 국민들을 이끌었다. 진리를 추구하는 사람은 흙보다도 더한 겸허함을 지녀야 한다.

◀**간디의 동상**(488쪽 그림)_폰디체리에 소재하고 있는 마하트마 간디의 동상.

분노와 편협함은 올바른 이해의 가장 큰 적이다. 만일 인내하는 것이 어떤 가치가 있다면, 기필코 끝까지 견뎌내야만 한다. 살아있는 신념은 검은 폭풍 가운데서도 지속될 것이다.

스스로 더 이상 노예가 되지 않겠다고 결심하는 순간, 자신을 묶어두던 모든 속박은 사라질 것이다. 그리하여 자신을 해방시키고 다른 노예들에게 평화와 자유를 안겨주게 된다는 것이 간디의 사상의 핵심이었다.

"신은 2000년 전에만 십자가를 졌던 것이 아니고, 오늘도 지고 있고 또 날마다 죽으면서 부활하고 있다. 2000년 전에 죽은 역사상의 신에게만 의지해야 한다면 그것은 덧없는 위로에 지나지 않을지도 모른다. 그러므로 역사상의 신을 의지하기 보다는 오늘날 살아있는 한 인간을 통해 신의 모습을 보여줘야 한다. 이성과 믿음이 서로 충돌할 때는 믿음 쪽을 택하는 편이 낫다.

영국은 우리를 묶어둘 수도, 고문할 수도, 심지어 죽일 수도 있지만 결코 우리의 정신까지도 가둬둘 수는 없다. 영광은 목표에 도달하기 위한 시도 그 자체에 존재한다. 결코 그것에 닿는 데 있지는 않다. 꿈을 이루려고 노력할 때만 꿈을 가졌다고 말할 수 있다. 만일 스스로 나는 할 수 있다고 믿는다면, 나는 분명 그것을 해낼 만큼의 힘을 얻게 될 것이다."

간디는 비록 처음에는 그만한 힘을 갖고 있지 못했다 할지라도 주저할 것이 아니라며 용기와 힘을 심어주어 인도의 독립을 이끌어냈다.

마하트마 간디_1947년 8월 15일, 인도는 드디어 영국에서 독립을 했으나, 이슬람교도는 파키스탄으로 힌두교도는 인도로 가는 민족 분열이 벌어지고 말았다. 간디는 이슬람교도와 힌두교도의 화해와 일치를 위해 일하였다. 하지만 1948년 1월 30일에 뉴델리에서 열린 저녁 기도회에 참석했다가 반이슬람 힌두교 급진주의 무장단체에게 총을 맞아 암살당했다. 그의 나이는 79세였다.

마하트마 간디의 묘_간디를 추모하기 위해 조성된 공원으로, 1948년 1월 30일 극우파 힌두교도 청년에게 암살당한 마하트마 간디의 유해를 화장한 곳이다. 이곳에 들어가기 전에는 신발을 벗어야 한다. 내부의 푸른 잔디밭 중앙에는 검은 대리석의 네모난 단상이 있는데, 언제나 참배객의 꽃으로 덮여 있다. 단상의 정면에 간디의 마지막 말 "Hai Ram(오, 라마신이시여)"이 새겨져 있다. 랄 킬라 뒤쪽 야무나 강(江) 남쪽 마하트마 간디 거리에 있다.

세계사에 담긴 스토리텔링

결정적 한마디가
삶의 철학이 된다

초판 1쇄 발행 | 2020년 4월 25일
초판 3쇄 발행 | 2020년 8월 5일

지 은 이 | 한수운
펴 낸 이 | 박효완
기획경영 | 정서윤
책임주간 | 맹한승
마 케 팅 | 신용천
물류지원 | 오경수

발 행 처 | 아이템하우스
출판등록번호 | 제2001-000315호
출판등록 | 2001년 8월 7일

주 소 | 서울 마포구 동교로 12길 12
전 화 | 02-332-4337
팩 스 | 02-3141-4347
이 메 일 | itembooks@nate.com

ISBN 979-11-5777-114-1

이 도서의 국립중앙도서관 출판예정도서목록(CIP)은 서지정보유통지원시스템 홈페이지(http://seoji.nl.go.kr)와
국가자료공동목록시스템(http://www.nl.go.kr/kolisnet)에서 이용하실 수 있습니다.(CIP제어번호 : 2020013378)